The Truth About Trust

How It Determines Success in Life, Love, Learning, and More

David DeSteno

信頼はなぜ裏切られるのか

無意識の科学が明かす真実

デイヴィッド・デステノ
寺町朋子 訳

白揚社

妻と娘たちへ

信頼はなぜ裏切られるのか　目次

・〔　〕で示した箇所は訳者による補足です。

はじめに

「この人は信頼できるだろうか？」――この短い問いで頭がいっぱいになる。よくあることだ。私たちはそれに答えようとして考え、いつのまにか頭を悩ませる。それもそのはず。その問いに対する答え次第で、私たちのほぼあらゆる行為が影響を受けかねないのだから。ほかの悩みごととは違って、誰かを信頼できるかを判断するときには、ややこしい概念を理解して分析すればすむわけではない。信頼についての問いにはすべて、独特の共通点がある。「リスク」がつきまとうことだ。誰でも人生で多くの複雑な問題と向き合うが、ほとんどの場合には、答えを見つけるために、自分と他者の願望がせめぎ合う不確かな状況を慎重に検討する必要はない。幼い子どもは、「どうして空は青いの？」や、「どうして毎日ピザが晩ご飯にならないの？」と尋ねたりする。そのような疑問は、ときには重大なものに思えるとしても、答えるには事実を伝えればいい。「ヒッグス粒子とはいったい何なのか？」や、「ロズウェルでは本当にＵＦＯが墜落したのか？」といった疑問が気になって仕方がないときも確かにある。だが、ほとんどの人は、答えを求めて一晩中眠れないことなどないだろう。また、ファイナンシャル・アドバイザーに複利の計算法について何度も尋ねるなら、ある程度の計算力が必要になるかもしれないが、その答えを出すには、それこそ公式で事足りる。だが、問いに「信頼」という言葉が絡んだ途端に話は変わる。

信頼には、確実なことはわからないという含みがある。誰かを信頼することは、一種の賭けなのだ。その根元には微妙な問題がある。問題の中心は、相手の心のなかで、揺れ動き対立することもある二つの願望——あなたのニーズに応えたいという気持ちと、自分のニーズを満たしたいという気持ち——のバランスを読むことだ。たとえば、空の色について尋ねた子どもが、親の答えを信頼できるかどうかを判断するためには、親の科学的な知識の確かさだけでなく、たとえ実際には答えを知らなくても賢く見られたいという親の願望も推測する必要がある。単に毎晩ピザが出ない理由を問うのとは違い、夕食にピザを作るという親の言葉が信頼できるかどうかは、急な残業や、食材が足りず食品店にまた買いに出なくてはならない場合でも、約束を守る気が親にあるかを見抜くことにかかっている。また、ヒッグス粒子とは何かと科学者にただ尋ねるのではなく、ヒッグス粒子や関連する素粒子の探索に膨大な税金をかける価値があると述べる科学者を信頼できるかと問うときには、世界をよりよくする知識を得たいという万人の願望と、研究予算を獲得したいという科学者側の願望がぶつかる。同じ論理は、自分自身への信頼についても当てはまる。次のことを考えてほしい。あなたが来月の給与を、最新のｉＰａｄの購入に使うのではなく長期的な投資に回すと当てにできるか、つまり将来の自分を信頼できるかどうかは、給与を投資した場合の二〇年後の額を計算するのとは話がずいぶん違う。

お金の話にせよ、貞節、社会での助け合い、仕事上の取引、秘密保持の話にせよ、人を信頼できるかどうかの判断には、事実の把握や分析だけではなく、対立する利益や能力をもとに、その人の今後の振る舞いを予測することが必要となる。要するに、誰かを信頼するというのは、誰かの心の内を読み取る自分の能力に賭けるということなのだ。そして、その「誰か」が将来の自分自身ということもある。

だが、あらゆるギャンブルと同じで、人の信頼度を評価しようとしても完璧にはできない。つまり、うまくいかない可能性がつねにある。確かに多くの人は、どんなシグナルで信頼度を判断できるかについて自分なりの考えを持っている。言葉につかえたり、視線をそらせたりしないか？ 話し方が「巧み」すぎる気がしないか？ 前回は「期待に応えてくれた」か？ というように。だが、言うまでもなく問題なのは、ほとんどの人が、自分の予測がはずれて驚くという経験を嫌というほどしていることだ。もっとも、それは私たちだけではない。詐欺の「プロ」やセキュリティーの専門家でも、一般人とあまり変わらないことが明らかになっている。誰かの信頼度が正確に見極められるという証拠は、つい最近までほとんどなかった。相手がよく知らない人間の場合については特にそうだ。

科学者は何十年も前から、信頼度の指標を体や顔、声、筆跡などで探してきたが、ほとんど成果はない。だから、テレビで見たことは忘れたほうがいい。その手の話はすべてフィクションだ。もしも嘘発見器《ポリグラフ》が確実に嘘を見破れるならば、陪審員など不要だろう。だが現実には、ＣＩＡのスパイでソ連に寝返ったオルドリッチ・エイムズや「グリーン・リバー・キラー」と呼ばれた連続殺人鬼のゲイリー・リッジウェイは、ポリグラフ検査にパスしている。それに、ポリグラフ検査に欠陥があるせいで、濡れ衣を着せられた人もかなりいる。たとえば、カンザス州ウィチタの住民ビル・ウィーゲルレは当初、ＢＴＫ絞殺魔〔縛る（Bind）・拷問する（Torture）・殺人犯（Killer）の略〕ではないかと疑われた[1]。娯楽用の映画やテレビ番組は別として、表情による信頼度の判断にも同様に難がある。たった一度の微笑みや口元のひきつりによって、人の信頼度を正確に予測できるならば、あらゆる交渉がスポットライトの下でビデオ撮影をしながらおこなわれるだろう。要するに、信頼にかんすることがすべて科学的に解明されているわけではないのだ。それでも、信頼度の手がかりを見出すことはきわめて重要なので、ビジネス界や軍はそのために毎年何百万ドルも費やしている。実際、信頼についての知見が乏しすぎるため、国家情報長官直属の中心的な研究部門である情報先端研究プロジェクト活動は二〇〇九年に通達を出し、人の信頼度をより正確に評価する新しい手法の開発に向けた計画の立案を要請した。

だが、こうした状況を見ると、疑問がいくつか浮かび上がる。もし、人を信頼することがそんなに必要ならば、なぜ信頼に値する人を見抜くことがこうも難しいのか？　何万年もの進化と何十年もの科学研究のあげく、答えが見え始めたばかりでしかないのはなぜなのか？　私の考えでは、それにはもっともな理由が二つある。一つめは、すでにほのめかしたように、多くのコミュニケーションとは違い、信頼がかかわる事柄にはしばしば競合や闘争といった特徴があることだ。これから見るように、ほかの人や自分自身にも何も隠し立てしないというのは、必ずしも有利な生き残り戦略ではない。だから、人の信頼度を見抜こうとすることは、数学能力のような特性を評価しようとすることとは根本的に違う。数学の実力は、特定の問題を解いてもらえば推し量れる。あなたをかつごうとしている天才なら話は別だが、普通は、あなたと利害が対立するという理由で解答者がわざと間違うことなどないはずだ。したがってその人の解答は、概して実力を正確に示すはずだし、将来の実力を予測するうえでも有効だろう。だが信頼にかんしては、現在と将来のどちらについても予測できるとは限らない。これから本書を通じて見るように、誠実に振る舞うかどうかは、心のなかでそれぞれ逆向きに押し合う二つの力の瞬間的なバランスにかかっている。そして、どんな場合にどちらが優勢になるのかの予測は一筋縄ではいかない。

信頼度の予測がいまだに困難な理由の二つめは、はっきり言えば、これまでの取り組み方がまったく間違っていたことだ。私はこれを安易に言っているのではない。何しろ、多くの優れた研究者が数十年も前からこのテーマに注力してきたのだ。だが、焦点を絞ったせいで視野が狭くなり、研究が行き詰まったり、一般人のあいだで安直な期待が高まったりもした。みな、信頼度を予測できる決定的な手がかりを探しているし、信頼度はかなり安定した特性だと思い込んでいる。それに、信頼が絡む事柄によって自分がどんなときにどんな影響を受けるかを知っていると思っている。だが問題は、それらがおおかた間違っていることだ。信頼は、ほとんどの人が思っているようには作用しない。

そんなことが、どうして私にわかるのか？　「私を信頼してほしい」とは言えるが、それでは肝腎なところが抜け落ちてしまう。私は科学者なので、個人の意見や証言ではなく研究知見に基づいて、あなたに納得してもらいたいのだ。ここで一つ断っておくが、私はもともと信頼について研究してきたのではなく、セキュリティーの専門家や科学系ライターでもないが、研究室を率いて一つのテーマに集中して取り組んできた。そのテーマとは、「感情の状態が社会的行動や道徳的行動に影響を与える仕組みと理由」である。これまでには大発見もいくつかあった一方で、疑問も尽きることなく湧いてきた。だがそのおかげで私の研究グループは、人間性の最高の部分と最悪の部分の深みを探ってこられた。不正や偽善が生じるプロセスの研究でも、思いやりや美徳のすばらしさの研究でも、私たちの取り組みには、豊かな独創性やデータに従って進もうとする意欲がつねに必要とされる。また、多少は謙虚な気持ちも必要だ。研究を長く続けるほど、積年の難問に答える最良の方法は、単独で挑むのではなく、さまざまな分野の頭脳を結集して、古くからある問題を新しい視点で見つめることだという実感を強めている。まさにこの考え方がきっかけで私のグループは信頼の研究に乗り出し、そのおかげで、まったく新しい切り口からこのテーマに取り組んでこられた。

そもそも私たちは、なぜ信頼に興味を持ったのか？　それは、感情や道徳的行動の揺れを調べるほど、信頼が中心的な役割を演じる場面が多いとわかったからだ。たとえば、パートナーの裏切りを怪しむこと、借金返済の責任を自覚していることを示す必要があること、挑戦を受けて立つ能力があると周囲に知らせたいと思うことのどれにも、信頼が絡んでくる。嫉妬や怒りの原因は多くの場合、パートナーの誠実さを信頼できないことにある。感謝の気持ちを示すことは、恩義を感じていることを相手にうまく伝える方法だ。自信をのぞかせれば、自分の能力を信頼してくれていいというシグナルを周囲に送ることができる。要するに、社会生活やそれに伴う感情は、信頼にかかわる問題をいろいろ引き起こすということだ。こうしたことを踏まえ、私の研究グループは信頼の二つの側面に焦点を当てた。一つは、信頼が作用する仕組みで、もう一つは、信頼に値する人を正確に予測できるか、そしてどうすれば予測できるか、である。私たちは、かつては別々だった多くの分野にまたがる研究を新しく始め、それを掘り下げていった。その結果、人の信頼度を見抜く方法についての新たな洞察だけでなく、信頼が人生や成功、周囲の人びととの交流に影響を及ぼすメカニズムについてのまったく新しい考え方も見出した。

とはいえ、私が学んだなかで特に重大なこと——そして本書から受け取ってもらいたいと思うこと——は、信頼が問題となるのは人生の重大な局面だけではないということだ。信頼が関与するのは、契約を結んだり、高額な買い物をしたり、結婚の誓いを交わしたりする場面だけではない。もちろん、これらの出来事は間違いなく人生に重大な影響を及ぼすし、信頼に左右されるが、それらはほんの一部だ。たとえ実感はないとしても、信頼にかかわる問題は、私たちがこの世に生まれてからこの世を去るまでついて回るし、意識に上らないことが人生に重大な影響を与えることもある。人間の心は、社会的に孤立した状態で発達したのではない。人間は社会集団の一員として生きるように進化した。だから私たちの祖先の心は、助け合って一緒に暮らすことから生じた課題に対処する過程で形作られた。そうした課題のなかでも大きかったのは、信頼のジレンマを正しく解決する必要性だ。そのため人間の心は、人の信頼度を絶えず確かめようとする一方で、自分が誠実に振る舞う必要があるかどうかを検討している。あなたにはそんな実感はないかもしれないが、それは信頼の評価にかかわる計算の多くが自動的におこなわれ、意識されないからだ。

これから本書で見るように、信頼は想像以上に多くの事柄に影響を与える。学び方、愛し方、お金の使い方、健康に対する考え方、より大きな幸せを手にする方法のどれもが信頼によって左右される。信頼は、人とのコミュニケーションや心地よい関係に影響するだけではない。社会の場が現実からサイバー空間へと移るにつれて、信頼の役割や人びとの交流に対する影響も変わるだろう。そこで私は、人生における信頼の役割で解明ずみの部分と未解明の部分を見出す旅に、あなたを連れ出したいと思う。道中では、私の研究室で得られた成果だけでなく、このテーマを検討している優れた学者たちの研究や見方や意見も紹介したい。そして、経済学者やコンピューター科学者から、ソーシャルメディアの専門家や治安当局者、生理学者、心理学者まで、さまざまな専門家を訪ね、得られた情報をつなぎ合わせていくつもりだ。

以上の目標を達成するため、私は本書を大きく四つに分けた。一つめの第1、2章では、基本的なことを説明する。たとえば、信頼とは何か、なぜ信頼が重要なのか、信頼は生理学的にはどう捉えられるか、どうすれば信頼についての古い考え方を正せるか、などだ。二つめの第3〜5章では、信頼が人生に影響を及ぼす様子を見て回る。信頼がどのように育まれ、どのように子どもの道徳性や学習能力に影響するかをはじめ、信頼の有無によって愛する人との関係がどうなるのか、なぜ、どのように権力やお金が誠実さを変えるのかなどを見てみよう。三つめの第6章では、信頼が行動に影響を与える仕組みから話題を転じ、人の信頼度を見抜く方法はあるか、あるならばどんな方法かといった昔からの疑問に向き合う。ここでは、従来の見方を転換して、まったく新しい角度から信頼の見抜き方を探る。それから、信頼を見抜く心のシステムに潜むいくつかの欠陥《バグ》も指摘するので、今後バグに足をすくわれないようになってほしい。

最終部分の第7章と第8章では、それまでとは少し違うがやはり重要な話題を取り上げたい。これらの章では、比較的新しい二つの領域での信頼について、第6章までの話がどう当てはまるのかを検討する。二つの領域とは、信頼の対象となる相手が、必ずしも通常想定される人間ではない、さらには実在すらしないものである場合を指す。あなたはサイバー世界のアバターを信頼できるか？　ロボットやフェイスブックの見知らぬ人は？　テクノロジーの急激な進歩やバーチャルな交流が起こる世界――信頼についての科学技術が、かつてない正確さで、よくも悪くも利用される世界――で信頼がどう作用するかというテーマは、本書で初めて取り上げるものだ。一方、第二の領域を検討するためには、別のところに焦点を合わせる必要がある。つまり、信頼度を見極めるために他者に目を向けるのではなく、自分の心を覗いてほしいのだ。そして、嫌かもしれないが、自分の目標を達成するための鍵となる次のことを問いかけてほしい。あなたは自分自身を信頼できるか？　協力する、つけ込まれるといったことは二者が存在しないと成り立たないが、二者が異なる人間である必要はなく、異なる時間に存在する同じ人間でもいい。今のあなたは、将来のあなたがチョコレートケーキをどか食いしてダイエットをやめたりしないと信頼できるか？　試験でカンニングしない、配偶者を裏切らない、再びギャンブルに手を出さないと信頼できるか？

これらの質問から、ささやかながら、本書を読み進めるうえで忘れてはならない事実が浮かび上がる。それは、誰でも、他者を観察して信頼度を確かめようとしているだけでなく、自分自身も観察の対象だということだ。他者が正直ないし誠実に振る舞うかを見極めるのと同じ力が、自分自身の心にも作用する。ならば、他者の信頼度を評価することと、自分が誠実に振る舞うかどうかを決めることは、表裏一体の関係にあるわけだ。その結果をどう予測し、どうコントロールするかを理解することこそが本書のテーマである。そして第9章では、信頼について理解することが大切な理由を示して本書を締めくくる。この章では、信頼が困難からの回復力《レジリエンス》に直結する事例を見ていこう。それによって、信頼が適切に活用されれば、災難から立ち直るための重要な手段になるということがよくわかるはずだ。

第1章　信頼とは何か？
――基本と欠点、そして処方箋

人を信頼しなければならない場合には、一つの根本的な現実がついて回る。それは、危険を冒すことになるということだ。誰でも、思いどおりに自分のニーズを満たしたり望ましい結果を得たりすることができるわけではない。共同経営者が利益を着服してあなたの会社を倒産させたり、配偶者が浮気をして結婚生活をめちゃくちゃにしたり、親友だと思っていた人が根も葉もない噂をツイッターでつぶやいてあなたの評判を台無しにしたりするかもしれない。好むと好まざるとにかかわらず、あなたの幸せはえてして、他者が協力してくれるかどうかにかかっている。もちろん、他者はその人自身のニーズを満たそうとする。そのため、たとえば新車を買いたくて横領に手を出す気が起きないとも限らないし、情熱的な恋愛を求めて浮気に走らないとも限らない。また人気者になりたくて、あなたをだしに、きわどい噂話を友達に流さないとも限らない。このような、あなたのニーズと他者のニーズが異なるところに信頼が絡んでくる。もしも、みなの目的が内容でも優先順位でも同じならば、対立は起こらないだろうから、人を信頼する必要はない。だが、人びとのニーズや願望が一致することはまずない。社会生活は、さまざまな願望のぶつかり合いに満ちている。たとえば、自分本位の目的を優先したいという願望と利他的な目的を優先したいという願望との対立、目先の満足感を得たいという願望と長期的な恩恵を重視する願望との対立、潜在的な願望と意識的な願望との対立、というように。二人の人間のニーズや目的がぴったり重なるのは、圧倒的な脅威にさらされたときか、偶然が驚くほど一致したときくらいだ。

　というわけで、人を信頼することはまさに賭けであり、そこには当然リスクがある。だが、リスクなど、ほとんどの人にとってはないに越したことはない。数十年に及ぶ研究から、人間は決断に際してリスクを嫌う傾向にあることが何度も示されており、それにはもっともな理由がある。リスクには本質的に、「損失の恐れあり」という含みがある。そして、損をしたい人間などいない。実際、損失に対する嫌悪感は根深く、私たちの心には損得の計算にかかわる一種のバイアスが備わっている。何か——金銭でも車でもカップケーキでも何でもいい——をX量失うときに感じる痛みは、同じものをX量得るときに味わう満足感よりも大きく感じるのだ。[1] 絶対的な価値などない。だから、勝っているか負けているかによって価値は変わったりする。リスクの回避が生まれながら身についていることを踏まえると、なぜそもそも人間は信頼するのかという疑問は興味深いものになる。なぜ私たちはリスクを冒すのか？

　一言で答えれば、そうするしかないからだ。他者を信頼することで得られそうな恩恵が、被りそうな損失より平均するとかなり上回るのだ。人間社会の複雑さや資源——技術の進歩、社会的ネットワーク、急拡大する経済資源——は増す一方で、そのどれもが信頼や協力で成り立っている。ではここで、スペースシャトルや宇宙探査機の打ち上げや着陸のときにNASAの運用管制室で繰り広げられるおなじみのシーンを思い浮かべてほしい。その部屋には多くの人がいる。誰もが身を乗り出してコンピューターに向かい、単独ではできないことを協力し合って成し遂げる。鎖の輪をなす一人ひとりがささやかながらも重要な役割を演じ、各自が任務を果たすと互いに信頼し合っている。万一、たった一人でも、タンク内の圧力や大気条件、宇宙飛行士の心拍数といった重要な測定値を見落としたら、計画全体が崩れる恐れもある。共同事業を成功させるためには、みなが各自の役目を果たして任務を完遂すると、全員が信頼し合わなくてはならない。

だがもちろん、信頼が役割を果たすのは、宇宙船の打ち上げのような大事業だけではない。他者を信頼することは、慣れっこになっている日常のほとんどの事柄にも影響する。銀行に預金するときは、その金を誰にいくら貸して利子を得るかという判断を銀行員に委ねている。学校に子どもを行かせるときは、誰かが子どもを教育してくれるという前提があり、それで私たちは手が空き、仕事をして収入を得ることができる。私たちが家事を分担するのは、単独でするよりはるかに多くのことを成し遂げるためだ。こうした例はいくらでもあるが、そのすべてに、一人ではなく一緒に働いたほうが多くのことを達成できるという共通点がある。だから私たちは信頼する。単純明快だ。財産であれ物であれ人脈であれ、資源を増やしたいのなら、多くの場合、他者の協力を当てにしなくてはならない。

だが、ご存知のように、信頼は裏切られる場合もある。その代表例が二〇〇八年の金融危機だ。預金者は、銀行が自分のお金を賢く運用してくれるものと信頼していた。しかし、高リスクの住宅ローンやクレジット・デフォルト・スワップは、人間の持つ二面性を思い出させる典型的な例となってしまった。銀行は貸し倒れの可能性が高いことを認識しながら、預金者から責任を持って預かったお金で信じがたいリスクを冒していたのだ。また、ニュースでは、学校で起こる記録の改ざんから教師による生徒の虐待まで、教育現場での信頼の裏切り行為がしょっちゅう取りざたされる。だが、人を信頼する理由のなかの「平均すると」の部分がここで威力を発揮する。平均すると、他者を信頼することによって、より多くのものが得られる。つまり、長期的な利益を集計すれば、裏切りによって被りうる損失を上回る傾向があるのだ。ただし、ここには落とし穴がある。もしあなた自身が、お金や配偶者を失ったり、子どもにしっかりした教育を受けさせられなかったりしたら、「平均すると利益が多い」と言われてもむなしいだけだろう。それでも統計的に言えば、他者を信頼しないよりも信頼したほうが、一般に長期的な利益は大きくなる。このような損失と利益のあいだで揺れ動く緊張状態があるために、人生の一瞬一瞬で信頼の方程式を解く方法が心に作り上げられてきた。これは、他者の信頼度を評価する場合にも、自分が誠実に振る舞うかどうかを決断する場合にも当てはまる。

もし、他者を信頼するときにつきもののリスクを避けつつ、協力から利益を得たいと本気で思うのならば、それを実現させる手段は一つしかない。透明性だ。他者の行動を検証できれば、当然リスクは低くなる。実際の話、あなたがパートナー候補を信頼できないと思うならば、透明性を確保するしかない。たとえば、犯罪ドラマの古典的なイメージを思い出してみよう。二人の悪党が、何かと何かを交換する必要がある。彼らは何と言うか？　たいがい次のような台詞《せりふ》だろう。「三つ数えたら、スーツケースを開けて交換しようぜ」。二人とも、相手がお金なり、ドラッグなり、誘拐した人間なり、貴重品なりを持ってきたのを見たい。というより確実に知りたい。そして、望みの物が手に入らないのに自分だけ物を手放すことがないようにしたいのだ。こういうケースでは、信頼の出る幕はまったくない。

問題は、もちろん人の行動すべてを確認できないということだ。理由はおもに二つあり、一つめは労力に関係する。確認は面倒な作業で、時間もエネルギーもかかる。アメリカの運輸保安局は、武器を持った人物が飛行機に搭乗しないように確認しなくてはならないので、空港では長い列ができる。住宅ローン会社は借り手の返済能力を確認しなくてはならないので、書類の山ができる。それでも、こうした例では一度に一人しか相手をしていない。もし雇用者が従業員の一挙一動を確認しなくてはならないとしたら、事業の運営がどれほど困難で高くつくかを想像してほしい。また、配偶者が浮気していないか、ベビーシッターが盗みを働いていないかを確認したいと思ったら、家に設置した隠しウェブカメラを見るのにどれだけ時間を使うことになるかを考えてほしい。本当にすべてを確認しようとすれば、大事な資源を浪費してしまう。そして、ほかの活動に回せたはずの時間やエネルギーが削られるのだ。

二つめの理由は、行動のやり取りのあいだに時間のずれが起こりうることだ。たとえば、あなたは将来の見返りを期待して、今、お金を投資する。または、次に自分が引っ越すときには助けてくれるだろうと期待して、今、友人の引っ越しを手伝う。複数のニーズが、必ずしも同時に発生するわけではない。だから、信頼への見返りが同時にあるときにのみ誠実に振る舞う人しかいなかったら、支え合いが必要な物事は成し遂げられないことになる。そのため、いずれお返しをしてくれることを願いながら、誰かが進んでリスクを冒して、お金や時間を費やす最初の人間にならなくてはならない。私の友人で共同研究者でもある経済学者のロバート・フランクがよく言うように、この献身にかかわる問題は、人生でぶつかる大きなジレンマの一つだ[2]。他者を信頼して献身的になろうとする人がいなければ、むろん人間社会は消滅するだろう。

フランクの着目した、時間的なずれのあるやり取りに付随する困難は、信頼の作用を理解するうえで重要な論点になる。そこから、なぜ完全な透明性の確保がしばしば現実的でないのかが明らかになる。時間にずれのある互恵性——まず誰かを支援し、あとで報いを得るプロセス——がなければ、協力は行き詰まるだろう。すると、すぐにその場でお返しをしてくれる相手だけを助けることになるが、これはあまり効率的ではない。助けが必要なときはいつも、やはり助けが必要な誰かを探して、互いの問題が必ず同時に解決されるようにしなくてはならないからだ（それができれば、必要なときに人を頼りにできるかという昔からの疑問は消えてなくなるのだが）。

以上からわかるように、行動の確認はかなり制限され、実行不能なこともある。そこで信頼が不可欠になる。信頼がなければ、実りある協力はありえない。だから、私たちは折に触れて人を信頼するのだ。むしろ、実際にはそれ以外の選択肢はあまりない。だが、確認をあきらめたら、どうしても利己的な行為の被害に遭うし、利己的な人物を予測することは難しくなる（もっとも、透明性がないからといって、人の正直さや誠実が完全に消え去るわけではない）。これから見るように、信頼に値する行動と値しない行動のあいだには、最終的に動的平衡が成り立つ。だが、どこで平衡に落ち着くかは場合によりけりなので、本書では、どうすればそれを予測できるようになるかということに紙幅を多く取ろうと思う。

囚人はどうするべきか？

あなたがどんな立場の人間でも――国家の首脳でも、ＣＥＯでも、公園にいる子どもでも――、信頼がかかわる状況には共通の構図がある。つまり、突き詰めるとあなたの成果はパートナーの成果と密接につながっており、成否は多くの場合、相手の行動をうまく予測できるかどうかに左右される。もちろん結果の重要性はそれぞれだが、根本的なところ――根底にある数学――に変わりはない。すなわち、信頼できる行動とできない行動の掛け合わせによって、核兵器の保有量から学校での居残りの時間まで、さまざまなケースにおける利益と損失の量が決まるのだ。

次の状況を検討してみよう。ジャックとケイトが、テストの解答を教師から盗もうとしたかどで校長室に連れていかれる。二人が盗みを企てたのは確かで、それを裏づける証拠は十分にあるが、どちらが何をしたかは、まだ正確には明らかになっていない。そこで校長は、責任の所在を把握するため、二人を引き離してそれぞれに同じ取引を持ちかけた。ではジャックから見ていこう。もしジャックが主犯はケイトだと白状し、一方でケイトが黙秘したら、ジャックの居残り期間はケイトより短くなる（ケイトは四日、ジャックは一日）。もし二人がともに黙秘したら、主犯を断定するのが難しくなるので、居残り期間は二人とも中程度となる（二日）。だが、もし二人がともに相手を主犯にしようとしたら（ケイトも同じ取引を持ちかけられていることを思い出そう）、自分だけが犯人にされた場合よりも、居残り期間は少し短くなる（二人とも三日）。これは、二人にはとりあえず捜査に協力する意思があったという点を考慮してのことだ。

　ジャックはどうすべきか？　数学的には答えははっきりとしており、ケイトを裏切るほうがいい。そのわけを知るために、図を見てみよう。もし、ケイトが主犯だとジャックが言い（つまり、ケイトを裏切り）、ケイトが黙秘したら（つまり、ジャックに協力したら）、ジャックの居残り期間は一日だ。しかし、ジャックも黙秘した場合、彼の居残り期間は二日になるのだ。一方、もしケイトが裏切ったとしても、ジャックはケイトを裏切るほうが、やはり都合がいい。この場合、ジャックの居残り期間は三日ですむが、ケイトに協力していたら四日になってしまう。というわけで、裏切るほうがまったく理にかなっているのだ。これは、相手の行動に関係なく必ず最良の結果が得られる戦略であり、ゲーム理論で「支配戦略」と呼

		ケイト	
		協　力	裏切り
ジャック	協　力	ジャック－2日 ケ イ ト－2日	ジャック－4日 ケ イ ト－1日
	裏切り	ジャック－1日 ケ イ ト－4日	ジャック－3日 ケ イ ト－3日

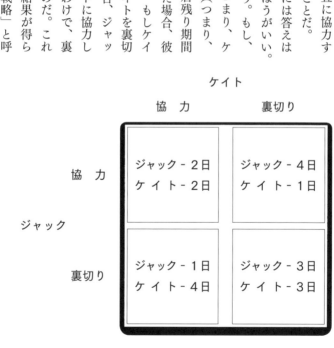

ばれる。

ただし、もう一つだけ考慮すべきことがある。ケイトも同時に同じ取引について検討しており、ジャックはそれを知っているということだ。この単純な事実によって、全体像は一変する。各自の観点からすれば、裏切りが最良の戦略である。なぜなら、相手がどう決断しても自分の利益は最大になるからだ。しかし、二人の運命が結びついているときには、必ずしもそうではない。もし二人とも相手を裏切って自分が最も得をする戦略を採用すれば、結果はあまりよくなく、二人とも三日間の居残りをさせられる。だが、二人が黙秘を貫いて協力し合えば、居残り期間は二日だけですむ。そこが難しいところだ。もし相棒を信頼できるならば――もし、二人とも相手のためにちょっとした犠牲を払う覚悟があると互いに知っていたら――、相手にお構いなく自分の利益を最大にする支配戦略に従った場合に比べて、二人ともましな結末を迎えられる。

こうした構造を持つ問題は「囚人のジレンマ」と呼ばれる。ランド研究所に所属するゲーム理論家のメリル・フラッドとメルヴィン・ドレシャーが考案し、のちに数学者のアルバート・タッカーが論理的に記述した。囚人のジレンマが興味深いのは、私欲に走らず相手に忠誠を尽くすほうがよい結果につながることを示し、協力にかかわる多くの決断にはトレードオフの要素が本質的に備わっていることを捉えている点だ。長年利用されてきた理由もここにある。また、実験室レベルに落とし込めるという利点もあり、科学的な研究手法として重宝されている。囚人のジレンマは本来、大きなコストが絡む際の決断の動力学《ダイナミクス》を映し出すものだが、工夫すれば、信頼について倫理的に研究するのにも使える。たとえば、多額の利益が動く実際のビジネスをする代わりに、実験では、研究者が用意する数十ドルを用いて利益とコストの関係を作ることができる。これまでに囚人のジレンマのさまざまなバリエーションが考案され、じつにいろいろな分野で信頼と協力について研究されてきた。

特に重要な疑問は、言うまでもなく、「人生の最適な戦略とは何か？」だ。それを見出すため、政治学者のロバート・アクセルロッドは、「繰り返し型の囚人のジレンマ」でさまざまな戦略を比較することにした。繰り返し型の囚人のジレンマとは、実生活と同じように、過去に信頼できる振る舞いか利己的な振る舞いをした相手と何度も接触し、そのつど裏切るか協力するかを決断するというものだ。だが、これには問題があった。過去の裏切りを快く許す、報復したがる、進んで誠実に振る舞うといった、異なる性質のプレイヤー（競技者）が数多く必要なうえ、彼らに何百回も対戦させる必要があったのだ。アクセルロッドは、どうやってこの問題を克服できたのか？　何しろ、長期的に最良の戦略を見出すには、膨大な数の対戦を通して成績を比較する必要があったはずだ。アクセルロッドは名案を思いつき、さまざまな性格の人を模したコンピュータープログラムをプレイヤーとして、選手権をおこなうことにした。シミュレーションでプログラム同士に総当たり戦をさせ、それを何百回も繰り返すのだ。それぞれの対戦では、囚人のジレンマのパターンに従って得失点が決まる。

アクセルロッドは、自分がプレイヤーのプログラムのバリエーションをすべて把握しているとは思わなかったので、さまざまな研究者からプレイヤーのプログラムを提出してもらった。「競技者」の性格はじつに多彩だった。一部のプログラムは報復的で、裏切った相手とは二度と協力しなかった。また、二度裏切られるまで自分は裏切らないといったかなり寛大なプログラムや、もっと複雑な性質が組み込まれたプログラムもあった。だが、選手権が終わると一つの事実が明らかになった。高い得点を出した戦略には、二つの共通点を持つものが多かったのだ。一つめは、初めは誠実に振る舞う意欲で、自分からは決して裏切らない。二つめは、場合によっては腹を立てることで、相手が裏切れば仕返しをする。この二つの基本原則が最もうまく機能したのは、どんな戦略だったのか？　答えは明快だ。総合優勝を果たした戦略は、ごく単純な「しっぺ返し戦略」だったのである。(3)

しっぺ返し戦略とは、名前からわかるように、まずは公平に振る舞うが、それ以降は相手の行動をそっくりそのまま返す戦略だ。もし相手がその後も公平に振る舞えば、次の回であなたも公平に振る舞う。だが、もし相手が裏切ったら、あなたも次の回で裏切る。しっぺ返し戦略は、総当たり戦のすべての対戦でほかのすべての戦略に勝ったわけではないが、総合的な得点が最も高かった。一回だけ優勝する戦略がたくさんあるなかで、いつも銀メダルを獲得したようなものと言ってもいい。このシミュレーションが、人間の信頼や協力に通じるのは明らかだ。つまり、それぞれの異なる戦略が、異なる人びとの戦略（報復的な戦略、裏切りやすい戦略、寛大な戦略など）を表しているならば、しっぺ返し戦略は、平均して最も多くの利益をもたらすというわけだ。しっぺ返し戦略では、相手を許したり信頼を取り戻したりすることができる。だからこそ、異なる戦略を用いるさまざまな相手と対戦したときに、死のスパイラルに陥ることを避けられるのだ。一度裏切られたら報復し続けるような戦略とは違い、しっぺ返し戦略では、相手は再び協力したいという意思を示して汚名を返上できる。

とすると、アクセルロッドのシミュレーションに基づけば、信頼のゲームをプレイするのはかなり簡単だ。初回は公平に振る舞い、それ以降は相手と同じやり方で反応すればいい。それで最終的にあなたの利益は最大になるはずだ。だが、現実の人生はそう単純ではない。これらのシミュレーションは、実施された当時としては高度なものだったが、実際の人間の交流とは重要な点が違う。それは、コンピューターは完璧で合理的だが、人間はそうではないことだ。私たちは、図らずも信頼を裏切ることがある。つまり、誤って他者に不快な仕打ちをする。そんな経験は誰にでもあるだろう。たとえば、納期を間違えてしまい、チームの仕事で自分の担当部分が間に合わなかったり、「福引き券は、きみから買ってあげるからね」と近所の子どもに言ったのに実際には買わず、その子は約束を覚えていたりする（または、その子があなたと隣人とを間違えていたりする）。端的に言えば、人間の社会的な交流では間違いが起こるということだ。行動が意図を明確に表すとは限らない。行動はノイズが混じったシステムなのだ。だが、そのノイズが実際に問題を引き起こすこともある。

次の状況を考えてみよう。善意ある二人の人間が、しっぺ返し戦略に従って相手と協力するかどうかを決断する。しばらくは万事が順調に運ぶが、あるときに例の意図せぬ不快な仕打ちが発生する。Aさんは、Bさんが自分を「裏切った」（秘密をわざとばらした、利益をかすめ取った、さぼったなど）と思うが、じつは、Bさんの行動は過失だった（Bさんには、不誠実に振る舞うつもりはなかった）。だが、二人ともしっぺ返し戦略にこだわったら死のスパイラルが始まる。しっぺ返し戦略は、さまざまな戦略を採る相手を裏切ってしまったあとでも信頼を回復させられるが、相手もしっぺ返し戦略を採っていると、それができない。そのため、過失、つまり行動のノイズによって、よさそうに見えたしっぺ返し戦略が失敗に終わる可能性もある。

この問題にいち早く気づいたのが、物理学者のロバート・メイだ。(4)メイの研究がきっかけとなり、のちに数学者のマーティン・ノヴァクとカール・シグムントは、さまざまな協力戦略を比較するうえで、この問題の重要性を検討した。二人はアクセルロッドのシミュレーションを巧みな方法で変更し、実際の交流に近いモデルや進化的に発展するモデルを考案することにした。彼らは二つの基本的な点を変更した。一つめは、「突然変異」のように、このシステムにノイズが発生するようにした。つまり、競技者に相当するさまざまなアルゴリズムがランダムに生まれ、それらは確率に基づいて、ほかのアルゴリズムとの協力か裏切りを選択する。二つめは、進化の概念を取り入れ、シミュレーションに世代交代という概念を加えた。それにより、以前の対戦ラウンドで成績のよかった競技者は、自然選択の基本法則に従って次のラウンドで数が増えた。こうしてノヴァクとシグムントの研究チームは、信頼と協力の動的な関係を進化の観点からモデル化することに成功した。彼らの研究結果は、信頼と公平性が社会に広がる仕組みについての理解を一変させた。

ノヴァクとシグムントがおこなった多くのシミュレーションでは、ある大きなパターンが決まって現れた。まず、「必ず裏切る」戦略がリードした。これは特に驚くことでもない。すでに述べたように、個別のゲームでは裏切りが支配戦略だからだ。ということで、シミュレーションの最初の一〇〇世代くらいまでは、裏切り者が優勢だった。裏切り者は、しっぺ返しをするが相手を信頼しやすい者や、その同類が最初に示す思いやりを利用し、身勝手に振る舞って利益を得た。だが、時間が経つにつれて状況は変わった。しっぺ返し戦略者は、裏切り者と対戦すると、相手を信頼してはならないと学ぶ前に必ずだまされてつねに負ける一方で、ほかのしっぺ返し戦略者と対戦するときは、いつも成績がよかった。協力の恩恵は最初こそ小さいものの、二者が誠実で安定した関係を保つからだ。しっぺ返し戦略者は、初めは危ういほど少なかったが、長期的には形勢を立て直し、裏切り者の数を追い

抜いた。(5)

だが、ノヴァクとシグムントが当初予期していたのとは違い、しっぺ返し戦略は結局のところ支配戦略にならなかった。最終的な勝者は、二人が「寛大なしっぺ返し」と呼ぶ、しっぺ返し戦略のいとこにあたる戦略だった。名前からうかがえるように、「寛大なしっぺ返し」は「しっぺ返し」より少しばかり相手の過ちを許しやすいタイプで、裏切られても一定の低い確率で協力を選択する。このタイプは、以前に裏切られた相手に直面しても、たとえば二五パーセントの確率で協力を選択する。この上乗せされた寛大さが、ノイズの一部を乗り越える役割を果たした。確かに、寛大に振る舞うと搾取されることもあったが、最初の裏切りが過失だった場合には、寛大な振る舞いによって誠実な関係が花開いたのだ。

それでも、ノヴァクとシグムントのシミュレーションから得られた知見で最も重要なのは、寛大なしっぺ返し戦略でさえ、つねに最良とは限らなかったことだろう。勝者はいずれかの時点でほぼ例外なく敗れ、それは寛大なしっぺ返し戦略でも同じだったのだ。問題は、寛大なしっぺ返し戦略が優勢であり続けると、全体がますます信頼できる集団になったことだ。全員が聖人君子になると、誰も裏切られることを予想しなくなり、全員が協力し合う。その結果、不誠実な者にとって絶好の機会が訪れる。全員が頭から信頼し合う状況は、ペテン師にとっての楽園だ。そして裏切りを選ぶランダムな突然変異が再び現れると、初めは勢いを止められない。裏切り者が増殖して優位に立ち、協力的な戦略が全滅寸前にまで追い込まれる。その後、信頼や協力に前向きな戦略が再び現れると、ようやく裏切り者は減っていく。この研究から気づかされるのは、信頼にかんして重要なのは、一つの完璧な戦略を見出すことではないということだ。第一、そんな戦略はない。重要なのは、利己性や協調性、不誠実さや誠実さは、絶えず変化する平衡状態のなかに存在するものだと理解することだ。これまでもそうだったし、今後もそうだろう。

現実の戦略

白状しよう。私はリフォーム業者が苦手だ。年老いた両親の家の修繕が必要になったとき、私は二人から業者を探してほしいと頼まれた。あいにく、建築関連のことはよくわからない。業者と取引した経験も、宣伝文句を評価する基礎知識もなかった。それなのに、業者の選定を任されたのだ。いまだに私には、ドライウォールとブルーボードの違いが何なのかわからない。だからご想像のとおり、見積価格と工期を守れるかという点でどの業者が一番信頼できるのか、わからなかった。もっとも、建築工事は計画どおりには進まないものなので、どちらも程度の問題ではある。それでも、最も誠実だと思われる業者に両親がリフォームを頼めるように手助けしたかった。そこで私はどうしたか？同じ立場の人なら誰でもするように、訊《き》いて回った。

単純な話だ。きっと多くの人が同じような経験をしているはずだ。だがここから、これまで論じてきた信頼と協力のモデルに付随する欠点の一つが浮かび上がる。しっぺ返し戦略やその同類はすべて、相手と直に接した経験に基づいている。これらの数学モデルでは、相手の出方がわからない場合には、まず信頼することを勧める。なるほど、知らない人間を信頼すれば一度は損をさせられるかもしれないが、相手を信頼しようとしなければ継続的な協力によって大きな利益を与えてくれる誠実な人間も見つけられない。しかも、そのような利益は、積み重なると一度の損失を補って余りあることも多いのだ。[6] しかし、今つけ込まれたくない場合や、パートナー——この場合は業者——の候補が複数いる場合には、このモデルはあまり役に立たない。私は両親のために最良の選択をしたかったので、名乗りを上げてきた最初の業者を信頼して決めてしまわないようにしなくてはならなかった。そこで、業者の評判をチェックした。友人や近所の人びとに尋ね、「アンジーのリスト」〔請負業者などに対する評価やレビューを集めたウェブ上のサービス〕を調べた。

簡単に想像できるように、知らない人間の信頼度を予測できれば、そのメリットは大きい。誰かと協力するという決断が、損失ではなく利益につながる可能性が高まるからだ。また、相手の信頼度を予測できれば、しっぺ返し戦略のような手堅い戦略にすら伴う問題も避けられる。つまり、初めての相手とでも損をしないようにすることができる。さらに、専門的でしかも幅広いビジネスが当たり前になっている今、社会で起こる問題も解決できる。ある業者が粗悪な製品でだまそうとしていても私にはわからないかもしれないが、たとえば二年前にキッチンや浴室をその業者に修理してもらった人にはわかるだろう。同様に、インターネットを使えば、複数の業者から合い見積もりを取ることも、業者の誠実さについて見知らぬ人が投稿したクチコミを探すこともできる。

したがって、評判は信頼がかかわる問題の一番の解決手段と見なされることが多い。これは「間接的互恵性」と呼ばれる。他者の経験から恩恵を得るメカニズムだ。もし、ある業者が誰かに対して誠実に振る舞ったら、この行動は、その業者が別の人にも誠実に振る舞う見込みを示す手がかりと見なせる。同じように、もしその業者が一度手抜き工事をしたら、また手を抜くだろうと大半の人は思う。とすると、相手の評判を正確に知ることができると仮定すれば、相手をつねに信頼する選択は、たとえ初めて出会ったときであっても最良の戦略ではないということになる。

評判には別の利点もある。評判は、他者を信頼すべきかどうかの判断の手がかりになるほか、みなが誠実に振る舞う可能性も高めてくれる。経済学で「将来の影」と呼ばれるものの影響を誰もが受ける。もしあなたが誰かをだませば、悪評が立つだろう。そして、あなたは信頼できないという噂が広がり、将来の利益は資産の面でも人間関係の面でも減少してしまう。しかも現在のデジタル時代では、評判はこれまでになく簡単に入手できる。

理屈を知って賢く判断する

これまでの話からわかるように、信頼にかんする数十年間の研究によって、次のようなことが明らかになってきた。協力的な戦略や人を欺く戦略は、なぜ、どのように現れるか。こうした戦略は、集団のなかでどのように優勢になってから後退するか。評判を利用することで、なぜ、見知らぬ人をまず信頼することから生じる問題の一部を解決できるか。これらの知見は、高度一万メートルからさまざまな社会を俯瞰するのであれば結構なものだ。しかし、一人ひとりが日々、成功を目指して戦っている地上のレベルでは、実情を覆い隠すだけでなく、信頼の根底にあるプロセスを概念的に捉えるうえで妨げにもなる。要するに、信頼の本質や作用の仕組みについて理解を深めるためには、信頼について広く信じられていることを少し修正する必要があるのだ。科学者も一般市民も長く受け入れてきた見方は、いくつかの原則に基づいている。しかし、こうした原則はお世辞にも整合性があると言えないし、最悪の場合は完全に間違っている。こうした問題の中心には、大まかに言うと以下に挙げる四つの間違いがある。

あまり知られていない評判の真実

評判とはある個人の特徴を表すもので、普通はその人物の道徳性と関係している。たとえばその人は、公正なブローカー（あるいは詐欺師）と言われたり、美徳の鑑（あるいはモラルの低い人）と言われたりする。このようなレッテルは、その人の過去の行為を一つに統合したイメージから来ることが多い。しかし、この統合の仕方はえてして公正でない。もし、善人とされる人が一度でも悪いことをしたら、その人は性根から非道徳的な人物だとほとんどの人が思う。これまでの善行は、ずる賢い本性を隠すための隠れ蓑《みの》にすぎないと考えるのだ。しかしなぜだか、この見方は逆向きには当てはまらない。もし、悪人とされる人がよいことを一度しても、ほとんどの人はただの気まぐれと見なしたがる。この場合、その人の道徳性に対する見方は変わらない。ただ、こうした論理的な矛盾は、評判という点では問題ではない。単にそうなっているというだけの話だ。

私が一番気がかりなのは、評判が個人の不変的な特性を表していると多くの人が思い込んでいることだ。正直な人はいつも正直で、一度誰かをだました人は再びだますというように、人の性格は固定していると思い込んでいる。それは直感的には正しそうな気がするが、過去二〇年間に私やほかの研究室から出された科学的なデータからは、人間の道徳性が非常に変わりやすいことがはっきりと示されている。同情や利他主義、寛大さや公平さ、浮気や嫉妬、偽善や賭博のどれを取り上げても、人の道徳的な行為の揺れ幅は予想以上に大きいことが、実験的なデータから繰り返し示されている。(7) それは人間の性質が変化しているからではない。昔からそうだったが、ここにきて、ようやく認識されるようになっただけだ。

この厳然たる事実を教えると、多くの場合、初めて聞いた人は信じられないと思うようだ。彼らは、子どものころから知っている叔父のベンや友人のクレアはずっと誠実で正直だったとか、逆に、あの人はお金を預けたいとは思わない人間だったなどという事実を挙げる。それはそうかもしれない。しかし、叔父のベンや友人のクレアに生まれつき性格特性のようなものが刻み込まれていて、それだけで彼らの道徳的な行為が決まるわけではない。彼らの行動が一貫しているように見えるのは、彼らが日ごろ対処する通常の状況が、動機という点で大きく変化していないからだ。道徳的な行為に一貫性があるのは、人の心に何らかの本質や特性が刻み込まれているからではなく、せめぎ合う複数の心的なメカニズムが安定したバランスを保っているからだ。それぞれの心的メカニズムが重視する報酬のバランスが、日常生活で生じる状況の全体的な利益によって変わらない限り、結果的には道徳的な行為にぶれがあまり生じていないように見える。しかし、客観的な状況が変わったり、水面下の心の計算が変化して弾き出す報酬が変わったりすると、行動も変わる。もちろん、どれくらいの量の報酬で誠実な態度が翻《ひるがえ》されるかは、人によって違うかもしれない。だが、人の信頼度のレベルが固定されていないというのは事実だ。だから自覚のあるなしはともかく、誰でも報酬如何《いかん》でころっと変わってしまう。私たちの心は、つねにコストと利益を計算しているのだ。

私は科学者なので、あなたにこの事実を鵜呑《うの》みにはしてほしくない。あなたにも証拠となるデータを見てもらいたい。道徳性の例は、いろいろな領域にいくらでもあるが、本書のテーマに沿って、信頼に焦点を合わせよう。アダム・スミスはかの有名な大著『道徳感情論』で、人間には直感や感情という形で生得的な反応が備わっており、それが他者に対する親切で公正な対応を促すと主張した。これは先見性のある見方と言えるが、裏づけとなる実験的なデータは長いあいだなかった。そこで私は学生たちとともに、感謝の念といった感情がスミスの提唱したとおりに作用するならば、感情の一時的な揺れによって他者に対する信頼は本人の自覚なしに変わるだろうと推測した。

この仮説を検証するため、私たちは囚人のジレンマの一種である「ギブ・サム・ゲーム」を使う実験を考え出した。ゲームの進め方は次のとおりだ。各プレイヤーは四枚のメダルをもらう。一枚のメダルは、持ち手には一ドルの価値があるが、相手には二ドルの価値がある。各プレイヤーは、四枚のメダルのうち何枚を相手に渡し、何枚を自分の手元に残すかを決める。囚人のジレンマと同じように、ギブ・サム・ゲームでは、相手を犠牲にしても自分の利益を最大にするという目標と、少額でも同等の利益を二人とも得るという目標とがぶつかる。この場合、最も誠実な選択は、各プレイヤーが自分のメダルを四枚とも相手と交換することだ。すると、二人とも四ドルが八ドルに変わることになり、自分のお金が二倍になる。だが、自分の利益を最大にするためには、違う戦略が必要になる。相手に一枚もメダルを渡さずに、相手が協力的でメダルを渡してくれることを期待するのだ。もし、相手がメダルを全部渡してくれたら、あなたの持ち金は三倍の一二ドルになる一方で、相手の持ち分はなくなってゲームが終わる。つまり、あなたは相手の信頼に便乗して得をするわけだ。ギブ・サム・ゲームが囚人のジレンマより特に優れているのは、相手に渡すメダルの枚数をプレイヤーが選ぶので、身勝手さに段階がつけられる点にある。イエスかノーかの決断ではないということだ。

さて、感情の状態による信頼度の変化を測定するためには、まず、実験参加者がゲームをする前に感情の状態を変える必要があった。そこで、感謝の気持ち――アダム・スミスが挙げた道徳感情の一つ――が自然に呼び起こされる状況を仕組んだ。大まかにはまず、コンピューターが故障するようにプログラムしておき、実験室で参加者がコンピューターに向かって退屈な作業をしているときに、データがすべて失われてしまうように見せかけた。それから実験のスタッフが参加者に、最初からすべてやり直すように告げるが、サクラ（参加者のふりをしたスタッフ）が近づき、試行錯誤の末にコンピューターの不具合を奇跡的に修正した。おかげで、参加者は面倒な作業をやり直さなくてもよくなった。

この時点で、ほぼすべての参加者が自然に感謝の気持ちを表し、あとで感情の状態を測定したときに、感謝の気持ちを抱いたと報告した。一方、比較対照群では感謝の気持ちが起こらないようにしたかったので、コンピューターを正常に作動させた。そして、サクラに参加者と簡単な会話だけをさせて、参加者とサクラとの親しさが、コンピューターが故障した群と同じくらいになるようにした。

それから参加者とサクラに、別の部屋に移動してギブ・サム・ゲームをしてもらった。だが、ここでもうひと工夫加えた。両群それぞれの半数には、先ほど交流したサクラとギブ・サム・ゲームをしてもらい、残りの半数には初対面の人とプレイしてもらったのだ。どうなったか？　では、参加者が顔見知りのサクラとプレイした場合を見てみよう。対照群――サクラを知っているが、サクラに感謝する理由のない群――では、参加者は相手に平均で二枚のメダルを渡すことを選択した。つまり、最も誠実な振る舞いと最も利己的な振る舞いの中間に落ち着いた。一方、サクラに感謝の気持ちを抱いていた参加者はより協力的で、対照群よりも多くのメダルを相手に与えた。こうすることで彼らは、より誠実な振る舞いをしただけでなく、相手が協力しなかった場合の損失がより大きくなる状況に自分を置いた。

さて、この実験で評判の重要性が否定されたわけではないと思うだろう。むしろ、評判が中心的な役割を果たす可能性が示唆されていると思うかもしれない。ギブ・サム・ゲームの相手は、困っている参加者を助けてあげた。だから、思いやりがあって信頼できる人間だということを示したばかりではないか、と。おっしゃるとおり。だが今度は、参加者が初対面の相手とギブ・サム・ゲームをした場合の二群を比べてみよう。なんと、結果はまったく同じだった。参加者が感謝の気持ちを感じていれば、相手に多くのメダルを渡したのだ。思い出してもらいたいが、彼らにとって相手はまったく見ず知らずの人間だった。相手が信頼できると考える根拠はなかった。にもかかわらず、感謝の念を抱いていた参加者は、対照群の参加者よりも、見知らぬ相手と協力した。さらに、協力する意欲の程度――自分本位の利益ではなく、より少ない共同の利益を選ぶ度合い――は、参加者がそのときに抱いている感謝のレベルとぴったり一致した(8)。

これらのデータは、感情の状態の一時的な揺れによって信頼度の評価が変わることを示している。同じことが社会的ストレスでも言える。心理学者のベルナデッテ・フォン・ダヴァンスと行動主義経済学者のエルンスト・フェールは最近、社会的な不安や不快感が信頼に及ぼす影響を検討した。彼らは実験参加者の半数に「試験者用社会的ストレステスト」を受けてもらった。そのテストでは、参加者は人前で話すことを求められる。ただし、聴衆は無言で無表情のまま座っているように訓練を受けており、参加者はそのことを知らない。聴衆が励ましもせず、無関心で相槌《あいづち》も打たないので、気の毒な話し手は、自分が相手にされていないのではないかと不安を募らせていく。参加者たちは、このテストを終えたあと、ある経済ゲームをした（一方、テストを受けずにゲームをする対照群も設けた）。それはギブ・サム・ゲームに似ており、相手に信頼されたいという願望と、相手を犠牲にしてもお金を得たいという願望が対立する。その結果、社会的ストレスは、誠実な振る舞いを劇的に増やすことが見出された。つまり、社会的な不安のある人たちは、そうでない人に比べて相手に協力する割合が約五〇パーセント多かった[9]。

　信頼度や誠実さを変化させるのは感情の状態だけではない。行動経済学者および心理学者のフランチェスカ・ジーノ、マイケル・ノートン、ダン・アリエリーの研究では、何を身につけるかといった単純なことで、その人の誠実さが変わることが示されている。彼らは「製品評価研究」と称して、参加者にサングラスのタイプを比較する実験だと思わせた。そして、研究者は一部の参加者に、あなたが気に入ったサングラスはデザイナーブランドの製品だと告げる一方で、残りの参加者には、あなたが好んだのは偽ブランド品だと言った。サングラスはラベルを取りはずしてあり、参加者には見分けがつかないようになっていた。それから、研究者は参加者に時間制限つきの数学テストを課し、得点を自己申告してもらった。そのときの参加者の行動は、驚くべきものでもあり、気がかりなものでもあった。偽ブランド品をかけていた参加者の七一パーセントが、自分の得点を水増ししたのだ（研究者は参加者の解答用紙を見ることができた）。一方、本物のブランド品をかけていた参加者で得点をごまかしたのは、三〇パーセントにとどまった。偽ブランド品をかけていることは害のなさそうな行為なのに、偽という観念を生み出し、嘘をつく傾向を大幅に増加させたのだ[10]。

この手の実験全般から、人の信頼度を過去の行動から確実に予測することはできないということが確認できる。信頼できる人をなるべく正確に判断したくても、評判だけでは答えが出せないのは明らかだ。もっとも、これは一般的な道徳性、具体的には人の誠実さが行き当たりばったりなものという意味ではない。どちらも基本的な原則に従う。ただし、それらの原則は、競合する心的なメカニズムに由来するものであり、判で押されたような安定した心理的なパターンではない。というわけで、信頼についての評判など当てにならない。確かに、誠実な振る舞いにむらがない場合もあるが、それは競合する心的なメカニズム同士が緊張緩和《デタント》状態を維持した、変化の少ない状況から生じているにすぎない。したがって、誰かを信頼する際、あの人は信頼できるかと問うべきではない。正しくはこうだ。あの人は、現時点で信頼できるか？

結局は自分にかかっている

私は、誠実さはどんな状況でも、競合する心的なメカニズム同士の目下のバランスによって決まると提唱した。だが、それらのメカニズムとは何か？　多くの人は、信頼を利己主義（つまり悪）と利他主義（つまり善）の綱引きだと考える。フィアンセを裏切ったり利益をかすめ取ったりすれば、感情的・肉体的・経済的な利益を得たいという利己的な願望を満たせる。だが、そのような行動は、恋人に忠実でありたい、仕事のパートナーを助けたいといった利他的な願望、ひいては他者を幸せにする行動と対立する。この論理から、信頼をめぐるジレンマは、一方の肩に天使、もう一方に悪魔が座ってしきりに耳打ちする比喩で擬人化される心的メカニズム同士の競合と見なされがちだ。

この見方の問題点は、はっきりしている。私たちの心を形作ってきた進化の圧力が、赤の他人ではなく自分の成果を最大にする方向に働くことは以前から認識されている。それなのに、なぜ心には他者に親切にすることを目的としたメカニズムがあるのか？　その答えは、人間が社会的な生物種であるという基本的な事実に見出せる。人間は協力を通じて繁栄しているのだ。それはわかりきっているとしても、重要なのは、私たちの適応度——資源を獲得して子孫に提供する能力——が、他者を助ける「利他的な」行動によって高まることにある。進化生物学者のロバート・トリヴァースが数十年前に主張したように、人が利他的な行為や誠実な振る舞いをするのは、自分が資源を提供するだけではなく、必要なときに他者から資源を提供してもらえるようになるからだ。[11]簡単に言えば、今日、他者の背中をかいてあげれば、明日はかいてもらえるということだ。もちろん、この考え方からは、行動が行為者本人にも利益を与える場合に、その行動を利他的と分類するのは本当に公正なのかというややこしい問題が持ち上がるが、それは長年続いている厄介な論争なので、ここでは立ち入らない。

しかし、これらの競合するメカニズムを利己的なものと利他的なものに分類するのが容易でないならば、どうやってそれらを区別すればいいのか？　私の考えでは、その鍵は二つある。囚人のジレンマにかんする長年の研究やマーティン・ノヴァクらが立てたすばらしい数学モデルに立ち戻って見直せば、成功とはたいてい長期的な観点で決まるということがすぐにわかる。成功する戦略を擬人化すれば、それは何百、何千もの交流を重ねて、結果的に多くの資源を蓄積する人と言える。しっぺ返し戦略や寛大なしっぺ返し戦略に従って、人を裏切らず誠実な人間であり続ければ、将来的には、その人の利益は最大になる。このような方針では、短期的な利益は最大にはならない。つねに裏切るといった搾取的な戦略が、資源の蓄積で最初は決まってリードしたことを思い出そう。短期的に見れば、裏切る戦略によって利益は最大になる。

　私の見方では、人の道徳性はほぼすべて、短期的な利益と長期的な利益の兼ね合いとして理解できる。それは信頼についても同じで、大ざっぱに言えば、信頼がかかわるケースは「異時点間の選択」と関係がある。異時点間の選択とは、決断によって得られた結果の価値が、今すぐと将来とで異なるような選択である。次のように考えてみよう。不誠実な振る舞いを選択すると、あなたはすぐに多くの資源を獲得できる。もし時間が今止まれば、パートナーを犠牲にして得たお金や恋人をだまして得た満足によって、あなたの財産や快楽は大幅に増すだろう。だが、そうした行為が誰かにばれたら、あなたの長期的な成果は危うくなる。つまり、その選択は、今この瞬間には確かな利益をもたらしてくれそうでも、時間が経てばよくない結果をもたらす可能性があるのだ。もし信頼できない人間だと見なされたら、あなたを雇ったり、あなたと結婚したり、あなたを支えてくれたりする人を見つけるのは難しくなる。ならば、誠実な振る舞いをつねに選択して、長期的な成果を最大にすればいいではないか？　単純な話だ。しかし進化の見地からすれば、すべての人が必ずしも長生きするわけではない。死は、思ったより早く訪れることもある。だから、たとえば今から二五年後に初めて得に転じる利益を最大にしようとして全精力を注いでも、早死にしてすべてが水の泡にならないとも限らない。さらに、必ずしもすべての利己的な行為がばれるわけでもない。誰にも見つからなかったら、あなたの長期的な見通しは暗くならず、短期的にも長期的にもいい思いができる。

信頼にかんするこの見方によって、競合する心的メカニズムは、いわゆる肩に座った天使と悪魔から、アリとキリギリスへと定義し直せる。古いイソップ寓話では、アリは将来への関心を表し、せっせと働いて冬の食料を十分に蓄える。一方のキリギリスは目先の関心を表し、目の前の楽しみにかけて夏のあいだ楽しくのんびりと過ごす。どのくらい誠実に振る舞うかを決定するメカニズムも、これと同じだ。一部のメカニズムは目の前の利益を重視し、別のシステムは将来の利益を重視する。私たちの心は、絶えず二つの相対する力のあいだで適切なバランスを見出そうとしている。そのバランスが、ある時点でどこにあるか——現在と将来のどちらに傾いているか——によって、私たちがどの程度誠実に振る舞うかが決まる。すでに見たように、感謝の気持ちは長期的なメカニズムに有利に働き、他者との関係を育むような振る舞いを促す。一方、匿名性や偽物といった概念が心に浮かぶと逆に働き、短期的な関心が優位に立つ。

信頼を異時点間の選択のジレンマとして概念化すると、別の問題も解ける。その問題は見過ごされることも多いが、信頼の作用を理解するためには、それに取り組むことが大事だと私は考える。その問題とは、自分自身が信頼できるかどうかはどうやってわかるのか、である。これは、あなたが誰かとの約束を守るかどうかの予測についてではなく、自分自身との約束を守るかどうかを見抜けるかという話だ。誰にでもそんな経験はあるだろう。「誘惑に負けて今夜ドーナツをもう一つ食べたりしない」「来月の給料から必ず退職年金口座にお金を入れる」「タバコはこの箱が最後で、絶対にもう買わない」。私たちはそうした約束を守ることもあるが、守らないこともある。

利己的な願望と利他的な願望という競合する願望に基づいた信頼のモデルでは、自分を信頼することについてはほとんど何も説明されない。いや、そのモデルでは説明できない。その理由は、当然ながら自分との約束では、当事者は二人とも自分だからだ。しかし、異時点間の選択という視点を取り入れた信頼のモデルは、信頼する相手が他者でも自分でもうまく当てはまる。自分との約束でも、やはり当事者は二人いる。現在のあなたと将来のあなただ。もちろん、両者の成果はある程度つながっているが、それぞれが別々の願望を重視する可能性もある。ダイエット計画を守って今夜遅くにドーナツを食べないと自分を信頼することは、将来のあなたが自分を制御できるということへの賭けだ。翌月の給料から投資に回すと自分を信頼することは、将来のあなたが強い意志力を持っていると信頼しているということだ。どちらの状況でも、将来のあなたは長期的視点で物事を見ることができ、その将来が訪れたときに短期的な誘惑に負けないことを、あなたは当てにしている。

だとすれば、誠実さの核をなす特徴の一つは自己制御能力ということになる。言い換えれば、長期的な利益につながる願望を優先し、目先の願望に抗う能力だ。実際、最近の研究から、この見方を支持する興味深い知見が得られている。心理学者のフランチェスカ・リゲッティとカトリン・フィンケナウアーは実験で、参加者たちに、これから「信頼ゲーム」をすることになる相手を紹介した。参加者は、まとまった額のお金を与えられ、その一部を相手の「投資家」に渡してもよいと言われた。投資家の役になる人は、お金を受け取ると必ず三倍に増やすことになっていた。ここには一つ仕掛けがある。お金を受け取った投資家は、参加者に還元する気があれば、その金額を選べたのだ。このゲームでは、参加者が投資家にいくらかでも資金を渡すことは、信頼の表れである。そして、多く渡すほど、その投資家を信頼する意欲があるということになる。なぜなら、ルールによれば、投資家には、投資の利益はもとより、投資資金そのものも参加者に返す義務はないからだ。

研究者たちは、投資家役の自制心の程度が、人によって違って見えるようにした。疲れると自制心が働かなくなることがわかっているので、投資家たちに前もってさまざまな分量の作業をしてもらい、疲労度を変えたのだ。そしてこの実験から、人の心は無意識にせよ、自制心が人の誠実さにとって重要であることを嗅ぎ取るという仮説がはっきりと支持された。実験参加者たちは、疲れた投資家はあまり信頼できないという見方を示しただけでなく、そのような投資家には投資資金をあまり渡さなかったのだ。[12]

統計に振り回されたいか？

信頼の作用にかんする現在の見方には、すでに見たように、たいていどれにも「平均して」という言葉が含まれる。これが、三つめの間違いを引き起こす問題だ。少なくとも私は、自分の成果を単なる統計の数値とは思いたくない。誰かを信頼してその人と協力するという選択が、そうしない選択より平均して優れた戦略ならば、必然的に、その選択がすべての人にとって優れた戦略とは限らなかったことを意味する。誰かがどこかで貧乏くじを引いたのだ。それは人生の根本的なルールで、誰かが勝てば誰かが負ける。だから、数学モデルや反復型の囚人のジレンマを用いて、成功する人の意思決定戦略の特徴や、長期的に最良の成果を導く意思決定戦略を突き止めるのは有益だとしても、あなたが貯蓄のなかからまとまった金額を委ねようとして誰かと向き合っていたら、「平均して優れた戦略」と言われたところでうれしくもあるまい。そのような瞬間には、どの戦略が平均して最良かなどはどうでもいい。大事なのは、たった今どうすべきかだ。

だから信頼にかんする従来のモデルでは、この難問を二つの方法のどちらかで解決する。一つめとしては、過去の交流や評判を通じてパートナー候補を知っているなら、その情報を用いて信頼度の見込みを弾き出すことだ。二つめとしては、パートナー候補について何も知らないなら、その人と今後二度と交流しないことや、裏切りが誰にもばれないことを確信できない限り、相手をただ信頼するのが一番よいだろうとすることだ。一つめのほうが論理的に見えるが、過去の行動や評判からは、将来のある瞬間の信頼度をうまく予測できないと本書で示したばかりだ（あとの章でも繰り返し出てくる）。そうなると、あとは二つめの選択肢しかない。つまり、パートナー候補について何も知らないのなら、その人を信頼したほうがよさそうだということだ。しかし、その選択肢が本当に最良ならば、目の前にいるセールスマンや新しいビジネスパートナーの信頼度を判断するときに、誰もみぞおちに引っかかりを感じたりしないだろう。頭は見知らぬ人を信頼しなさいと単純に促すが、心ではそう感じない。それは、頭と心の働き方が違うからだ。私たちが誰かを、特に見知らぬ人を信頼しなくてはならなくなったとき、相手の信頼度について予感がする――勘が働くと言ってもいい。知っている相手についてもそうだ。しかし、私たちはしばしば直感を無視するというミスを犯し、評判に基づいて決断をくだす。そして、それは往々にして手痛い失敗につながる。評判が参考になると思えることがあるかもしれないが、評判で必ず信頼度を予測できるとは限らない。

他者の信頼度について直感が働くのは、私たちの心が今この瞬間に得られる情報を何でも利用して、自分の成果を最大にしようと努めているからだ。心がそうする理由は、よく考えればわかるはずだ。他者の信頼度を判断する能力があれば、たとえ精度が偶然をわずかに上回るレベルだとしても、資源を増やす可能性は大いに広がるだろう。それに、評判が当てにならないことによる問題も生じず、どんな状況でも成功する確率が高まるだろう。たとえて言えば、それは細工したサイコロ――重りを入れて1のぞろ目がほかの組み合わせより出にくくしたサイコロ――を持ってカジノに入るようなものだ。

人間が他者の信頼度を評価する能力を持っていると期待されるのには、それなりの理由がある。だが、それを裏づける証拠はほとんど得られていない。科学者は数十年前から手がかりを求めてきたが、めぼしい成果はあがっていない。世間には、他者の知性や裏切りやすさなど、もろもろのことを仕草から読み取る方法について書かれたハウツー本がたくさん出回っている。だが、ひいき目に見ても、その手の本に書かれている信頼や、さらには動機や感情の多くには疑問をさし挟む余地がある。非言語的な手がかりや生理的な指標を利用して感情や動機を見極める方法についての科学的な理解は、急速に見直されている。さまざまな手がかりを用いて感情や信頼度や裏切りを見抜こうとする従来の手法は、ほぼ使い物にならないことが示されてきた(13)。政府は潜在的な脅威を突き止めるために非言語的な行動を利用する手法を開発したが、それさえ科学的に十分に立証されていない(14)。

じつは、信頼度を見抜くことは最先端の技術でも困難なので、序文で述べたように、国土安全保障省の主要な研究部門の情報先端研究プロジェクト活動は二〇〇九年、新たな研究を活性化する目的で資金援助構想を発表した。この構想で最も興味深いのは、行為者本人ではなく、行為を見る人（観察者）の心身で信頼の指標を探す研究への資金援助を一番の目的に掲げているところだ。つまり、行為者を信頼できると思っていることを示す指標が観察者に認められたら、どんなにかすかなものでも、それを調べて増幅することを意図している。要するにその研究は、人間の心は他者から発せられた信頼度のシグナルを感じ取れるが、このシグナルは比較的弱いのでノイズに紛れてしまいやすいという前提に基づいている。とすると、肝となるのはノイズからシグナルを抽出する方法を見出すことだ。

だが、むろん問題は、なぜそのシグナルが特定されていないのかということだ。私の考えでは、理由は大きく二つある。一つは、多くのシグナルと同じく、信頼度のシグナルは微弱なはずだということだ。信頼度のシグナルは、すぐに読み取れるものであってはならない。もしあなたが、信頼される人間の象徴として額に大きな「信」の字をつけて歩き回れば、あっというまにカモにされてしまうだろう。よって、人は手の内を明かしたがらず、信頼度のシグナルはじっくりと揺さぶりをかけて初めて垣間見えてくるものと思われる。二つめは、これまでのシグナルの探索がまったく間違っていたことだ。信頼にかんしては、視線をそらすことや作り笑いのような決定的な手がかりなどないだろう。シグナルはさまざまな個別の要素からなり、文脈のなかでしか正しく見極められないかもしれない。おそらく、話し言葉を作り上げる個々の音のように、それぞれの手がかりは、別の手がかりとの組み合わさり方によって意味が変わるのではないだろうか。

誠実さだけでも、能力だけでもだめ

私の仕事でありがたいのは、多岐にわたる経歴の人びとと話す機会があることだ。みな各自の専門分野の最新事情に通じている。そんなこんなで、私はある夏の日の午後、アダム・ラッセルと向かい合って座っていた。彼は情報先端研究プロジェクト活動の研究責任者で、信頼研究の支援構想を主導している。アダムは魅力的な一方で、相手を気後れさせてしまうタイプでもある。文化人類学者で、権威あるローズ奨学金を獲得しており、しかもラグビーの選手なのだ。ということは、（私も含めて）ほとんどの人を頭脳でも肉体でも簡単に打ち負かせるわけだ。それはともかく、私たちはあの日、信頼にかんする従来の研究を彼が問題視していることについて話し合っていた。

アダムは言った。「デイヴ。たとえば、きみに脳腫瘍があったとしよう。私はきみを心から助けたいと思っている。きみは、私が正直なことも、きみに好意的なことも知ってる。私は、腫瘍の除去で手助けできることは何でもするつもりだ。では、きみは私に外科用メスを手渡すかな？」。当たり前だが、そんなことはしない。アダムは外科医ではないので、しかるべき技術を持っていないからだ。アダムなら新しいプロジェクトについて率直な意見を言ってくれると信頼するか？　もちろん、そうする。もし通りで強盗に襲われたら、彼なら私を守ってくれると信頼するか？　イエス。彼ならば、私の頭蓋骨を切り開く役目を果たせると信頼するか？　まさか。それが彼の言いたいことだった。信頼について検討する場合、ほとんどの人は誠実さに焦点を当て、次のように問うことが多い。この人は、きちんと責任を果たすつもりだろうか？　確かに誠実さは重要だが、信頼について問うべきことはそれだけではない。能力も誠実さと同じくらい重要なことがあるのだ。善意は、それを実際の形にできる能力がなければ、結局のところあまり価値がない。

アダムの的を射た思考実験には、信頼にかんする研究の大きな盲点を私に印象づける狙いがあった。ほとんどの科学者は、誠実さに照準を合わせる。そのせいで、誠実さと同じくらい大事な、信頼と関係するほかの要素を軽視してしまう。だが、信頼を多面的に見るのは意義がある。仮に、あなたがCIAの諜報員で、情報を入手できると自負する情報提供者の言葉を吟味しようとしているにせよ、あなたがガンを患っており、治療法を知っているとするホメオパシー施術者の話を見極めようとしているにせよ、相手の能力が問題になるのは明らかだ。しかし、多くの人は、他者の信頼度について考えるときに能力を無視する傾向がある。科学者もそうしてしまうのは、一つには能力と関係のない囚人のジレンマのような課題を用いるからだろう。目の前の課題は、お金を自分が取るか相手に与えるかだ。それは誰にでもできることで、特別な技能は必要ない。そのため、能力は信頼についての検討で見落とされがちなのだ。しかし、私たちの心が能力を考慮しないのではない。

心理学者のジェシカ・トレイシーの研究からは、人間の心が、地位や力、リーダーとしての資質を評価したがることがはっきりと示されている。[15] トレイシーは、研究室や世界中のさまざまな社会で綿密な研究を実施し、私たちの心が能力のシグナルに関連する手がかりをすばやく処理することを示してきた。昔から地位を表すとされている目印に結びつく一連の手がかり（胸を張る様子／うつむく様子、頭の傾け方、腕の置き方など）が同時に示されると、私たちの心は、他者の社会的地位やその人が見せる知識や技能を一〇〇〇分の数秒以内に評価する。そして本書でのちほど見るように、そうした手がかりによって、それらを示した人が周囲から信頼される度合いははっきりと変わる。

これらの知見には二つの要点がある。まず、信頼について研究するときには、能力と誠実さの両方を考慮する必要があるということ。そして二つめは、一つめよりむしろ重要で、信頼にかんする心の計算のほとんどは、意思を反映するのではなく意識外でおこなわれると認識しなくてはならないということだ。これは驚くには当たらない。もしも、あらゆる人について、信頼が絡む交流を一つひとつ厳密に評価しなくてはならないとしたら、一日のなかでほかのことをする時間がほとんどなくなってしまう。今、地下鉄の駅への行き方を教えてくれた人は、信頼できるか？　私には本当に虫歯があると言う歯医者を信頼できるか？　その歯医者が虫歯をちゃんと治してくれると信頼できるか？　恋人が出張中に浮気しないと信頼できるか？　本書の内容は信頼できるか？　などなど、きりがない。人間の社会生活では、複雑な協力関係が長期に及ぶことが多い。それで社会的交流をうまく進める必要があることが、人間の脳で前頭皮質――全体的に社会的計算に関与する領域――が大きい理由の一つに挙げられている。[16]　計算が複雑になるほど、処理能力を高める必要がある。そして人間では、社会的交流にかかわる計算が人生の重要な部分を占める。

だが困ったことに、どんなシステムも、複雑さが増すとたいてい欠陥も増えるもので、「バグ」が発生しやすくなる。それは心が信頼度を判断する基本的なシステムでも同じで、不具合がいくつもある。なかには比較的無害なものもあるが、すぐさま悪用されるものもある。そこで私は、本書があなたのユーザー・マニュアルになることを目指す。信頼の実際の作用についてだけでなく、自分の信頼度を最大限に活かす方法や他者の信頼度を的確に読む能力についても扱っていくつもりだ。

この章の要点

・**イソップは正しかった。信頼は、善対悪ではなくアリ対キリギリス。**人の心は普通、他者の心を傷つけようとするわけではないので、善対悪という見方はなじまない。自分の成果を最大限に高める、少なくとも生物学や進化の観点からそうするためには、短期的な利己主義と、長期的な忍耐や誠実な態度のどちらによって多くの利益が得られるかを検討する必要がある。目先の衝動に負けず時間をかけて利益を蓄積できれば、結果的に報酬が大きくなる場合が多い。だが逆に、利益を取って姿をくらましたほうが、多くの報酬が得られることもある。特に、自分が捕まらないと確信できるときはそうだ。こうしたことが信頼の根底にある計算だ。その計算は、知らないうちに絶えず心でおこなわれている。最終的な報酬をより正確に予測するためには、なぜ遠い将来の報酬があまり魅力的に思えないのかをきちんと考えるべきだ。それには待つほどの価値が本当にないのか？ お金についても人脈についても、投資によって得られる将来的な利益をじっくり計算しよう。価値を判断するとき、お決まりのようにただ直感に頼るのは禁物だ。理屈と直感の両方から、自分が取るべき行動について納得のいく結論が引き出せるかを検討しよう。

・**たとえ自覚がなくても、みな額によっては買収される。**人の行動は評判に基づいて予測できると思われがちだが、数十年に及ぶ研究から、そうとは限らないことが示されている。コストと利益があまり変化しない安定した状況では、信頼度は一貫している。だが、ひとたび利益の性質が変わると、すべての賭けが白紙に戻る。しかも私たちは普通、そんなことを予想すらしない。感情の状態、ストレス、さらには暗示といったちょっとした要因が、意識外で進んでいる計算を大きく変化させ、信頼度の天秤の傾きが変わることがある。本書を読めば、信頼にかんする心の計算に影響する微妙な要因がわかる。そうすれば、外部の要因を予測してそれに対応する準備ができるだろう。

・**統計にこだわらないこと**。数学モデルによれば、他者をつねに信頼することによって、平均するとよい成果が出るとされるが、平均的な成果の見込みがわかったからといって成功できるとは限らない。人の心は、自分の資源を最大にしようとして、次の二つをつねに見定めようとする。パートナー候補は信頼できるか？　その人とまた会う可能性はあるか？　これら二つの問いに対する答えが、今この瞬間に何をする気になるのかを決める最大の要因となる。この事実を認識すれば、文脈が重要な理由、言い換えれば、画一的な方針に従っても成功できない理由がわかるはずだ。

・**能力のある人を探そう**。好人物が一番物知りとは限らない。信頼には、誠実さと能力という二つの面がある。あなたがこれまでに出会った最高のパートナーや教師は、最高に優しい人ではなかったかもしれないが、己の専門分野に精通していたはずだ。誰でも人に正直さを望むので、誠実さは確かに重要だが、能力が欠けていたらその正直さにはほとんど価値がない。友人があなたによいアドバイスをしてくれているつもりでも、その人が必要な技能や知識を持っていなければ、あなたはその人を信頼した末に失敗する。本書でこのあと見るように、人の心には、誠実さだけでなく能力も評価するさまざまな方法が備わっている。だから、いい人だという理由だけで人を信頼できると錯覚しないようにしよう。

・**特別な人はいない**。もし、自分は自分自身をつねに信頼できると思っているならば、考え直したほうがいい。他者の信頼度を判断するのと同じ力やメカニズムが、自分の信頼度も判断する。今この瞬間にお金を使いすぎない、食べすぎない、ギャンブルに走らないと自分を信頼することは簡単に思えるかもしれない。しかし、将来にそんな行動をしないと自分を信頼できるかどうか見極めようとすると、見通しは利かなくなるだろう。将来の自分が、今の自分と同じように物事を見るという保証はない。じつは、将来の見方が変わることを示唆するバイアスが、心には本来いくつか備わっている。本書でこれから、以上のような課題の克服に取り組んでいこう。

第2章　無意識が支配する

――生物学的な仕組みによって決まる判断

ある美しい夏の夕暮れ時。私はコロラド州テルライドの郊外にある草深い大地に座り、夕闇が迫るなか金色の陽の光がポプラに照り返すのを眺めていた。コロラド州に来ていたのは、スタンフォード大学が主催する同情をテーマとした科学会議に参加するためだ。その夜、発表者は全員、町有数の美しい場所で野外ディナーを振る舞われた。すばらしい料理に、さらにすばらしい眺望、そして集《つど》った人びとはみな最高だった。私が一緒に食事をしたのは世界トップクラスの科学者たち数十人で、彼らは人間の行動の立派な面を研究していた。学会の性格だからか、海抜三〇〇〇メートル近くで空気がやや薄かったからなのか、その夜の連帯感や開放感、居心地のよさは驚くべきものだった。専門家の集まりとしては異例なことに、普段は妥協がなく競争心の強い研究者たちが、意見や未発表の研究結果や家族の話を共有した。新しい発想や知見を話すのは危険なこともある。そのせいで、出し抜かれるかもしれない。それは科学者がみな恐れていることだ。だがあのときは、ほとんどの人が初対面だったにもかかわらず、信頼する旧友たちに囲まれているような感じだった。おそらく、この出来事で最も興味深いのは、意識的にくつろごうとしたり信頼しようとしたりする様子が誰にもなかったことだ。みな、ただ心地よく安らかな気持ちになり、それによって信頼し合う空気が湧き出ていた。

私はディナーで、スティーヴン・ポージェス、スー・カーターと同席した。世界でもこの夫婦のチームほど、生物学的機能が社会的行動を形作る仕組みについての理解を深めた研究者はいないだろう。スティーヴンは、絆や感情的な支えやコミュニケーションなどの行動と、生理的な機能との関連を研究する第一線の専門家だ。スーは、実績の豊富な研究者で、ホルモンのオキシトシンが哺乳類の絆や誠実さにおいて重要であることを最初に発見した。その夜、彼らと話せたおかげで、私は信頼についての自分の考えのうち、二つの主要な点が正しいと確信した。一つめは、ほとんどの社会的な交流と同じく、信頼は意識的な理性による計算だけでなく、感情によって――もっと正確に言えば、生理状態の変化によって――も左右されるということだ。二つめは、人間はもともと人を裏切りやすいわけでも、信頼しやすいわけでもないということだ。どちらの性向も備えている。したがって、少なくとも生物学的なレベルで人間が目指すのは、自分が置かれた状況で、どちらの選択肢が自分の利益になるのかを見極めることだ。

これが意味するのは、私たちの感情――みぞおちの感触、高鳴る胸の鼓動、人の手に触れられたときの心の落ち着き――はどれも、他者を信頼するかどうか、それに自分が誠実に振る舞うかどうかの決断に影響するということだ。第1章で見たように、感情のちょっとした変化でも、相手を支えるか搾取するかの見極めに大きな影響を及ぼしうる。ただし重要なのは、こうした感情面での反応が、必ずしも周囲についての意識的な分析によって生じるわけではないことだ。そのような反応は意図せず自然に起こることのほうが多い。私たちは、誰かを信頼しようと決めた結果として、心地よく感じたり不安を覚えたりするとは限らない。むしろ普通は逆で、まず何かを感じてから、信頼すべきかどうかを決断する。本章でこれから見るように、人間の心と体には、信頼や絆の形成にかかわる判断を導くシステムが生まれつき備わっており、そのようなシステムは、状況を理性的に分析する知能を人類が獲得するずっと前から存在している。そして私たちは、今では信頼にかんするジレンマを慎重に検討する思考力を持ち、ときには執拗なまでに検討するほどであるにもかかわらず、今なお古いシステムの影響を受ける。

スティーヴンとスーとの会話ではっきりしたことがもう一つある。それはずばり、信頼の生物学的な仕組みを理解する単純な方法は存在しないということだ。脳のなかにはいわゆる「道徳分子」があり、信頼を促すという話を聞いたり読んだりしたことがあるかもしれないが、そんなものはない。人間の生物学的な仕組みは社会生活を反映しており、せめぎ合う緊張関係の複雑なバランスで成り立っている。だから、一部の科学者やブロガーや物書きはオキシトシンなどのホルモンが信頼を築くともてはやしているが、新しく見つかった証拠からは、いわゆる道徳分子には影の面もあることが明らかになっている。信頼全般と同じように、結局は文脈が大事なのだ。

生理反応の起源から見る

私たちの生物学的な仕組みが、信頼し、信頼されようとする意欲に及ぼす影響を理解するには、進化の歴史を少し振り返る必要がある。そのためには、人類の起源を考えるのが一番手っ取り早い。進化の最も基本的な原理は、突然変異——遺伝暗号にランダムに生じる変化——がつねに起こるということだ。その結果生じる変化のほとんどは、とりたてて有用ではない。それどころか、明らかに有害な場合すらある。突然変異による変化は体のどの部分にも起こり、指の数が多くなったり形が変わったり、目の構造や視力が変わったり、臓器につながっている動脈や静脈が多くなったり少なくなったりする。だがたまには、有用な「変化」もある。つまり、その変化のおかげで生物の生存能力や繁殖能力が高まるのだ。このような変化は長期にわたって影響を及ぼし、世代を経るごとに、さらに多くの子孫に受け継がれていく。単純に言えば、このような突然変異が進化を牽引する。

ただし、進化による変化が起こるのは体だけではないことに注意したい。変化は心でも起こる。思考や推論の能力、周囲の脅威や報酬に対して自動的に反応する能力、それらを直感で察知する能力は、生存や繁殖の成功にとって、肺活量や手の構造といった体の特徴の変化に劣らず大事だ。確かに、ほかの指に対置できる親指は重要な適応の産物だが、問題に対する新しい解決策を思い浮かべたり、過去の失敗を記憶にとどめたりすることができる心も重要な適応の産物だ。したがって、信頼が作用する仕組みを見出すためには、心と体の両方の変化について検討しなくてはならない。これから見るように、それらは互いに結びついてきた。

科学者が人間の生理機能の特徴について話すとき、生物全体を大きく分けて、爬虫類と人間を比較することがよくある。いろいろな意味で、これはある程度理にかなっている。何しろ、人間（実際にはすべての哺乳類）は、爬虫類との共通祖先である「単弓類」という動物のグループから進化したのだ。そのため、私たちの体や頭は、鱗《うろこ》に覆われた祖先たちの古い名残をとどめている。人間の心の古い回路を「爬虫類の脳」という言葉で呼ぶのはやや単純化しすぎだとは私も認めるが、この比喩はそこそこ役に立つので、さしあたりそれを使うことにする。

爬虫類と哺乳類の違いを考えてみると、言わずと知れた事実がたくさん浮かび上がる。たとえば、爬虫類は冷血動物で、哺乳類は温血動物だし、爬虫類には鱗があり、哺乳類には体毛や毛皮がある。だが、信頼という点では、代謝構造の違いはどうでもよく、重要なのは社会的な交流の違いだ。全体的に見て、爬虫類は社会的な集団ではない。ほとんどの爬虫類の母親は、子どもの世話をしない。子どもと社会的な絆を形成せず、ただ卵を産み落としたらどこかに行ってしまい、子どもが自力で生きていくに任せる。爬虫類は協力体制や友情を築くことにも熱心ではない。二匹のヘビが、互いに身づくろいをしたり慰めを求め合ったりしているのを見たことがあるだろうか？　親による養育、社会的な絆の形成、親類以外の相手との協力は哺乳類の代表的な特徴であり、進化の過程を霊長類にまで進めると、それがよくわかる。人間の生存は、幼い子どもが母親を信頼する能力、恋人同士がパートナーを信頼する能力、チームに所属する者が仲間を信頼する能力にかかっている。第1章で見たように、人間が繁栄するためには他者を頼ることが根本的に必要で、これが人類の進化に強い圧力をかけた。簡単に言うと、社会的な交流にとって有益な突然変異は保持されていった。

信頼にかかわる生理機能が進化によって形作られてきた様子は、突然変異の結果を時間の経過で比較すればわかる。こうした取り組みのなかで有名なモデルが、ポージェスの提唱する「ポリヴェーガル理論（多重迷走神経理論）」だ。名前から見当がつくかもしれないが、ポリヴェーガル理論では、迷走神経の形態と機能に重点が置かれている。迷走神経は、人間の体で特に重要な脳神経の一つだ。「迷走（vagus）」はラテン語で「放浪する」を意味する語幹に由来するが、迷走神経はまさにそうなっている。脳幹を出てから枝が分岐し、ほとんどの内臓に広く延びているのだ。迷走神経は、心臓や肺、胃などの組織の監視と部分的な調節をおこなう。つまり、これらの器官の働きを脳に伝えるとともに、脳からの指令を送り返すという一面がある。迷走神経が心と体をつなぐ基礎となることで、心と体は互いに情報や影響を与え合える。それがポリヴェーガル理論の「ヴェーガル」の部分だ。しかし、おもしろいのは「ポリ」の部分である。

ポリ（poly）は「多くの」を意味する接頭辞だが、ポリヴェーガル理論については単純に、迷走神経はかつて考えられていたより少し複雑だということを意味する。ポージェスが主張してきたように、哺乳類の迷走神経は二つの部分からなる。一つは、髄鞘《ずいしょう》に覆われていない古い部分（髄鞘というカバーで電気的に絶縁されていない神経細胞）で、もう一つは、髄鞘に覆われた進化的に新しい部分だ。迷走神経の古い部分と新しい部分、それに交感神経系——活性化すると、体は闘争・逃走状態になる——の特徴によって、脊椎動物の神経系の発達段階がはっきりと三つに分けられる。そして、それぞれのシステムの機能を検討すれば、社会性や信頼の生物学的基盤が垣間見える。

一つめは、髄鞘に覆われていない迷走神経からなる古いシステムで、動きを止める反応に関係がある。そのシステムが活性化すると、硬直や死んだふりが起こる。いったいどんな理由で、死んだふりなどしようとするのか？　じつは、動物が極度の恐怖にさらされたとき（捕食者に追い詰められたときなど）に実行できるきわめて単純で効果的な戦略の一つが、死んだふりなのだ。腐食性動物を除いて、ほとんどの捕食者は、すでに死んでいる獲物は食べたがらない。したがって、硬直や失神、死んだふりは、静かにして見つからないため、あるいは見つかっても食べられないための優れた方法なのだ。ということで、髄鞘に覆われていない迷走神経の回路が活性化すると、爬虫類でも哺乳類でも、脅威への反応で最も古く最も単純なものが引き起こされる。

第二のシステムは、第一のシステムと同様に環境の変化に対処するためのものだが、対処の仕方は異なる。ポージェスが「交感神経・副腎系」と呼ぶこのシステムは脅威に対する第二レベルの反応を生むもので、これは一般に「闘争・逃走反応」と言われる。つまり、生物に行動を起こす準備をさせるのだ。そのシステムが活性化すると、心拍数や呼吸数が上がり、血液が四肢の筋肉に送り込まれ、アドレナリンなどのストレスホルモンが分泌される。これらは、不安や心配、どうしようもない恐怖を感じたときに起こる。たとえば、仕事での問題が克服できないときに胃がむかついたり、嘘がばれたときや助けてくれる人がいないと感じたときに心臓がどきどきして手に汗をかいたり、避けることのできない危険人物をぶちのめしたいという衝動をこらえたりするときなどだ。交感神経・副腎系は、髄鞘に覆われていない迷走神経と同様にほとんどの脊椎動物で広く認められる。だが、「食べられる」といった単なる環境上の脅威ではなく社会的な脅威に敏感であることは、人間のような社会的な種で特に有意義だ。

第三のシステムは、髄鞘で覆われた迷走神経系だ。このシステムは哺乳類にしかなく、人間を含む霊長類などの高度な社会的動物と関連が深い。迷走神経の髄鞘で覆われた線維にはいくつかの機能があるが、信頼にかんして重要なのは、それが心臓やストレス応答と結びついていることだ。心臓については、迷走神経の活動が高まると（神経の電気活動が活発になると）、心を落ち着かせる効果がある。言い換えれば、心臓にとってブレーキの役目を果たし、鼓動や呼吸を緩やかにする。ストレスについては、迷走神経が高まると、視床下部－下垂体軸の活動が低下してストレスホルモンの分泌が減少する。だが、おそらく最も興味深いのは、髄鞘で覆われた迷走神経が、社会的な交流に関連した体の部分を調節する神経とも脳内で相互に結びついていることだ[1]。たとえば、感情表現に必要な顔の筋肉、人の声と同じ周波数域の音を聞くために内耳の能力を変化させる筋肉、発声に抑揚をつける喉頭の機能をつかさどる筋肉などと結びついているのだ。以上から、髄鞘で覆われた迷走神経には、社会とのかかわりを調整する機能があることがわかる。このシステムは体を穏やかな状態にし、社会的な交流を円滑におこなえるようにする。安心感や落ち着きをもたらし、分かち合いや傾聴、心地よさ、そして信頼を促すのだ。

なぜ、新しい迷走神経は哺乳類でそんな働きをするのか？　簡単に言えば、一部の生物学的メカニズムがその役目を果たさなくてはならないからだ。多くの非社会的動物とは違い、哺乳類、なかでも人間は、闘争や逃走や死んだふりでは対処できない困難にもぶつかる。私たちは生き延びるために、折に触れて他者と一緒に働き、協力し、他者を信頼する必要がある。また、望むものを獲得するために、パートナーや配偶者、友人を頼る必要がある。だが、彼らから逃げたり、彼らをぶん殴ったり、彼らの前で気絶したりしたら、頼ることはできないだろう。迷走神経の活動が高まると、体はコミュニケーションや共有、社会的なサポートを図りやすい状態になる。迷走神経の緊張がなければ、私たちは他者への信頼について考えることすらあるまい。

ポリヴェーガル理論が提唱されたのはわりと最近だが、新しい迷走神経の活動の高まりと優れた社会的成果のつながりを支持する研究結果は増え続けている。たとえば、子どもを対象とした研究から、長期的に迷走神経の活動が活発な状態だと、否定的な感情や問題行動が少なく、社交性が高いことが示されている。(2) 大人でも同様で、迷走神経の活動が活発だと、社会とのつながりが強く、幸福度が高く、さらには他者の苦しみへの思いやりが深いことが見込まれる。(3) もちろん、これらはすべて誠実な行動を促す性質だ。私たちは、穏やかな気分のときや他者との絆を感じるときには、他者を助けてあげたことによる長期的な見返りを高く評価する。言い換えれば、たとえ今は多少の犠牲を払う必要があっても、社会的ネットワークを築く利益を重んじるのだ。じつは、迷走神経の活動が活発だと、行為の品性だけでなく知覚の精度にも影響があることが示されている。迷走神経による穏やか効果を活用すれば、他者の感情を正しく理解する能力が研ぎ澄まされることも多い。(4) 迷走神経がこのように働くのはなぜか？　それはやはり、脅威に対する体の反応をなだめれば、心が眼前の社会的な課題に集中できるようになるからだ。社会的な課題への対応では多くの場合、相手の感情を確実に知る能力と、それに基づいて行動する意欲の両方が求められる。

だからといって、髄鞘で覆われた迷走神経ですべての問題が解決するとは思わないでほしい。信頼や公平、絆の形成は、人間の成功にとって重要だが、成功はそれらの要素だけで決まるわけではない。

だから、体内には依然としてほかに二つのシステムがあるのだ。信頼や協力がうまくいかないときもある。信頼を成功に導くためには、しかるべき動機を持つ人間が少なくとも二人必要だ。もしどちらかが無関心だったら、自分のことは自分でするしかない。そのため、三つのシステムは階層構造になっている。私たちの心は、最上位のシステム——髄鞘で覆われた迷走神経——から出発し、そのシステムで問題が解決できなければ下に降りていく。たとえば、パートナー候補が、私たちをだますか私たちに危害を加えるつもりだとしよう。それで相手が信頼できなさそうだと感じた瞬間、迷走神経のスイッチが切り替わり、私たちは闘争・逃走状態になる。パートナーを信頼できないときには、二つの選択肢がある。相手から逃げるか、相手をやっつけるかだ。私たちは困難に直面すると、できればパートナーからサポートしてもらいたいが、それが期待できないならば——ストレスの原因がパートナー候補本人のときは特にそうだ——独力で対処するしかない。

だが、脅威が大きすぎて耐えきれない場合はどうだろう？　そんなとき、体は最も原始的な反応メカニズム——髄鞘に覆われていない迷走神経——に戻る。信頼にかんして言えば、ちょっとした不信感やパートナーのささいな裏切りに対しては、私たちは怒りを放置したり発散させたりするが、もっとひどい裏切りに遭うと、まったく違う反応が引き起こされる。もし、あまりにひどい裏切りに世界が足下から崩れるように思われたら、ショックで何も信じられず、感覚が麻痺《まひ》することだろう。さらに人によっては、目の前が真っ暗になって気絶したりもする。

もちろん、これら三段階の閾値《いきち》は人によって違う。例として、人前でのスピーチを考えてみよう。スピーチは人と接触する機会と見なす人もいる。そのように捉えれば、新しい迷走神経の活動は高まる。逆に、スピーチは脅威で、そんなものは避けたいという人もいる。そんな人は、冷や汗をかいて鼓動が速くなる。さらに、スポットライトを恐れるあまり、言葉が出なくなったり、気絶したりする人もいる。信頼についても同様だ。私たちはみな、他者の誠実さや裏切りの程度の評価に応じて、活発な交流を図る社会的な霊長類のシステムから、首をすくませた爬虫類のカメのシステムまで、生理学的な階層を上がったり下がったりする。

ここまでの議論から、新しい迷走神経の活発な活動が信頼にとっての生物学的な万能薬だと思いたくなるかもしれない。迷走神経が緊張するほどよい、と。だがそれでは、バランスこそが重要だとする私の基本ルールに反する。「過ぎたるは及ばざるがごとし」は、迷走神経の緊張にも当てはまるのだ。私がこれまでに紹介した研究のほとんどにおいて、「迷走神経の活動の高まり」という言葉は、迷走神経の活動がかなり低いレベルよりは高まっていることを指していた。だから、迷走神経の緊張が絶えず高いことがつねによい、という意味ではない。それどころか、迷走神経の緊張がきわめて高いことは必ずしもよくないことが示されている。想像できるように、過度に社会的、あるいは過度に楽観的なのは病的と言える。

心理学者のジューン・グルーバーによる研究では、迷走神経の活動レベルが極度に高いと、自信過剰や、人とのつながりを求めすぎる衝動に結びつくことがわかった。それが問題なのは、自分は無敵だという感覚と、人とつながりたいという持続的な願望とが結びつくと、他者につけ入られるだけでなく、その人自身が頼りにならず信頼できない人間になりかねないことだ。簡単に言えば、誰とでも結びついてすべての人を満足させようとしても、そうはいかないということだ。いろいろな人に相反することを約束すれば、約束を果たせなくなる。それに、絶えず穏やかで安らかな気持ちを感じていると、ある人との約束のほうが別の人との約束より大切なことを思い出させてくれる、罪悪感や不安による心痛が起こらない。それで、たとえ何があろうと自分は誰からも愛されると思い込んでしまう。

興味深いことに、そうした無差別的な迷走神経の緊張は、躁病《そうびょう》と結びつくようだ。躁病の患者は、まさに今挙げた理由によって信頼できない人間になってしまう。[5] じつは、私たちの心はそうした状態を直感的に認識する。そのため、迷走神経の緊張が極度に高い人を、緊張がほどほどの人に比べて社会的なパートナーとして信頼できないと即座に見なす。[6] 判断の根拠は自分ではわからなくても、そのような判断は、あとになって役に立ったことがわかる。

今挙げた事実は重要な点を突いている。私たちは普通、自分の生理反応を支配できず、逆にそのような反応に支配される。どんな人の誠実さも完全に意識でコントロールされるのではないという考えには戸惑うかもしれないが、進化のレンズを通して考えれば、それはじつに筋が通っている。頭で状況を分析し、計画を立て、シミュレーションするには大変な労力がかかる。信頼の重要性や意義を踏まえれば、心が信頼にかかわる計算をより効率的・自動的に達成する方法を生み出したのは当然に思える。それに霊長類の多くは、複雑な物事を計画したり分析したりする認知能力が人間より劣るとしても、生き延びるためにやはり互いを頼る必要がある。この事実一つをとっても、戦略的な計画や分析だけが、信頼度を見抜いたり、それを踏まえて行動したりするための手段ではありえないとわかる。ほかにも何かあるに違いない。

その「何か」、つまり直感的なメカニズムの本質こそが、本書の大部分で取り上げることだ。このメカニズムを指す用語は数多く提唱されてきたが、よく用いられる言葉の一つとして、ポージェス自身による造語の「ニューロセプション」がある。ニューロセプションの背景にある考え方は、心は安全や脅威に関連する手がかりを探して環境をつねにスキャンしており、心に見えるものに応じて生理機能を調節しているというものだ。生理機能の変化は、人が次に起こす行動の確率を変化させる。この現象の例は、前章で論じた感謝やストレスについての研究のなかで、すでにいくつか紹介した。感情の微妙な変化は、人の公平さ、協力の程度、誠実さに直接影響を及ぼした。

人生の出来事を振り返ってみれば、同様の例がいくつも見つかるだろう。無意識のうちに行動して、それに自分で驚いたことは誰にでもあるはずだ。前述したテルライドでのディナーの温かい雰囲気は、普段なら用心深い科学者たちの信頼感や連帯感を間違いなく高めた。その結果、彼らは周囲の研究者が自分を出し抜かないと信頼し、自分の研究にかんする情報を進んで人に話したのだ。しかし、これまでに示したエピソードや実験や事例のすべてに根本的な欠陥がある。どれも人間の話だという点だ。信頼や協力が生物学的な仕組みにどれほど深く根づいているのかを見極めるには、進化の階段をもう何段か降りてみる必要がある。

サルの経済学

どんな生物でも他者を信頼するにあたっては、まず、だまされた場合にそうとわかる能力が必要になる。要するに、誰かから搾取されたり裏切られたりしていることに気づけなければ、ずっとやられ続けるということだ。それは、人間かどうかは別にして、どんな動物にとっても生き残りに有利な状態ではない。じつは人間は、だまされているという感覚をひどく嫌うため、ほとんど理屈に合わない反応をすることがよくある。行動経済学者――人間の心は計算機のように機能すると単純に想定するのではなく、人の行動を実際に研究する経済学者――は、人間がたとえコストがかかっても不公平な申し出を拒絶することを何度も示してきた。典型的な実験では、「最後通牒《つうちょう》ゲーム」という課題が用いられる。これはかなり直接的なゲームだ。ペアになった二人のうちの一人が、実験スタッフからお金をいくらかもらう。たとえば一〇ドルとしよう。その人は、お金の一部を相手にあげる機会を与えられる。相手の選択肢は二つしかない。提示された額をもらうか、いっさい拒むかのどちらかだ。交渉の余地がないので、このゲームは「最後通牒ゲーム」と呼ばれる。

このゲームでは、普通はどうなるか？　多くの人は、半々の額を相手に提示する。それによって二人とも満足し、今後、信頼し合おうという気になる。だが当然、そのような決断に経済学者は苛立つ。なぜなら、人は持ち金を最大にしようとする合理的な追求者だと基本的に想定しているからだ。相手とお金を共有する必要もなく、共有しないからといってお咎《とが》めを受けもしないならば、人はいったいなぜ共有するのか？　そんなことをしたら、自分の持ち分が減るではないか。だが、もっと生理学的な観点から見れば理由がわかる。資源の分かち合いによって、長期的な絆《きずな》が築かれるのだ。だから人間の心には、習慣的に公平に振る舞うよう働きかけるメカニズムがある。

とはいえ、すべての人が公平に振る舞うとは限らない。私は、最後通牒ゲームで「多く」の人が均等な額を提示すると述べたが、「全員」とは言わなかった。話がおもしろくなるのは、不公平な申し出があった場合だ。たとえば、相手に一ドルをあげて自分は九ドルを取ると申し出たらどうなるか？この場合には、ほとんどの相手が、その申し出を鼻であしらうことが繰り返し示されている。あまりにも利己的で不公平に感じられ、とても受け入れる気になれないのだ。しかし、ここで再び経済学者たちは首をかしげる。一ドルを受け取ったら、その人は得をしてゲームを終えることになる。ゲームの開始時点より一ドル豊かになれるのだから。この理屈に文句はあるまい。それなのに、さまざまな社会で、分け前の差が二対八以上に開くと多くの人は申し出を拒む。[7]自分が公平に扱われていないことが直感的にわかり、それを印象づけるために自分の利益を犠牲にすることもいとわないのだ。

もっとも人間では、こうした反応は意識的な分析によって引き起こされるという主張もできる。いわば熟慮に基づいた抗議というわけだ。私は賛成しないが、その主張は妥当に見える。だが、その主張が正しくない理由や、ニューロセプションという考え方が道理にかなっているわけを知るには、人間に近い親類たちに目を向ける必要がある。そして、この方面の研究でサラ・ブロスナンほど頼りになる科学者はまずいないだろう。ブロスナンは長年、公平性、信頼、協力の進化的起源を理解する目的で、さまざまな霊長類を調べてきた。その一環をなす研究によって、これらの現象の起源がかつては想像もできなかった形で明らかになり始めている。

ブロスナンの研究から得られた確固とした知見は、サルや類人猿の多くの種が、いとこの人間と同じように、不公平に対して断固とした嫌悪感を示すというものだ。それがブロスナンにどうしてわかるのか、不思議に思う人もいるかもしれない。何しろ、サルには標準的な最後通牒ゲームはできないだろうからだ。だが霊長類学者は賢いもので、サルの経済学にすんなりと合わせられる方法を編み出した。実験方法には若干のバリエーションがあるが、基本は次のとおりだ。二頭のサルが、二つの檻《おり》に入れられる。檻が隣接しているので、相手の行為が簡単に見える。それから実験スタッフは、単純な課題を達成して食物を得るように両方のサルを訓練する。たとえば、サルはスタッフにメダルを渡し、ちょっとした食物（キュウリ）と交換することを学ぶ。サルがこの方法に慣れたら（わりと短期間でそうなる）、この実験のメインに移る。一頭のサルは、メダルを渡していつものつまらない食物をもらい続ける。ところが、もう一頭は突然、同じメダルとの交換によって、はるかに魅力的な食物（たとえばブドウ）をもらうようになるのだ。サルはお金には関心がないが、おいしい食物には関心を示す。そしてこの実験では、人間が二頭のサルを公平に扱っていないことがすぐ明らかになる。一頭は、もう一頭と同じ作業をしているのに、ずっとよい「報酬をもらって」いるのだ。

この手の実験を見ると、私は微笑まずにはいられない。それは、一部のサルが不公平に扱われる様子を見るのが好きだからではなく、この研究によって、人間とほかの霊長類に多くの共通点があることがわかるからだ。ブロスナンらの研究では、チンパンジーやオマキザルが、自分が不当に扱われていたら、それに気づくだけでなく、そのような扱いに対して憤慨する様子が何度も確認されている。(8) 不公平な扱いがはっきりとわかる実験を何度か繰り返しただけで、サルたちは行動に出た。交換に応じようとしない、気に入らない食物をスタッフに投げ返す、あるいは少なくとも待遇に不満だという態度をありありと示したのだ。もちろん、研究者たちは対照条件をいくつか設定して、そのような行動が本当に不公平感から生じることを確認した。たとえば、サルたちは、手の届かない場所においしい食物があるのを見たり、スタッフがサルにご馳走《ちそう》を与える前に誤って落としたりしただけでは、腹を立てないことが示されている。サルたちが苛立ったのは、同じ代価を払ったのに、もう一頭がはるかにいい食物をもらったときだけだった。

このような研究結果から、これらのサルが不公平な扱いをすぐに察知できることがはっきりとわかる。しかしチンパンジーでは、心で系統だった分析がおこなわれているのではないかと思う人もいるかもしれない。確かに、チンパンジーの心には、人間のレベルには届かないとはいえ推論能力があることが示されている。だが、オマキザルの分析能力ははるかに限られている。それでも、オマキザルはチンパンジーのように、だまされると同様の嫌悪感を示した。したがって、意識的な分析によって嫌悪感が生じたのではなさそうだ。

もし、不公平に対する嫌悪感が直感的な計算ではなく推論能力から引き起こされたのであれば、オマキザルは嫌悪感を示さないだろうし、チンパンジーと同程度の知能を持った霊長類はみな嫌悪感を示すものと予想される。だが興味深いことに、オランウータンは人間以外の霊長類のなかでも特に賢くて認知能力が高いのに嫌悪感を示さない。彼らは、不公平に扱われても腹を立てないのだ。その理由は、オランウータンの知能ではなく、彼らの自動的な反応を作り上げた進化の圧力にある。チンパンジーやオマキザルとは違い、オランウータンは野生では単独で暮らしている。だから、彼らは協力をしないし、ほかの霊長類のように他者の信頼度を気にする必要もない。要するに、オランウータンの生理機能は不公平感を試す課題とはそぐわないので、彼らは不公平な扱いを受けても反射的に腹を立てたりしないのだ。(9)

では、不公平な扱いやだまされることに対する反応が意識的な分析によって引き起こされるのでなければ、オマキザルやチンパンジーの心で何が起こって、不満を表す行動が生じるのか？　じつは、これらの霊長類の心は不公平な行為を自動的に突き止めている。これは人間にも当てはまるのではないかと、私はにらんでいる。人間を対象とした数十年に及ぶ研究から、心はしばしば状況を把握する前に判断をくだすことが一貫して確認されている。大きな音を耳にしたり、行く手にヘビを見たりすると、周囲の状況を意識で理解する前に体が反応する。たとえば、今聞いた大きな音が本当に危険なものだとわかる前に、胃が締めつけられる。地面でのたくる黒い物体がヘビなのか単なる古いゴムなのかがはっきりとわかる前に、心臓が早鐘を打つ。ニューロセプションはすばやく働くシステムで、意識的な思考を必要としない。確かに間違うこともたまにはあるが、たいていは正しい結果を導く。だから進化の過程で保持されてきたのだ。

以上から、人間やチンパンジー、オマキザルなどの社会的な種では、不公平な扱いに対する反応の多くは、時間をかけて状況を分析しなくても起こると言える。不公平な扱いや信頼の裏切りに対する怒りは、私たちのDNAに刻まれている。それが私たちなのだ。しかし、最初に指摘したように、信頼にかんする事柄には、裏切りや誠実さへの反応だけではなく、自分の信頼度を示す能力や、他者の信頼度を正確に予測する能力も含まれる。じつは、霊長類にかんする研究の文献を読み込めば、こうした能力も心と体に深く根づいていることが見えてくる。

これまでは、だまされる側のサルの視点から出来事を検討してきた。だが、得する側はどうだろう？　じつは、他者より多くの報酬を得る立場でいることは、長期的には成功に役立つとは限らない。確かに、お金やブドウなどを他者より多く得たら、その瞬間にはうれしいかもしれないが、長い目で見れば、他者を犠牲にして得をしようとする者はあまり信頼されなくなる。ここで、経済学者の予測とは違い、最後通牒ゲームで公平な申し出をする人が多い理由が改めてわかる。自分が公平で信頼に値する人間だと、確実に見なされたいのだ。興味深いことに、多くの社会的な霊長類でも、報酬の多さを気にする様子が明らかに認められる。たとえばチンパンジーは、何かの課題をこなして隣の仲間より多くの「報酬をもらった」ときには、すぐにそれを認識し、次にそうなったときに好ましい食物を拒絶することもある。同様にオマキザルは、恵まれないパートナーたちに自分より上等の報酬をあげることがある。そうした行動は、それらのサルが誠実さを示そうとしているということでしか説明できない。つまりサルたちは、今後の作業において自分は公平で誠実なパートナーになるということを示そうとしているのだ。[10]

もちろん、このような説明は、サルなどが実際に他者の誠実な行動に注目し、その情報を利用して決断をくだすことがわかって初めて成り立つが、最近、それが裏づけられた。マックス・プランク研究所のアリシア・メリスらは、チンパンジーにはパートナー候補を見分ける能力が十分にあることを示した。二頭が互いを信頼して協力しないと解決できない課題を出すと、チンパンジーは以前に実力を示した個体をパートナーに選ぶのだ。[11]たとえば、ある実験では、チンパンジーは作業のパートナーとして、過去に食物を自分と公平に分け合わなかった個体よりも、公平に分け合った個体を選んだ。また別の実験では、眼前の問題を解決できない個体よりも、すでに実力を示している個体をパートナーに選んだ。思い出してほしいが、他者を信頼するときには、その人が自分を公平に扱ってくれるかどうかだけでなく、その人が口先だけでなく物事を本当に達成できるかどうかについての見極めも必要だ。

不公平に対する嫌悪感と同じく、不当な報酬を断る振る舞いも、信頼できるパートナーを選ぶ決断も、それらを導くために霊長類の体内で意識的な反応や理論的な分析が必要なわけではない。生理的な反応や感情の衝動で十分なのだ。だから、それらは進化を通じて維持されてきたのだろう。私たちは、かわいらしい赤ん坊や子犬を見ると、教えられなくても自動的に反応し、生理的な変化が起きたり温かい感情があふれてきたりする。それと同じで、信頼が危うい状況になると、私たちは霊長類のいとこたちのように、意識して努力しなくても、不公平さや公平さの手がかりに対して同様に反応するのだ。

「道徳分子」は誤称

信頼の生物学的な性質に関心のある人なら、神経ペプチドホルモンのオキシトシンが持つとされる不思議な力について聞いたことがあるだろう。オキシトシンは初期の研究から、信頼や愛情、要するに暖炉のそばで友愛の歌「クンバヤ」を歌っているときに湧いてくるような感情を強めると示唆されたため、「道徳分子」と呼ばれることがある。だが、より最近の研究によって、人間関係におけるオキシトシンの役割は見直されている。信頼や裏切りは、つねに短期的な利益と長期的な利益の微妙なバランスのうえに存在すると私は主張しているが、今やオキシトシンの機能もそのように見える。確かにオキシトシンは調和を生むが、オキシトシンには暗い側面もあるのだ。これが理屈に合うことを理解するには、最初の段階――誕生――から見ていく必要がある。

多くの母親は、自覚していようといまいと、オキシトシンの作用になじみがある。基本的にオキシトシンは出産のすべてに関与する。オキシトシンがなければ、陣痛は起こらない。陣痛促進剤のピトシンが必要だった女性は、それを知っているだろう。じつは、ピトシンはオキシトシンの合成薬版なのだ。もちろん、陣痛自体は信頼とはあまり関係ないが、話にはまだ続きがある。オキシトシンは、母乳の分泌や育児行動も促す。女性が生まれたての赤ん坊のために母乳を作り出し、夜に何度も起きて授乳したり赤ん坊を抱いたりするのをいとわないのは、オキシトシンの働きによるものだ。そこで信頼や社会的つながりの登場となる。また、オキシトシンにはもう一つ不思議な力があり、母親と赤ん坊の心の絆を強める。そしてこの事実から、オキシトシンは不信に効く万能薬ではないかという考えが生まれた。

しかし、よく考えれば、母親と子どもの絆には二つの面がある。母親は通常、自分の子どもを愛してやまないため、養育にいくらでも努力するのが理想的で価値があると考える。だが裏を返せば、これは母親がどの赤ん坊よりもわが子を優秀と見なし、わが子を熱心に守ることを意味する。この事実を信頼がかかわる事柄に当てはめると、多くの人が最初は見逃していた興味深い予想が立つ。それは、オキシトシンは身近な人びとへの愛着や彼らを信頼する意欲を高める一方、よそ者への差別的な行動を引き起こすかもしれないということだ。新米の母親および父親のわが子に対する見方のように、オキシトシンは世界の見方を少し偏らせる可能性がある。そのため、仲間のほうが、仲間でない人よりも信頼したり支援したりする価値があると思えるかもしれない。

本章の冒頭で紹介したスー・カーターによるオキシトシンについての初期の研究では、オキシトシンの影響が出産や授乳以外にも広く及ぶことが示された。カーターはハタネズミ（小型の社会的哺乳類）を用いた研究で、オキシトシンが雌でも雄でも社会的絆を作ることを繰り返し示した[12]。一方、人間でオキシトシンと信頼の明確な結びつきが初めて示されたのは、行動主義経済学者のエルンスト・フェールらが二〇〇五年に発表した画期的な論文のなかでだ[13]。フェールらは、オキシトシンは哺乳類で社会的絆を強めることから、人間でも信頼感を高める可能性があるという仮説を立てた。彼らの独創的な実験は、単純ながら洗練されていた。これは前章で取り上げた信頼ゲームの変化版だ。参加者（投資者）は、まとまった額のお金を与えられる。そのお金を別の人間（受託者）に渡せば、受託者は受け取った金額をつねに三倍に増やす。この実験のポイントは、受託者は投資者にお金を戻す必要がなかったことで、受託者は三倍に増やしたお金を好きなだけ自分のものにすることができた。

こうしたルールがあるために、投資者はジレンマに直面する。最初にもらった少額のお金を持ったままにするか、一部を受託者に渡して三倍にしてもらうか？　もし受託者を信頼できるならば、より多くのお金を渡すほうがよい。投資によってお金は三倍に増え、二人とも得をしてゲームが終わるからだ。しかし、もし受託者が信頼できない人間ならば、投資者は手元のお金を失ってゲームを終えることになる。それはゲーム開始時点の状況より悪い。

オキシトシンの効果を調べるため、研究者たちは参加者の半数にオキシトシンを鼻腔用スプレーで投与した。すると、目を見張るような結果が出た。オキシトシンを吸入しただけで、投資者は受託者にかなり多くのお金を進んで渡したのだ。金額は平均で約二〇パーセント多かった。重要なのは、投資者のそんな行動が、分別が失われたためではなかったことだ。言い換えれば、オキシトシンは参加者をぼうっとさせたり、理性的な思考力を鈍らせたりしたわけではなかった。研究者が信頼ゲームの内容を変え、サイコロを転がしたりカードを引いたりといった賭け事のリスクを組み込んだ場合には、オキシトシンを投与しても参加者が受託者に預ける金額は増えなかった。オキシトシンは、他者の行動を信頼するというリスクのみに影響するようだった。

フェールらはこの研究に続いて、オキシトシンの量を増やすと、人がたとえ裏切りに遭っても相手を信頼し続けることを示した[14]。研究者たちは今回も同じ信頼ゲームを用いたが、受託者の振る舞い方を変えた。それで受託者は、利益を投資者と半々にして公平に振る舞ったり、利益を独り占めにして利己的に振る舞ったりした。この実験では、オキシトシンを吸入しなかった投資者は、裏切られたら受託者を信頼しないことをすぐに学んだ。一方、オキシトシンを吸入した投資者では、受託者への信頼度は低下しなかった。裏切られてからも、ひねくれた受託者に何度か続けて多くの金額を渡したのだ。以上の研究結果は、オキシトシンが思考を全般的に歪めるわけではないことをはっきりと示している。オキシトシンは、信頼と関連する感情に的を絞って影響を及ぼすようだ。

この時点で、オキシトシンが「薬瓶に詰められた信頼」と見なされるようになった理由は容易にわかるだろう。人がオキシトシンをちょっと引っかければ、正体や出自に関係なく誰でも信頼する状態になるように見えたのだ。しかし、このいわゆる道徳分子の研究が続くにつれて、オキシトシン本来の二面性が明らかになってきた。オキシトシンは確かに信頼や絆を強めるが、一方で不信や嫉妬、差別も煽《あお》る可能性がある。どちらになるかは文脈次第で、信頼がかかわる事柄では相手の素性によって決まる。前述のように、オキシトシンのおもな作用は育児に関連があるという根本的な事実からすれば、オキシトシンが相手を問わず信頼感を増すという考えはいささか奇妙だ。家族や友人への信頼感を増す？　もちろんイエス。別の集団や民族や宗教の人びとへの信頼は？　そうでもない。詰まるところ、生物学的な仕組みの役割は、自分が属するチームの人びとを守り、彼らに資源を提供することにあるのだ。

この見方を支持する新たな研究では、オキシトシンの効果は少々偏っていることが示されている。その点は、人間の道徳判断に偏りがあるのと同様だ。私が紹介した実験のほとんどでは、ペアになった参加者が同じ社会的集団か文化的集団の出身だったので、オキシトシンによって信頼感が増した。だが、発想を少し変えたカルステン・ド・ドリュの研究からは、オキシトシンの暗い側面にかんする有力な知見が数多くもたらされている。ド・ドリュらは、実験参加者が自分や内集団〔自分が所属する集団〕、外集団にかかわる金銭的な決断をくだす課題を利用し、オキシトシンには信頼や協力を増す作用も減らす作用もあることを見出した。ご想像のとおり、決断を左右したおもな要因は、ほかでもなく相手の身元だった。決断が身近な人びと（内集団のメンバー）に影響する場合、オキシトシンは初期に提唱されたように、たとえ自分が今代償を払わなくてはならなくても誠実であろうとし、全体として自分の集団に有益な決断を促した。だが、外集団のメンバーにかかわる決断の場合、オキシトシンは温かい気持ちを引き出さなかった。それどころか実際には、オキシトシンは差別的な決断を導いた。そのような決断は、よそ者ではなく自分や内集団の利益を優先する偏見の存在をはっきりと示していた。(15)

ド・ドリュらが道徳にかかわる出来事を調べたときも、結果はほぼ同じだった。オキシトシンはつねに、外集団より内集団にとって有益な決断をくだす意欲を高めた。たとえば、生か死かの選択を含む想像上のシナリオを提示された参加者たちは、よそ者より同胞のほうを多く助ける決断を進んでくだした。要するに、オキシトシンが多いと、自民族中心主義や偏見の増大につながるのだ(16)。

こうしたオキシトシンの暗い側面が見られるのは、集団間の交流だけではない。オキシトシンはたいてい信頼感を増すが、その効果は相手に対する好感度によって左右される。たとえば、自分をつねに負かしたり不公平に扱ったりする相手と経済ゲームをした場合、オキシトシンが増えると妬みが助長される。したがって、オキシトシンが多ければ、相手がついに負けたときに、いい気味だという気持ちが強く引き起こされる(17)。

オキシトシンには、相手が一度寝返ったり裏切ったりしても、その人を信頼し続ける気にさせる作用があるとはいえ、そのせいであなたがゾンビのように人を繰り返し信頼してしまうわけではない。しばらくすれば、あなたは信頼できない人を嫌い始める。特に興味深いのは、血管を駆け巡っているオキシトシンが多ければ多いほど、そのような人びとに対する嫌悪や彼らの痛みに対して覚える喜びが増すほか、進んで痛めつけたいという思いさえ強くなることだ。

人間の本性は最適化

人間はもともと、他者を信頼し、みずからも誠実に振る舞うのか？　イエス。人間はもともと、他者に不信感を抱き、裏切るのか？　それもイエスだ。これらの答えは矛盾しているように見えるが、そうではない。質問そのものが的外れなのだ。社会をうまく渡っていくうえで善人になるか悪人になるかということが必ずしも重要なわけではないとわかれば、善悪のどちらかという疑問は浮かばなくなる。進化では、善か悪ではなく最適化が重視される。社会的な交流について言えば、成功するためには道徳的な善と悪の両方とも必要なことがある。

したがって人間には、他者への信頼と自分の誠実さを高める生理的なメカニズムだけでなく、それとは逆に働くメカニズムも備わっている。今しがた見たように、人間は安心できる他者がいるときには心が落ち着くシステムを持っており、そのようなシステムはコミュニケーションや支援、信頼を促す。一方、人間は霊長類のいとこたちと同じく、これらの反応を修正するシステムも持っており、そのようなシステムは行動や技能に基づいて信頼できる人物を自動的に判断しようとする。そして、目の前の人が何となく信頼できなさそうなときには、こうしたシステムによって、相手を避けたり、相手を犠牲にして自分が得をするように振る舞ったりして、その人物の意に反する行動をしようとする。

アリとキリギリスのモチーフに戻ると、信頼がかかわる事柄では信頼度の計算が必ず必要で、他者を信頼したり誠実に振る舞ったりすることにはつねにリスクが伴う。長期的で大きい利益のために支払った短期的なコストが無駄になるかもしれないのだ。心と体はこうした問題を絶えず解こうとしていて、しかもそのほとんどが無意識におこなわれる。脳は直感を生み出し、それに応じて生理的なシステムも変化する。そして今度は生理的なシステムが互いに影響し合い、心が次にくだす判断を左右する。

したがって、そうして導き出された答えは一様ではない。生体システムは全体として、信頼と不信や誠実と不誠実のどちらかに寄っているわけではないのだ。しかるべきときには絆を築き、そうでないときには利己的になる。そして、報われそうなときには信頼し、だまされそうなときには相手を搾取したり差別したりする。もちろん、私たちはこうした自動的な反応によって完全に支配されているのではない。意識的な心は、生物学的な直感に打ち勝てる。だが、意識的な心と無意識的な心の意見が食い違うと、私たちはひどく混乱してしまう。たとえば、ある友人を信頼すべきだと頭では考えるのに、信頼できなさそうな予感がする。あるいは、意識的な心は嘘ばかりつく兄弟を決して信じられないと告げているのに、今回ばかりは本当に誠実そうな気がする。こんなときこそ、直感の出所を知ることが重要になる。というより、それができて初めて、根拠に基づいて直感に耳を傾けるべきか否かの判断ができる。人間はほとんどの動物とは違い、心と体の働きに完全に支配されるのではなく、それをよく検討し、その情報を利用する見事な能力を備えている。要は、信頼にかかわる心と体の働きをしっかり理解すればいい。これ以降の章からは、あなたがそうした知識を身につけて使いこなせるように手助けしていくつもりだ。

この章の要点

・**人間が二つの面を持っているのには理由がある。** この世界で自分の成果を最大にするためには、しばしば柔軟性が必要となる。道徳性の問題はさておき、他者を信頼して自分が誠実な振る舞いをすれば多くのものを獲得できるが、それで成果が最大になるというわけではない。誠意のない者を信頼しないことが自分のためになるのも事実だが、ときにみずから不誠実に振る舞うことで利益を得られるというのも事実である。別に私は不誠実な振る舞いを勧めているわけではない。ただ、生物としての適応は、善行ではなく総合的な成功によって促されるというだけのことだ。だから私たちは、リスクや報酬に応じて人を信頼もすればだましもするようにできている。この事実を踏まえれば、反射的に引き起こされる衝動を感じても折り合いをつけられるようになるだけでなく、それをうまく使いこなすための心構えもできる。

・**信頼は自然の力である**。信頼すべきか否かのジレンマを抱えるのは人間だけではない。したがって、それに対処する心理的なメカニズムも人間に特有なものではない。私たちの祖先は、文明が発展するまで協力や誠実さを知らなかった身勝手な野蛮人ではなかった。さまざまな霊長類の行動から示されるように、自分の誠実さを変えたり、他者の信頼度を読み取ったりするメカニズムは、社会的な生活から生じる複数の相容れない圧力によって形作られてきた。

・**大事なのは、穏やかで毅然とすること**。私は、穏やかで毅然とした態度で飼い犬に接することを説く、テレビ番組『ザ・カリスマドッグトレーナー』のシーザー・ミランに賛成だ。人間も含めて社会的な哺乳類は、ストレスを感じているときには信頼や絆を築くことが難しい（ただし、そのストレスが社会的な不安によるもので、絆を作りたい、受け入れられたいといった願望から生じている場合は別）。逆に迷走神経の活動が高い状態だと（もっとも高すぎはいけない）、コミュニケーションや他者との共有を促す穏やかで確かな気持ちが生じる。ただし、信頼を築くのに穏やかさや毅然とした状態が重要とはいえ、注意点もある。一つの状況で抱いた感情を引きずると別の状況の受け止め方に影響が出ることだ。もし、怒ったり神経を尖らせたりした状態で新しい状況に足を踏み入れたら、その時点ですでに信頼する能力は気づかないうちに制約されている。普通なら目の前の人を信頼して当然という場合でも、苛立った感情が尾を引いていると、あなたがその人を信頼する見込みは低くなる。逆に、あまりにもおおらかな気持ちで新しい状況に突入すれば、信頼すべきでない相手までむやみに信頼しかねない。これらの事実はどちらも、文脈の理解が大事であることを示している。もし、しかるべき場合に他者を信頼できるようになりたければ、新しい交渉を始める前に少し時間を取って、それまでの出来事で感じたことをすべて追い払おう。

・「**道徳分子**」**なるものは存在しない**。オキシトシンによって、人は聖人になるのではなく、よかれ悪しかれチームプレイヤーになる。オキシトシンには二面性があり、同類に対する信頼感や支援を促進する一方、よそ者に対する不信感や搾取を増大させる。要するに、オキシトシンは、高潔さではなく育児に結びつく化学物質なのだ。それゆえ、オキシトシンは親密さに応じて他者に対する評価を偏らせる。生物学的な仕組みは、善ではなく最適化を目指すものだということを覚えておこう。

第3章　赤ちゃんは見ている
——学習と信頼の意外な関係

「学ぶことで心が疲れることは決してない」。もしもあなたがレオナルド・ダ・ヴィンチだったら、そのとおりかもしれない——じつは、これは彼の言葉だ。しかし、私が受け持つすべての学生が、この意見に同意するかはわからない。午前二時に試験勉強をしている夜は特にそうだろう。試験前の詰め込みにせよ、論文の執筆にせよ、新しい顧客向けのプロジェクトの仕上げにせよ、学習は精神的な活動の大部分を占める。というより、学習はほとんど人生そのものだ。もし学び続けなければ、人生ははるかに短く、あまり報われないものになるだろう。この意味でレオナルドは正しかった。私たちの脳は学習するためのものだ。目覚めた瞬間から眠りに落ちる瞬間まで、心は必要な知識を吸収するために情報を読み取って分析している。

だが、知識欲の強さはいつも同じとは限らない。心は絶えず学んでいるが、学習の速さはつねに一定なのではない。そして、学ぶこと——もっと言えばすみやかに学ぶこと——が成功の鍵となる時期は、子ども時代をおいてほかにない。子どもの心は大人の心より貪欲に見える。というより、そうでなくてはならない。なぜなら、子どもの溌剌《はつらつ》とした若い脳には、生き延びて立派にやっていくのに必要な情報がほとんど組み込まれていないからだ。子どもの心は、学ぶための能力や特別なツールを備えているが、適切な中身が欠けている。だから、ひたすら中身を獲得しようとするのだ。

子どもが知識を求めることは厄介なときもある。子どものいる人はわかっている（いずれわかるはずだ。子どもたちは容赦なく尋ねてくる――「どうして南極の人は逆さまに歩いていないの？」「どうして弟と分けっこしなきゃいけないの？」「火星人はいないって、本当？」）。もっとも、質問攻めにはいいところもある。だいたいの親は、大切なわが子から助言や答えを求められると満足感を覚えるのだ。確かに何度も質問されると、どんなに辛抱強い人でも話をはぐらかそうとテレビのリモコンを探し始めるかもしれないが、普通は質問されて悪い気はしない。これについては、私もよく承知している。

娘たちがまだ幼いとき、妻や私に山ほど質問をしてくるのがうれしかった。娘たちは、日没の意味について初めて考えたとき、夜になったら太陽はどこに行くのと妻か私に訊いた。コウモリが鳥ではなく哺乳類である理由がわからなかったときも、私たちに答えを求めた。何かの綴《つづ》りを知りたいときも、先に見かけたほうに質問した。娘たちにとって、私たちは知識の源だった。ところが、成長するにつれて質問の仕方が微妙に変わってきたことに、私は気がつくようになった。ときどき、知識源としての私と妻の評価が同等ではないようだった。たとえば、いとこの女の子の誕生日プレゼントに何を買えばいいか、音楽の発表会の前にどうやって緊張をほぐせばいいか、旅行に何を持っていくべきかを知りたいとき、娘たちは私の横を素通りして母親を探した。妻がいないときに私が親切心で答えたこともあったが、それでは満足できない様子で、やはり母親に尋ねにいった。

初めのうちはこうした出来事に少し悩んだ。あの子たちは、なぜ私の答えを聞こうとしないのか？　娘たちは、両親がともに同じくらい自分を愛していることや、わざとお粗末な情報を与えるはずがないことをよく知っていた。だが、別のことにも気づいたのだ。分野によっては、妻の情報と私の情報とで信頼性に少し差があるということに。正直に言えば、旅行の持ち物についての私の答えは、最良とは言えなかった（コートを持っていかず、震えている子どもたちを思い浮かべてほしい）。音楽の発表会を乗り切る方法や、五歳の女の子が誕生日にほしがりそうな物についての質問でも同様だった。科学的なことだけでなく、人づき合いや物事の段取りにも長けた妻とは違い、私が持ち合わせている知識は限定されていることが多かった。そのため、娘たちは早い時期に、ある分野での私の答えが信頼できないことを学んだのだ。それは、私がわざと当てにならない答えをしたからではない。そんなことはしなかったし、娘たちにもそれはわかっていた。私の答えが信頼できなかったのは、ただ私の能力が疑わしかったためであり、娘たちもそれを知っていたのだ。

学ぶために信頼する

物事に信頼が絡むとき、相手の誠実さと能力の両方が結果を左右する。世間には人を故意にだまし利用しようとする輩が多くいて、私たちはそのせいで失敗し損失を被ることがある。だが失敗や損失は、約束を一生懸命に果たそうとしている人からもたらされることもある。そういう人たちが期待に応えられないのは、単に必要な能力や資質がないからだ。裏切る人間に対して抱く感情と能力不足の人間に対して抱く感情は違うかもしれないが、どちらを信頼しても結果は同じで失敗や損失だ。だが子どもにとっては、能力のほうが誠実さより重要だ。では、子どもの学び方と、それが大人の学び方とどう違うかについて考えてみよう。何かを知りたいとき、大人ならいくつもの手段を自由に選べる。たとえば、図書館やデータベースで疑問について調べることもできるし、実験をして自分の考えが正しいかどうかを確かめることもできる。また、こうした選択肢が使えないか現実的でないときには、誰かの話をそのまま信じてもいい。他者の情報を信頼するという選択肢もあるのだ。

だが大人とは違い、幼い子どもがすぐに利用できる手段は限られている。七歳くらいまでの子どもに、簡単に使える調査方法はあまりない。推論能力どころか語彙力もないので、統計データを分析することはもちろん、専門的な情報を入手して読むことも、グーグルやウィキペディアを使いこなすこともできない。自分で実験するという点でも、子どもにできることは限られる。観察や遊びを通じて基本的な科学の原理を学べるし、実際にそうするが、そのやり方で得られる知識は限られている。何しろ、(ほとんどの子どもは学ぼうとするものを簡単には買えないので)利用できるものがあまりないし、高度な推論に必要な論理をまだ習得していないのだ。

子どもの無邪気な科学者としての限界は、心理学者のブルース・フードの研究によって見事に示されている——それは信頼が学習のどこにかかわってくるのかを理解するためにも重要だ。フードは、子どもが重力の基本的な概念をどのように学ぶのかに興味を持った。だが、子どもには自分の心を覗いて学習プロセスを分析する力がないので、子どもにやり方を尋ねるわけにはいかなかった。そこで、フードは別の方法を試した。まず単純な二段構造の装置をこしらえ、下段と、その約一五センチ上にある上段それぞれにカップを三個ずつ並べた。そして、重力について実験できるように、上段の三個のカップの底には穴を開け、そこに物を入れたら下段のカップに落ちるようにした。

フードの実験が巧妙だったのはここからだ。フードは、子どもがどのように重力について学ぶのかを調べるには、いろいろなケースを提示して、子どもにさまざまな予測をさせる必要があるとわかっていた。もしボールが上段のカップから下段のカップに落ちるケースだけを見たら、子どもはあまり頭を使う必要はない。そこで、フードは実験装置にときどき工夫を加え、不透明なチューブか透明なチューブで上段と下段のカップを斜めにつないだ。斜めにつなぐと、上段のカップに落としたボールは進路を変え、真下にあるカップではなく、その隣のカップに落ちる。

装置を何種類か用意したのは、子どもが単純な実験を通じて学習できるかどうかを調べるためだった。フードが二、三歳の子どもに、カップに落としたボールを見つけるように求めると、子どもがどの種類の装置を見たかによって正答率が大きく違うことがわかった。チューブのない装置であれば、子どもたちは難なく正答できた。ボールはつねに、ボールを入れたカップの真下にあるカップに落ち、子どもたちはちゃんとそのカップに目を向けてボールを見つけた。透明なチューブを使った場合でも、結果はほぼ同じだった。子どもたちはほとんど間違わず、実際にボールが落ちたカップにボールを探した。ボールがチューブのなかを転がって、下段の横にあるカップに落ちる様子を容易にたどれたのだ。ところが、不透明なチューブを使うと状況は変わった。ほとんどの子どもが、ボールを入れたカップの真下にあるカップのなかを探し続けた。ボールの進路は、透明なチューブの場合と同じく、不透明なチューブによって変わったのに、それがわからなかったのだ。それまでの経験をもとに、子どもたちは重力が物体を真下に引っ張ると信じていた。そして、ボールの進路が変わったことが目に見えない限り、直感的な理論に執着した。ボールは、それを入れたカップの真下に落ちると思い込んでいたのだ。(1)

おそらくこの実験で最も興味深いのは、子どもが自分の間違いから学べないことがはっきりしたことだ。何回間違えても、子どもたちは考えを変えなかった。実験を通じた学習には、データを追跡し、予測が正しかったかどうかに基づいて知識を書き換えるという特徴がある。だが幼い子どもたちは、重力の働き方についての思い込みに頼り続け、目の前のデータを無視した。(2) この実験で、子どもが実験や観察だけで学べるわけではないことが、まさに示された。無邪気な科学者として少しは学べるものの、子どもの心はそれまでに染み込んだ考えを克服できるほど成熟しているとは限らず、そのため自力で知識を獲得するのが難しい。

このように子どもの学習能力が制限されていることから、当然、次のような疑問が生じる。子どもは、データベースの情報を利用できず、観察という手段にも限界があるのならば、どうやって概念を習得できるのか？　その答えは、第三の学習方法にある。他者の発言に頼ることだ。前述のように、大人もこの手段を用いる。きわめて専門的な疑問——自分で証拠を見つけたり解釈したりできない疑問（クォークとは何か、天国はあるのか、など）——に対する答えがほしいときには、しばしば専門家の見解を額面どおりに受け取るしかない。子どもにしてみれば、新しい知識のほとんどすべてがきわめて専門的なものだ。だから、子どもは大人以上に他者の発言に頼らざるをえない。

幼い子どもにとって、この世界は複雑怪奇だ。地球が丸いことを初めて学んだとき、とても刺激的で信じられないと思いはしなかっただろうか。きっとあなたも私も、このことを自分で考え出したのではなく、両親か先生の話を聞いてそれを受け入れたに違いない。そうやって私たちは地球が丸いことを知ったのだ。フードの実験に参加した子どもたちも同じだった。不透明なチューブを使った実験で、子どもたちは、ボールが落ちた先が自力ではわからなかったが、大人が仕組みを教えてあげるとすぐに間違わなくなった。(3) それまではボールを落としたカップの真下のカップを何度も探していたが、教えられたらそれをぴたりとやめたのだ。大人の助言をさっと吸収し、自分の目で不透明なチューブをたどってボールを簡単に見つけられた。子どもたちにとっては、「百聞は一見にしかず」ではなかった。大人から聞くことこそが重要だった。

ただし、他者の話から学ぶことは、効率がよさそうでも完璧な手段ではない。そこには本質的な問題がある。情報源の信頼性という面で、つねにリスクがあるのだ。どうすれば、説明してくれている人がその事柄にくわしいとわかるのか？　どうすれば、その人の信頼度がわかるのか？　子どものころ、あなたは受け入れがたいことを言う人と毎日話していたはずだ。「数は負《マイナス》にもなれる」「イルカは魚ではない」「ネス湖の怪物は本当にいる」などなど。これくらい挙げれば、何が問題なのかわかるだろう。聞くことを何でも鵜呑みにしたら、とんでもない事態に見舞われるのが落ちだ。進化の論理で言えば、惨めな死を迎えることになる。あまりにもだまされやすいことは、生き残るうえで不利になる。そしてまさにそれゆえ、子どもの心は思ったほどだまされやすくない。この事実は、子どもがどうやって学ぶかだけでなく、子どもが誰から学びたがるかにも大きな影響を与える。

今日、教育は知識の単純な伝達だと見なされがちだ。しかしそのせいで、重要な特徴が見落とされている。学習にとっては、どのように知識が伝達されるかが、内容に劣らず重要なのだ。人間の心は、独りで情報を学ぶように進化したのではなく、情報を誰かから学ぶように進化した。だから、その誰かが何者かによって、学習効果に大きな差が出ることがある。私たちは人生で、特に幼いころに根本的な問題にぶつかる。自分を助けてくれる気がある人を見抜くだけでなく、本当に助けてくれる力がある人を見極めなくてはならないのだ！　子どもは、心から自分のためを思ってくれるという点で信頼できる人だけでなく、きちんと教えてくれるという観点で信頼できる人も敏感に察知する必要がある。実際の話、学習にかんしては後者が何よりも重要かもしれない。

教師の選択は想像以上に重要

アマンダ・リプリーは文筆家兼ジャーナリストで、私はポップ・テック会議〔テクノロジーと文化の相互影響にかんする国際会議〕で講演したときに、やはり講演者だった彼女と会った。リプリーは二〇一二年に学校の評価にかんする記事を『アトランティック』誌に寄せて、大きな注目を集めた[4]。記事の中心に据えられていたのが、単純ながらも挑発的な次の問いだ――教師を本当に評価したいなら、なぜ教師の顧客である子どもたちに尋ねないのか？　数十年ものあいだ、教師や学校の評価法はほとんど、統一テストの成績や外部有識者の意見に基づいていた。だが、テストの作成や系統だった調査に力が注がれたにもかかわらず、そのような手段による評価は、授業による子どもの正味の習得度を測る尺度として、あまり役立たないことが明らかだった。想像がつくように、学校ごとのテストの平均点は家庭の収入や両親の教育レベルなどによって大きく左右される。当然、こうした要因は教師の実際の教え方とは関係がない。また、外部の調査によって教師を評価すれば、この問題は克服できるとしても、やはり厄介な別の問題が生じる。外部の調査員は数日しか学校にとどまらない場合が多いため、評価の根拠となる情報があまり得られないうえ、得られた情報も完全には信頼できないか教師の仕事ぶりを正しく反映していない可能性がある。さらに、教師は自分が観察されていることを知っている。自分が評価されていると知っていると、人は普段とは違うように振る舞うことが、数十年に及ぶ心理学研究からわかっている。普通の人は、観察されている数日間は最高のパフォーマンスを出し、ほかの日はそこまでの働きぶりは見せない。

この問題は、どうすれば解決できるか？　リプリーはハーヴァード大学教育学大学院の創造力豊かな研究者たちと議論を重ね、二つの答えを提案した。一つめは評価の情報源についてで、外部有識者ではなく教師を一番よく知っている生徒たちに評価させる必要があるということ。そして二つめは、評価を得るための質問についてで、教師の能力をきちんと評価するためには、生徒に投げかける質問を変えなくてはならないということだ。リプリーは記事のなかで、ハーヴァード大学大学院のトマス・ケインらの詳細な研究を紹介し、学校経営者側が子どもにとって大事だと考える質問が、実際には適切ではないことを示した。子どもが自分の教師をどれほど好きかということは、その教師から実際にどれくらい学べたかということとはほとんど関係がなかった。それに引き換え、教師の能力をどれほど信頼できるかということが、習得度と関係があったのだ。

生徒たちに、教師がミスの直し方を示せたか、正しい情報を与えたか、クラスを手際よく導き監督できたかと質問した場合、それらに対する回答から最終的な習得度を明確に予測することができた。学習にとっては、子どもがこうした有能な教師をほかの教師より好きかどうかは必ずしも重要ではなく、子どもが教師を信頼できるかどうかが重要だった。この見方は、いくつものデータによって繰り返し支持された。生徒たちが能力を信頼できる教師のいるクラスは、習得度が最も高かったのだ。

これらの研究結果は、教師の評価法をどう変えるかという点で重要だが、心理学の観点からすればあまり驚きではないかもしれない。何しろ、これらの研究に参加した子どもはみな、わりと年齢が高かった。マグネット・スクール〔魅力ある特別な教育課程を提供する公立学校〕で数学や科学を学んでいる生徒なら、教師とのやり取りを重ねるなかで、能力のある教師を見抜けるだろうという見方もできそうだ。それでもこれらの知見は、学習にとっては信頼が最も大事だとする私の見方と合致していた。そして私は、学習が高校よりずっと前の段階で始まることを踏まえ、信頼と教育の結びつきについて考え始めた。この関係は、いつごろ現れるのだろう？　娘たちが何かを尋ねるとき、相手が妻か私かで振る舞いを変えたことからして、それはほとんどの人が想像する以上に早いのではないだろうか。

この疑問について考えた私は、同僚で共同研究者でもあるポール・ハリスに助けを求めた。ハリスはトマス・ケインと同じく、ハーヴァード大学の教育学教授だ。彼は、教室や学区の動向といったマクロなレベルで教育を研究するのではなく、一人ひとりの子どもが情報を獲得し、処理し、吸収するメカニズムに着目している。信頼に関連する事柄が学習に与える影響を解明するのには、誰よりもポール・ハリスが頼りになるに違いない。彼の研究からは、信頼は中学生や高校生になって初めて重要になるのではないことが示されている。小学生からというわけでもなく、じつはさらに前にさかのぼる。子どもが三歳になるころには、信頼はすでに学び方に影響を及ぼしているのだ。

ハリスの研究の大本には、二つの基本的な洞察がある。子どもは弱いということ、そして弱者は決して誰かれ構わずに助言を求めるべきではないということだ。人類の歴史を通じて、弱い者やだまされやすい者を食い物にしようとする輩はつねにいた。そして、学ぶべき相手を慎重に選んだ子どものほうが、生き延びて成功する確率が高かった。そのような子どもには、誰からの情報なら信頼できるかがわかっていたのだ。やがて、情報源を見分ける特性は、ほかの適応特性と同じように人類のなかで優勢になった。つまり、情報を求めるべき相手の見極めは、人から教わらないとできないことではない。このプロセスは、ある程度自動的なものだ。

この点を証明する最初の段階としてハリスらは、二つの保育園で就学前の子どもたちを対象に実験をおこなった。実験の構想は単純ながらエレガントだ。各保育園で、二人の保育士（もともとそこにいる保育士と、よその保育園から来た保育士）が子どもに見慣れない物体を見せる。それから子どもは、よく知っている保育士か見知らぬ保育士かのどちらかに、その未知の物体の名前と用途を尋ねることができる。そして、子どもがどちらの保育士に尋ねても、あるいはまったく尋ねなくても、数分後に二人の保育士はともにその物体について教える。だがこの実験の目玉は、二人の保育士が見慣れない物体について異なる名前と用途を教えることにあった。たとえば、子どもの通う保育園で働く保育士は、物体Aは「リンツ」という名前で、星を見るための道具だと言い、別の保育園から来た保育士は同じ子どもに、物体Aは「スロッド」という名前で、潜水中に息をする道具だと言う。

二人の保育士の印象は似ている。「似ている」というのは、保育士はこんな感じだろうと子どもが予想するような姿で、振る舞い方も保育士らしかったということだ。ところが、どちらの情報を信じるかという点で、子どもたちは明確な好みを示した。慣れ親しんでいる保育士に物体について尋ね、その答えを受け入れた頻度が、見知らぬ保育士からの情報を受け入れた頻度の二倍あったのだ。(5) ここで、そのような好みは単なる習慣が原因ではないかという異論が出るかもしれない。もし、いつもスミスという保育士に尋ねていたら、単にその習慣を続ければいいではないか、と。ごもっともだ。このような理由から、ハリスらは次の実験をおこなった。ただし今度は、おもしろい工夫を二つ加えた。

一つめは、よく知っている指導者の役割を子どもの母親に務めてもらったことだ。母親は、普通なら子どもが最もよく知っている人間であり、子どもが最も習慣的に質問をする相手でもある。そして二つめは、特定の子どもたちに実験に参加してもらったことだ。その子たちはみな四歳で、生後一五カ月のときに「愛着スタイル」の評価を受けていた。愛着スタイルとは、ジョン・ボウルビーとメアリー・エインスワースの研究によって知られるようになった概念で、子どもが大事な人びとと接するときの基本的なイメージや前提を指す。おおまかに言えば、子どもは、おもに接する保護者との初期の交流に基づいて、次に挙げる三つの愛着スタイルのどれかに分類される。「安定型」の子どもは、自分の母親（あるいはおもに接する保護者）のサポートを固く信じている。このタイプの子どもは、母親がいつもそばにいてくれ、自分を大事にしてくれ、自分を育てるためにできることを何でもしてくれることを知っている。子どもたちは母親を信頼できるとわかっている。「回避型」の子どもは、まさにその反対で、ほったらかしにされた経験から、母親が信頼できないことを学んでいる。母親は過去に、子どもの願望に耳を傾けてくれなかったのだ。「アンビバレント型」の子どもは、ご推察のとおりで、安定型と回避型のあいだの状態にある。母親は、子どもの願望に応じることができ、実際に応じもするが、子どもがうるさくせがまないとそうしてくれないことがある。

　こうした愛着スタイルの違いに基づき、ハリスらは信頼が学習にどのように影響するかについて的確な予測を立てた。安定型の子どもは母親を信頼できると信じているので、情報を優先的に母親に求めるはずだ。科学文献では、安定型の子どもが周囲を探索する目的で母親からあえて遠く離れるという知見もよく見られるが、物事を知りたいときに最も頼れるのは母親だ。アンビバレント型の子どもでも、ほとんど同じ結果になるに違いない。母親は、自分に能力があることを示している。ただし強く促されないと、子どもにかかわって願望に応える行動を起こさない。だが、回避型の子どもではまったく話が違う。その子たちの母親は信頼できないことが示されている。彼女たちが子どもの願望に応えるかどうかは当てにならない。回避型の子どもにとって、母親は赤の他人よりもよく知っている相手だが、赤の他人と同じく頼りにならない。

　ハリスらがこれらの子どもたちを対象に実験すると、愛着スタイルの評価から二年半が過ぎていたにもかかわらず、指導者の選択を左右するのは親しさだけではなく信頼も大事な要素だという仮定を裏づける結果となった。安定型の子どもでは、母親に未知の物体について尋ねてその答えを受け入れた回数が、見知らぬ保育士に対してそうした回数の二倍あった。アンビバレント型の子どもでもパターンは似ていたが、母親に尋ねた割合がやや低かった。だが回避型の子どもでは、母親への信頼が欠けている影響がまざまざと見て取れた。それらの子どもが、頼れる相手として母親を選ぶことはなく、物体について、自分の親と同じくらい見知らぬ保育士からも教えてもらおうとした。(6)親しさや習慣より信頼が重要だったのだ。

言うまでもなく、三歳から五歳の子どもでも、見知らぬ人と交流してその人から学ばなくてはならないことがしょっちゅうある。その人が代理の教師か、新任の教員か、新しい友達の親かはともかく、子どもは会ったばかりでまだ親密でない人から情報を得なくてはならない。ここから、何かを教えてくれる人の過去の振る舞いを子どもがよく知らないとき、信頼は学習にどう影響するのかという疑問が浮かぶ。じつはそういうとき、別の手段で相手の能力をすばやく評価できる可能性がある。簡単に言えば、過去の実績を知らないため、自分のニーズに応えてくれるかという点で誰を信頼すべきか判断できないときには、直前に正しいことを言った人物を選んだほうがいいかもしれない。

この可能性を検討するため、ハリスらは、未知の物体の名前と機能について、二人の人物に異なることを言ってもらう方法を再び用いた。ただし今回は、二人とも子どものよく知らない人間で、実験のわずか一〇分前に紹介された。だが、その一〇分間に重要なことがあった。子どもたちは、いくつかの見慣れた物体の名前を二人が言っているビデオを見せられた。一人はつねに正しい名前を挙げた(ハンマーを「ハンマー」と呼ぶなど)。だが、もう一人は間違った名前を言った(ハンマーを「フォーク」と呼ぶなど)。それから実験の第二部が始まり、三〜五歳の子どもが目の前の見知らぬ物体について学ぶ段階になった。すると、子どもたちは手当たり次第に質問したりしなかった。「賢い」人物に質問した回数が、能力不足に見えた人物に質問した回数の三倍あったのだ。

教わる相手の選択にこうした好みが見られたことは、子どもが、見知らぬ人の信頼度にかんする情報を記憶したことを示している。そして、子どもはその情報を新しい学習場面に難なく応用した。三歳の子どもでも、すぐにそれができた。だがもっと驚くべきなのは、この効果が長続きしたことだ。子どもたちに、一週間後に再び来てもらって別の見慣れない物体を見せると、やはり前に能力があると見なした相手に尋ねたのだ。[7] しかし、教える側の能力が学習に最も影響を及ぼすのは、教わる相手を子どもが選択するところではなく、教わった知識を子どもが保持する実際の能力だろう。最近の研究によって、子どもは、信頼できない人より信頼できる人から話を聞いたときのほうが、同じ情報でもよく覚えていることが確認されている。[8] この事実には重大な意味がある。たとえば試験について言えば、知識をどれだけよく覚えていられるかは、勉強量だけでなく、教師への信頼度にも左右されることになる。

これまでの話からすれば、親しさと能力はどちらも、誰の情報を信頼するかという判断において重要だ。しかし、この二つが相容れないときはどうだろう？　たとえば、お気に入りの先生のように、よく知っていて親身になってくれる人物が、新しい先生ほど専門知識を持っていないように見えたら？　この場合、いざというときには親しい人より知識のある人を信じるほうがよいだろう。何しろ、その親しい人が間違っていたら、あなたもその人も困った状況に陥ってしまう。

この点についても、ポール・ハリスの研究が裏づけとなる。今回、彼らはこれまでの方法を少し変更し、例の「よく知っている先生」対「見知らぬ先生」の実験に能力の差を加えた。子どもたちは今度も、いつも接する保育士と見知らぬ保育士のどちらか一人を選んで、未知の物体の名前や用途について尋ねることができた。前に見たように、子どもはよく知っている指導者を圧倒的に好む。だが今回の違いは、よく知っている保育士と見知らぬ保育士から未知の物体について教えてもらう前に、(あらかじめ実験スタッフの指示を受けた)よく知っている保育士がいくつかの見慣れた物体について間違った名前や用途を言うのを、子どもたちは見たことだ。要するに、保育士が何度も間違うのを目撃したわけだ。さて結果はと言えば、三歳の子どもでは、それまでの実験とあまり変わらなかった。よく知っている保育士が、自分に知識があることを示しても示さなくても、子どもたちは引き続きその保育士を選んだ。だが、四歳や五歳の子どもでは状況は劇的に変わった。その子たちは、いつもの保育士に情報を求めるのをすぐにやめ、能力を信頼できる見知らぬ保育士を頼った。[9] 子どもたちはいつもの保育士を好いていたかもしれないが、いざ学習となると、その保育士をあっさりと見限ったのだ。アマンダ・リプリーがティーンエイジャーを対象とした研究で報告したのと同じように、四歳の子どもの心も、単に感じがよい指導者でなく有能な指導者に注意を向けるのだ。

というわけで、信頼にかけては能力のほうが基本的な親しさよりも重要だ。しかし、子どもが相手の能力を評価する機会すらないときには、どうなるだろう？ 手がかりがないなかで、信頼すべき相手を見極めなくてはならないときには、何が起きるのか？ このようなケースから、学習を方向づけるという点で私たちの心はとことん社会的であることがわかる。次の例を考えてみよう。あなたは二人の人間と対面している。二人とも聞き取りやすい英語を話しているが、発音がわずかに違い、一人は「標準的な」発音で、もう一人にはスペイン語訛《なま》りが入っている。二人は未知の物体について教えてくれているが、説明の内容がそれぞれ異なっている。さて、どちらを信頼するか？ 四歳の子どもなら答えは簡単で、自分に近い人を信頼する。つまり、訛りのない人物（あるいは、もし自分に訛りがあれば、それと同じ訛りのある人物）だ。どちらも好意的で、ほかに情報が何もなければ、訛りのようなちょっとした違いでも学習意欲に影響を及ぼす。情報を得る相手を選ばなくてはならないときには、たとえ自覚はなくても、子どもの心は「より安全な」人から学ぶように働きかける。自分に最も近く、そのためある程度つながりがありそうな相手を選ぶのだ(10)。

これらの知見は科学的に見て興味深いが、それだけではない。一歩離れて教育に対する意味合いを見ると、これは長年抱かれてきたいくつかの前提を根幹から揺るがすほど大きいものだとわかる。子どもの知識の習得度や習得方法は、教師の教え方のよし悪し――教師が自分でコントロールできること――だけでなく、教師がたいてい気にも留めない微妙な要因によっても大きく影響されることが明らかになりつつある。ある就学前の子どもたちが、ほかの教室の子どもたちよりよい学習成果を出したら、それは教師が優れたカリキュラムや教材を用いているからではなく、教師の外見や話し方が子どもにとってより身近だからなのかもしれない。特定の子どもたちが、ほかの子どもたちより高い学習成果を出したら、それはその子たちが生まれつき賢いからではなく、教師の信頼度に対する想定に差があるからかもしれない。学習とは突き詰めると、教えてくれる人を信頼できるかどうかに行き着く。そして人間の心は、三歳ごろには早くも、両親を含めて情報を提供してくれる相手の信頼度を分類している。

以上のような知見から、教室での学習効果を高めるためには、教師は指導の際に社会的な側面を考慮しなくてはならないことがわかる。カリキュラムを改善するのもよいが、生徒に見せる教師の社会的なイメージ作りを強化すれば、学習効果はさらに高まるだろう。つまり教師は、自分の能力や知的な権威を高める方法だけでなく、幼い生徒とのつながりを見出す方法にも注目しなくてはならない。たとえば、教師が新しい生徒と同じ訛りを話さなくても、その生徒と同じ地域に住んでいたり、同じ種類のペットを飼っていたり、同じ年ごろに同じような困難を経験していたりすれば、そのような事実を強調することで結びつきを作れるかもしれない。生徒との共通点については、訛りが特によいのではなく、つながりがわかるものなら何でもいい。そのようなつながりを見出して際立たせる方法を身につければ、教師の商売道具の一つになる。そうすれば、幼い生徒は教師を見違えるほど信頼し始め、学習成果は高まるだろう。

信頼することを学ぶ

これまでは、信頼が学習に与える影響を検討してきた。だが、信頼が発達中の子どもの心とどのように相互作用するのかを本当に理解するためには、質問を逆転させて、そもそも心はどうやって信頼することを学ぶのかを問わなくてはならない。本章では、子どもの心が早い段階で他者の能力を察知する証拠をいくつか示した。では、公平さや誠実さといった特性も早くから備わっているのだろうか？　じつは、子どもの心は想像以上に早くから、信頼できそうな人を見極める計算だけでなく、自分が誠実に振る舞うかどうかを決める計算にも取り組んでいる。

では、まず子どもの振る舞いから見てみよう。子育てについて特に数十年前に書かれた本を読んだことのある人は、赤ん坊や幼い子どもは利己的だという見方が、それとなく、あるいはあからさまに強調されているのに気づいたはずだ。子どもは、何かがほしいから泣くだけでなく、人を操ろうとして泣くこともある。また、うれしいから笑うだけでなく、人から何かをもらおうとして笑うこともある。じつは、赤ん坊という立場は難しい。自分ではほとんど何もできないのだから。赤ん坊は、他者に頼らなくてはならない。とすると、赤ん坊があの手この手の技を携えてこの世界に入ってくるのは驚きではない。たとえば第2章で見たように、赤ん坊は両親の脳にオキシトシンを放出させて両親との絆を強める。さらに、かわいらしい丸い顔と大きな目を持って生まれてくるので、そのような特徴を見ると、ほとんどの人は反射的に赤ん坊の世話をしようとする。だが、赤ん坊や幼い子どもは、疲れた両親を何が何でも操ったり裏切ったりするつもりで、この世界にやって来るのではない。大人と同じように、幼い子どもでもうまくバランスを取る必要がある。だから子どもの心は、初めから自分自身に誠実な行動や人の助けになる行動を促すようにできている。

ただし、赤ん坊の心理を理解する試みには、一つ大きな問題がある。幼い子どもに質問するのが容易ではないのだ。幼い子どもは、自分の考えをしゃべれない。誰かを信頼しているかどうかを言うのは簡単ではないし、その誰かと協力するかどうかなど話せっこない。それに、パートナー候補について知るために何かの情報を読んだりもできない。こうした制限があるため、幼い子どもの研究者には相当な創造力が要求される。赤ん坊の内観や言葉での応答には頼れないので、研究者は道具を用いて、赤ん坊が必要としているあらゆる情報を提示するとともに、赤ん坊から情報を集めなくてはならない。つまり、どんなことも観察によってわかるようにしなくてはならないのだ。それができれば、赤ん坊も研究者も、見ているものだけから必要な情報をすべて得ることができる。

最近、この考え方に沿って、他者を助けようとする子どもの動機が調べられている。代表的なものに、ハーヴァード大学の心理学者フェリックス・ワーネケンらのおこなった研究がある。ワーネケンは、幼子には生まれつき他者を助けようとする性質があるか、という基本的な疑問から出発した。言われなくても人を助けるかという点で、子どもを信頼できるか？　それを探るため、ワーネケンは生後一八カ月の子どもたちに、演技者が一連の不運な出来事に遭遇する場面を一つずつ見てもらった。それらは、幼い子どもがやろうと思えば、演技者を助けてあげられるような出来事だった。この研究の焦点は、幼い子どもは、助けが必要なときと不要なときを区別できるか、そして、もし助けが必要だと感じたら、何か行動を起こすかという二点だ。実験では、たとえば演技者がペンを落として「しまった、私のペンが！」と叫んだり、わざとだとわかるようにペンを落としたりする。またあるときには、箱に開いた小さな穴からスプーンをなかにうっかり落として動揺してみせたり、落ち着いた様子でスプーンをわざと箱のなかに置いたりする。どちらのケースでも基本的な行動は同じだが、感情が顔に表れているかいないかが異なる。

実験の結果はじつに印象的だった。大多数の子どもが、演技者が助けを必要としているように見えるすべての状況で、その人をすぐさま助けにいった。演技者がペンを落として動転しているように見えたときは、ペンを拾ってあげた。また、演技者が箱からスプーンを取り出せなかったときには、見えないようにしてある垂れ蓋（子どもたちは事前に見せられていた）を演技者に見せて、スプーンを取り出せるようにしてあげた。故意ではない不運な出来事だと見て取るやいなや、子どもたちは行動に出た。困っている大人のところに行って助けてあげ、自分が信頼に値することを示した。こうした、人を助けたい、人に協力したいという衝動は、一歳半になるころ――ほとんどの子どもがまだ二つの単語もつなげられないころ――にはすでに目覚めている[11]。

もちろん、子どもも大人と同じで聖人ではない。子どもにも二面性があり、子どもたちの抱える衝動は、誠実な振る舞いも不誠実な振る舞いも引き起こす。だから子どもは、失うものが何もないときには人を助けにいくが、自分の利益を追求できるときには、振る舞いに微妙な違いが現れることがある。

三歳になるころには、子どもはすでに「自分」対「他者」という問題に取り組んでいる。この葛藤を行動として見られるようにするため、ワーネケンらは別の実験をした。その実験では、子どもたちが操り人形と一緒にコインを回収する課題に取り組んだ。子どもと、大人に操られている操り人形は、褒美をもらうため、協力して釣り竿のような道具でバケツからコインを取り出さなくてはならない。それはおもしろいが難しい作業だった。さて、子どもたちには知らされていなかったが、その作業では、子どもが二枚か四枚のコインを取り出せるようになっていて、子どもが二枚取り出せば、操り人形は四枚取り出し、子どもが四枚取り出せば、操り人形は二枚取り出すように設定されていた。したがって、子どもの成績が操り人形よりよいこともあれば、操り人形の成績が子どもよりよいこともあった。コインの取り出しが終わると、研究者は子どもに、作業を終えた褒美としてステッカー――三歳の子どもにとっては相当に高価な報酬――を六枚与え、操り人形と分けるように促した。

さて、誠実なパートナーならば、各自がやり遂げた作業の分量に応じてステッカーを分けるだろうし、そうすべきだろう。たくさん働いた人は、そのぶんたくさん報酬をもらうのが労働の単純なルールだ。実験に参加した三歳の子どもたちは、はっきりと教わらなくてもすでにそのルールをある程度理解していた。子どもたちは、操り人形の働きのほうがよかったら（二枚ではなく四枚のコインを回収したら）、働きが悪かったときより多くのステッカーを操り人形に渡した。枚数は、平均して六枚のうち三枚だった。一方、操り人形のほうが、コインの回収枚数が少なかったときは、子どもたちは操り人形にステッカーを二枚あげた。一見、このやり方は正しそうだ。操り人形は、自分のほうがよい働きをしたときには、そうでないときより多くの報酬をもらえるものと、パートナーを信頼できる（操り人形が「信頼する」ことができるならばの話だが）。しかし、この分け方にはちょっと問題があると気づいた人もいるだろう。操り人形（厳密には、その動かし手）は、人間のパートナーより待遇が悪い。操り人形の働きが子どもよりよかったときには褒美は山分けで、子どもは六枚のステッカーのうち三枚を操り人形にあげる。一方、子どもが操り人形よりよい働きをしたときには、報酬の分け方に差があり、子どもがステッカーを四枚取って、操り人形には二枚しか渡さない。

このとき三歳児の心のなかでは、誠実な振る舞いを促す心理的メカニズムと、利己的な振る舞いを促す心理的メカニズムとのあいだに根本的な対立が起こっている。その結果、子どもたちは操り人形に、働きがよいときは悪いときより多くの報酬――よいときは三枚、悪いときは二枚――を与えるが、自分が取る枚数より多く操り人形に与えることは絶対にないのだ！　これは少なくとも狡猾な計算と言える。五歳の子どもでも、同じパターンが現れる[12]。だが、子どもは成長するにつれて、このような報酬の分け方をすると長期的にはトラブルを招きかねないことを学ぶ。事実、子どもは八歳になるころにはそれがよくわかっており、大人と同じように、不公平に対して、少なくとも人前では強い嫌悪感を示す。不当に多くの報酬を得て短期的な利益を確保しても、長期的にはもっと大きな損失を被ると気づいているのだ。したがってこの年ごろの子どもは、パートナー候補がいると（そして、報酬が分配されることをその人が知っていると）、通常は不当に多い報酬を拒絶する。[13]

だからといって、年上の子どもが、普段、不誠実な振る舞いをしないわけではない。短期的な自己の利益を優先するメカニズムは依然として心のなかにあり、チャンスがあれば目の前にある自分本位の利益を取るように子どもを導く。たとえば五～六歳の子どもは、褒美があることを人に知られているときには、それを快く他者と均等に分けるが、自分の仕業だとばれないと思えば、自分のものにするかもしれない。[14]

以上をまとめると、これらの研究から、信頼の種は自然に芽生えるという考えが裏づけられる。子どもは、公平かつ立派に振る舞って高潔になりなさいと教わる必要はなく、そのように振る舞う動機がもともと備わっている。むろん、子どもは自分の願望を満たすために信頼を裏切ることがあるが、大人と同じように、誘惑に遭っても誠実さや義務を貫くこともある。信頼や協力を促すメカニズムと、それとは逆に働くメカニズムが幼い子どもの心に共存しており、ほかの多くの心理的メカニズムと同じく、それぞれのスケジュールに従って動き出す。子どもは、利己的な悪魔ないし純真無垢《じゅんしんむく》な天使として生まれてくるのではない。発達しつつある道徳性を携えて生まれるのであり、子どもの道徳性は大人の道徳性と同じで、一般に思われているよりもやや複雑なのだ。

ただし、子どもの心には道徳的なメカニズムがあるのだから道徳教育は必要ない、あるいは何の意味もないと思うのは間違いだ。第1章で述べたように、人の信頼度は、すべての道徳的な行為と同じく、意識的な心と無意識的な心の両方によって決まる。身近な子ども――わが子でも、同じクラスの子どもたちでも――に約束を守る価値を教えれば、子どもが約束を守る見込みは確実に高まる（特に、子どもがあなたを信頼しているならば）。こうした道徳的な価値観を身につければ、意識的な心が大いに働くようになるだろう。だが、大事なのは意識的な心の働きだけではない。この事実は、なぜあの子は約束よりも多く妹のキャンディーを食べてしまったのか、といった疑問を解くうえで重要だ。本書を通じて見ていくが、意識に上らないレベルでは、まったく異なる道徳的な計算が進行している。

さて、子どもが信頼について学ぶという意味では、子ども自身が公平で誠実に振る舞うと決めることは話の半分でしかない。相手を裏切るかどうか考えている子どもがいる一方で、その子を信頼するかどうかを考えている子どももいるのだ。さらに相手が大人ならば、判断の結果はもっと重大になる。子どもは、自分が弱いからこそ、信頼できる人を幼いころから手早く見抜かなくてはならない。もし「悪い」人間――わざと子どもの世話をしないか、能力不足で世話ができない人間――が近づいてきたら、泣くことしかできなくても、自分の生存を確保するにはそれで十分かもしれない。母親や父親は、子どもがむくれてしまうような人物にはあまり子どもを預けたりしないものだ。こうした他人頼みという子ども時代の一面を挙げるだけでも、頼りになる他者を見極める必要性の大きさがわかる。この必要性のために、赤ん坊の心も周囲の人間の信頼度を分析するようになっているのに違いない。そうすると、そのような能力がどれほど早くに生じるのかという疑問が当然浮かぶ。

この答えを見出すため、私は友人のポール・ブルームの研究に目を向けた。ポールと妻のカレン・

ウィンは、子どもの発育をテーマに掲げた世界有数の研究室を率いている。赤ん坊の心を探ることにかけて、このコンビより熟達した研究者はほとんどいない。二人がイェール大学で進めてきた一連の研究からは、話し始める前の子どもが持つ他者との交流に対する考え方や評価について、革新的で非常に興味深い結果が得られている。この数年間に何度かポールと話す機会があり、その度に私はポールやカレンや彼らの学生たちが子どもの道徳観を観察するために考案した独創的な方法に感嘆させられた。彼らの研究によって、子どもが道徳的な判断をしている様子が見え始める時期は、従来の認識より早まっている。ブルームとウィンは、幼い子どもの心が、世界の仕組みを学ぶだけでなく、人びとの行動の予測にも励んでいることを示し続けているのだ。

前述したように、幼い子どもを対象に研究する場合、子どもに考えを訊くことができないという問題にぶつかる。ブルームとウィンはこの問題を回避するために、「期待違反課題」を用いる方法を利用した。名前から想像がつくように、これは、幼い子どもにさまざまな出来事を見せて、子どもが何に驚くかを調べるという仕組みである。もし赤ん坊が驚いたとしたら、どうやって驚きを測定すればいいか？　それは簡単で、赤ん坊が何かを見つめる時間を測ればいい。赤ん坊が自分の期待に反する物や場面を長く見つめることは、よく知られている。たとえば、赤いボールに箱をかぶせて、箱を持ち上げたら黄色いボールがあった場合、幼い子どもは、赤いボールがあった場合より黄色いボールをかなり長く見つめる。たとえ、「箱が持ち上げられたときに赤いボールがあると思った」――なぜなら、誰も赤いボールを黄色いボールに取り替えるようには見えなかったから――と口で言えなくても、凝視に着目すれば子どもの驚きを測定できるのだ。

ブルームとウィンが非凡なのは、この「見つめる時間」といううまい手を用いて、物ではなく社会的な存在に対する赤ん坊の判断を測定したことだ。では、どうすれば信頼に関連する出来事を簡単な方法で幼い子どもに提示できるだろうか？　やはり操り人形を利用するのだ。この実験では、円や四角などの図形で作られた小さな木製の操り人形が使われた。次のような場面を想像してほしい。緩やかに起伏する丘が小さな舞台にしつらえてあり、背景には青い空が広がっている。舞台の右手から、くりっとした目玉のある、赤色の丸い小さな木製の操り人形が現れる。動かしているのは、客席からは見えない人形使いだ。さて、その赤い円——名前は「登山者」——は、坂を登ったり降りたりしながら風景を横切って進み、高い丘の手前まで来る。それから、絵本に出てくる「ちびっこきかんしゃ」よろしく果敢に丘を登ろうとするが、頂上に到達できない。頂上まで登ろうとして二回失敗し、三回めの挑戦を始めたところ、二つめの操り人形がひょっこり現れる。この新しい人形も、やはりくりっとした目で幾何学的な形をしており、次に挙げる二つの行動のどちらかを取る。その人形が「協力者」だったら、それは登山者に近づく。そして、丘の中腹で立ち往生した登山者が期待を込めて新しい操り人形を見ると、それは登山者を助け、なかなかたどり着けなかった頂上にまで押し上げる。一方、新しい人形が「妨害者」だった場合、名前が示すように逆の展開となる。新しい操り人形は登山者を丘から引き戻し、目標の達成を妨げる。生後一〇カ月の赤ん坊に、この「劇」の似たような場面をいくつか見せたところ、赤ん坊たちが協力者と妨害者を見つめた回数は同じだった。

こうした場面から、登山者は協力者を信頼できるが、妨害者は信頼できないという解釈が導かれる。それは、少なくとも大人にとっては素直な解釈だろう。だが、赤ん坊にとってはどうか？　赤ん坊の心は、道徳性や頼りがいといった言葉の意味がわかりもしないうちに、早くもそれらについて推論しているのか？　それを調べるため、ブルームとウィンは、同じ子どもたちに新しい場面を見せた。今度は、三体の操り人形が一緒にぽんと登場する。登山者は舞台の中央で、左右に協力者と妨害者がいる。さて、ここで重大な質問を一つ。登山者は、選択の余地がある場合、どちらの操り人形に近づくか？　赤ん坊になったつもりで考えれば、答えは簡単なはずだ。信頼できる側に近づく――これが答えだ。実際に登山者がそうした場合――協力者のほうに飛び跳ねていった場合――、赤ん坊はその場面をあまり長いあいだ見つめなかった。すべてが予想どおりに起こり、赤ん坊の世界は筋が通っていたのだ。ところが、登山者が妨害者のほうに弾んでいった場合、赤ん坊はその場面をはるかに長いあいだ見つめた。信じられないといった顔をして、赤ん坊の視線は新しくできたペアに釘付けになった。

ブルームとウィンは発達の時期をさらにさかのぼり、同じ実験を生後六カ月の赤ん坊で繰り返した。すると、かろうじてお座りができる程度の赤ん坊でも、どちらの操り人形が信頼でき、交流を図るに値するかを理解できることがわかった。二体の操り人形のうち、協力者か妨害者のどちらかを抱いてなでてもいいよと言われると、すべての赤ん坊が協力者に手を伸ばした。人形の色や形は重要ではなく――その点は、研究者が操り人形の役割を交換して確かめた――、困っている友達を助けなかった操り人形とは、誰も交流したがらなかった。(15)

子どもの信頼に応えるには

子どもがこの世界を歩み始めると、社会的な地形とでも呼ぶべきものが行く手に現れる。その地形では日々、無数の分かれ道が現れては、子どもたちを宝物や落とし穴へと導く。もちろん、充実した人生を送りたいなら、苦痛に見舞われて行き詰まる道ではなく、遠くまで続く道をたどることだ。どの親もわが子にそれを望み、その願いは子どもの心にそれとなく反映される。子どもは人生の岐路に差しかかるたびに、進むべき道を選択しなくてはならない。そして、そのような選択に対人関係が絡むと、信頼にかんする事柄がしばしば大きな関心事になる。指導者として信頼できるのは誰か？　保護者としては？　分け前を公平に分配してくれる人としてはどうか？　自分は誠実に振る舞うべきか？　他者を公平に扱うべきか？　彼らを助けるべきか、無視するべきか？　こうした疑問にどんな答えを出すかが、人生が最終的にどのように終わるのかを根本的なレベルで決定する。その道中で、子どもは一つのちょっとした問題にぶつかる――この地形には地図がないのだ。

道や選択肢を選ぶための確かな手引きや地図に相当するものがないことは不利なように思えるが、じつはそうでもない。すでに見てきたように、子どもは、誰を信頼すべきかや欺くべきかどうかを、コイン投げで決めなければならないのではない。進化の理論をどのように解釈しようとも、決断の方法はやみくもではないし、やみくもであるはずはない。コイン投げで決めるということは生存を偶然に委ねるということだが、それは生存と繁栄を重視する進化のプロセスとは相容れない。実際には子どもの心には、いわば「信頼関連ソフトウェア」があらかじめ搭載されている。認知科学者のスティーヴン・ピンカーの言葉を借りれば、心は空白の石版ではないのだ。子どもは、まだお座りもできないころから信頼できる人を突き止めようとし、しゃべれるようになる前から公平さや協力の重要性を認識している。そして、小学校に上がる前にはすでに、指導者に対する好みがうるさくなっている。

こうした持って生まれた早咲きの能力は、むろん固定されたものではなく成長とともに向上する。他者に何を期待するかという子どもの直感は、幼いころの保育士や教師との交流を通じて絶えず更新される。要するに、初対面の人の信頼度にかんする最初の直感――生まれ持っている他者への期待――は、日々、より細かく調整されていくのだ。幼いころの経験によって子どもが抱く期待は変わり、その結果、それぞれの子どもに特有の愛着スタイルが形成される。この事実によって、一部の年長の子どもが、人からだまされたり無視されたりしてもあまり驚かない理由がある程度説明できる。学習で身につくこうした期待は、囚人のジレンマのシミュレーションで見た、状況によって異なる協力への報酬の設定値みたいなものだ。それは、他者を信頼する見込みや自分が誠実に振る舞う見込みを左右し、これが以降の交流の土台となる。

だが学習の場合には、こうした期待の形成が誠実さを越えて能力の問題にまで影響する。子どもが有能な教師を正しく見極めれば、その子は知識を深め、将来有能な指導者になって人の役に立つだろう。また、まわりの人から、信頼し情報を共有したいと思われたり一緒に働きたいと望まれたりする人になる。だが、子どもが教師の選択を誤れば、脱落者になることを運命づけられるようなものだ。まずい選択のせいで、その子は専門知識をあまり習得できず、パートナーや知識源としては敬遠されるだろう。極端に言えば、能力がないのは裏切りも同然だ。トラブルの原因が能力不足であろうと悪意であろうと、協力関係が失敗に終わるのに変わりはない。

もうおわかりだろう。信頼は誠実さと能力で決まる。つまり、適切なことをする意欲と実力とが必要なのだ。子どもに潜在的な知的能力を存分に発揮してほしければ、子どもが最適だと思えるタイプの指導者――進化によって人間の頭脳が最も効果的に学べるようになっているタイプの指導者――をあてがわなくてはならない。また、子どもが成長するにつれて、子どもが重視する信頼関連の特性が変わることへの注意も必要だ。幼い子どもの心は、母親や父親など、自分と似ていて安心できる相手から学びたがる。だが、初等教育の初めごろにもなると、自分との類似性や気安さへの関心は薄れ、能力や専門知識を重視するようになる。子どもの潜在的な学習能力を最大限に引き出したければ、親や教師はそのような変化に合わせなくてはならない。指導する者は、感じはいいけど重要ではない人物として無視されないように、専門知識を示す必要がある。子どもの信頼を勝ち取るためには、いろいろな方法を学ばなくてはならない。現在あるデータから、子どもが学業で成果をあげるために何を望み、何を必要としているのかが読み取れる。私たちは社会全体で、子どもたちの声に耳を傾けるべきなのだ。

この章の要点

- **私を信頼しなさいと子どもに言っても効果はない。**生まれて間もないころから、子どもの心は大人の信頼度について点数をつけ、記録し始める。子どもは、しゃべれるようになる前から、あなたが他者を公平に扱うかどうかがわかる。そして幼稚園に入る前には、あなたが何らかの分野で能力を持っているかどうかを察知する。だから、自分を信頼するように子どもの意識的な心を説得することはできても、子どもの無意識的な心はとっくにあなたを見抜いている。もちろん、過去の行動から将来の行動が確実に読めるわけではない。言い換えれば、評判は当てにならない。だが、評判が子どもの期待を設定するので、過去に子どもの信頼に背いたことがあったら、悪い印象を払拭するためにいっそう努力したほうがいい。

・**指導者たるものは、友人ではなくよき師であるべきだ。**よき師とは、何かの取り組みで人を指導する専門知識を持っており、教え子が途中でぶつかる試練を乗り越えられるように導く者である。教え子にとってよき師とは、自分を支えてくれ、専門的な助言を（今この瞬間には聞きたくないとしても）与えてくれると信頼できる人だ。子どもにとっては、好感が持てて尊敬できる教師を見つけることが重要だ。だが、両方を兼ね備えた教師が見つからなければ、子どもは尊敬できるかどうかを重視する傾向がある。すでに見たように、子どもは五歳になるころには、感じがよいだけの人ではなく、専門知識がありそうな人から情報を入手することを直感的に好む。それに、専門家から情報を得たときのほうが覚えもいい。そのため教師によって、生徒の試験の成績に大きな差が出る可能性がある。

・**自分が誠実に振る舞うかという点では、子どもも大人に劣らず複雑だ。**どのように振る舞うかという子どもの判断は単純だと思われがちだ。たとえば、子どもはクッキーがほしければ、食べてはいけないと言われていても食べてしまい、あとになって成り行きを心配し始める、というように。だが子どもの心は、少なくとも直感のレベルでは、大人と同じく複数のメカニズムのせめぎ合いに左右される。子どもは不公平な扱いに気づく一方で、自分の利益を最大にしたがる。他者から誠実な人間と見なされたいと思う一方で、匿名性の利点も理解している。そのため、一緒にいる友達とはクッキーを半々に分けるかもしれないが、相手がいなくて自分の仕業だということがばれなさそうなときには、クッキーを相手よりたくさん取ることもある。大人と同じで、子どもの心は目先の利益と長期的な利益の適切なバランスを見出そうとしている。ただし、子どもでは多くの場合、直感的な衝動を乗り越えるのが大人より難しい。だから、約束を破った理由がわからないと小さな子どもが言ったときには、本当のことを言っている可能性もある。

第4章　恋愛と結婚の核心
――信頼と嫉妬の働きを解剖する

大人同士の関係がうまくいくには、それが何であれ――友人関係であろうと、仕事やチーム内での人間関係であろうと――、ある程度の頼り合いが必要となる。とはいえ、通常、そうした依存が及ぼす影響はかなり限定的だ。つまり、信頼が裏切られるのは辛いが、だからといって打ちひしがれてしまうわけではない。だが、これが当てはまらない例外が一つある。恋愛だ。大人でも失恋すると、自助自立の意志を一時的にまったくなくしてしまうことがある。とはいえ、体が麻痺したり、認知機能を失ったりするわけではない。依然として、判断をくだすことも、何かを調べてよく考えることもできる。仕事や料理をし、引退後の計画を立てることもできる。ただできないのは、交際相手とつながりたい――分かち合いたい、結婚したい、相手に頼りたい、心を通わせたい――といった熱烈な願望を消すことだ。

こうした願望が強いため、大切な関係が破綻したときに、きっぱりと「気持ちを切り替える」のがとてつもなく難しいことも多い。努力したところで、恋人の思い出をがらくたのように捨てられはしないだろう。それほどの精神的な動揺や胸を締めつける痛みをもたらす出来事は、信頼していた配偶者や恋人の裏切り以外にほとんどない。愛する人が別れを決めたことや、別れたがっていることを知ったときの喪失感と比べれば、ほかのどんな損失もささいに思えるほどだ。

こうした精神的な動揺が起こるのは、恋愛関係に結びついているコストと利益が大きいからにほかならない。愛は二人の人間のあいだに絆を作り、大人の場合、この絆のおもな目的は次世代を作り育てることだ（認めたくはないかもしれないが）。子どもをもうけるには二人の人間が必要で、歴史的には子どもを育て上げるのに少なくとも二人必要だった。進化の観点から見ると、配偶者（もう一人の養育者）が信頼できるかどうかは、ほかの人たちの誠実さよりも重要な意味を持つ。配偶者が不誠実だと、自分の遺伝子が次世代に伝わる確率がもろに下がる。こうしたことが自然選択の隠れた原動力であり、心の形成にも大きな影響を与えている。

もっとも、次世代を作るのは大事だが、愛と貞節の恩恵は子育てに限られるのではない。数々の研究から、充実した関係を長期的に築いている人は独り身の人より心身ともに健康であることが繰り返し報告されている。長期的な関係を保つことは、経済的、社会的、生理学的、ほかのあらゆる点から見てプラスになる。そのような関係にあるパートナーはいつも変わらず協力的でいてくれ、人生のいろいろな場面で誠実に支援してくれると期待できる。よい関係はストレスや経済的な問題、社会的なジレンマなど、あなたの将来を暗くしうるさまざまな困難を和らげてくれる。

要するに、仕事上のパートナーによる裏切りは確かに嫌なことだが、それは配偶者の裏切りによる悪影響とはほとんど比べものにならない。この単純な事実から、信頼を管理する心のメカニズムが恋愛以外の関係に対してよりも恋愛関係に対して働くときのほうが複雑な理由が説明される。だが、信頼の作用をこのように捉えても、次の点についてはまだ説明不足だ。新たに出会う人から拒絶されると、なぜこたえるのか？　なぜ人は、先週の合コンで会った人が、ほかの人を気に入ったのではないかと思って何時間も悶々《もんもん》とするのか？　その答えを見出す鍵は、本章でこれから見るように、恋愛関係では信頼の作用が複雑になるとしても、ほかの関係と同じく「将来に敏感」という共通の要素があると理解することだ。カップルのあいだの信頼は、現在のコストと利益に敏感なだけでなく、今後のコストと利益にも敏感に反応する。何と言っても、合コンで出会った人が、将来、あなたと子どもをもうけることだってありうるのだ。

愛と信頼は、どう関係するのか？

根本的には、どんな恋愛や結婚も持ちつ持たれつである。よい関係と悪い関係を分けるのは、二人のあいだの相対的なバランスだ。数十年に及ぶ研究や数百年にわたって培われてきた常識から、二人のコストと利益がだいたい同等な関係が、最も満足できて長続きするらしいとわかっている。コストと利益のバランスが正確にどこで崩れるのかは、あまり重要ではない。パートナーのどちらかが収入をより多くもたらし、もう一人が家族の世話をより多くするかもしれない。どちらかがより相手の心の支えになり、もう片方は資産管理に手腕を発揮するかもしれない。二人の関係をうまく維持する秘訣は、ずばり相手が高く評価する分野で利益を与え合うことだ。そして、主観的に見て受け取る利益と支払うコストが同等ならば、その関係は順調に進む。

恋愛から得られる喜びをこう描写すると、やや冷たくてドライな感じがするかもしれない。それは否定しないが、恋愛は根本的なレベルではそのように作用する。だからといって、恋愛や結婚がときに夢のようにすばらしく思えるという事実に変わりはない。私たちの心は、利益をもらってときめくこともあるのだ。それでも、関係を維持し、そこから利益を享受しようと思うかどうかは、幸せな関係を継続させる意志がどれくらいあるかにかかっている。何も受け取らずに与え続けられる人はいない。したがって、恋愛や結婚をうまく持続させることは、搾取から自分を守ることと、長期的で親密な絆からしか得られない利益とのバランスを取ることに行き着く。

このバランスを取る基本的な方法の一つは、誰が誰のために何をしたか、今後何をするつもりかを記録するだけでいい。たとえば、ピーターは早く帰宅して、残業しているオリヴィアのために夕食作りを担当する。チェック。一方のオリヴィアは、ピーターより夜遅くまで起きて、二人の銀行の取引明細を照合する。チェック。次にピーターが早起きし、翌日の用事を引き受ける。このように、めいめいが各自の心の集計表に項目を追加し、相手が約束を果たしたら印をつけていく。一見、これは正攻法に思える。こうすれば、コストと利益のバランスが悪くなりすぎないように手を打てそうだ。しかし実際には、この方法には膨大な労力がかかるうえ、先入観が邪魔をするかもしれない。

パートナーのいる人びとが、一日にどれだけの約束や親切な行為や協力を互いにするかを考えてみてほしい。私たちは、用事を済ませる、子どもやペットの世話をする、収支の帳尻を合わせる、退職金を投資する、休暇の計画を立てる、食料品を買うといったことで相手を頼る。現実問題として、相手を頼ったときにそれが成功したのか失敗したのかを、人間の心がいちいち正確に記録することなどできるはずはない。それは、多くの場合、協力が時間を置いて起こることを考えればよくわかるだろう。相手の信頼度を追跡する表計算ソフトをリアルタイムで実行していない限り、クリーニング屋に衣類を取りいくはずなのはどちらだったか、家賃の支払いをどちらが何度忘れたかといったことで、必ず記憶間違いが起こる。ならば、本当に重要な出来事の経過だけを追えばいいのではないか？　だが、むろんその場合には、片方にとっては重要なことでも、もう片方にとってはたいして重要ではないかもしれないという問題が生じる。たとえば、オリヴィアが本当に気分を害した原因は、上司との口論について話していたときに、ピーターが十分な時間を割いて話を聞いてくれなかったことかもしれない。だがピーターは、それが大事だとは思わなかったかもしれないのだ。むしろ彼は、スポーツの試合を見たいと思っていた晩に、オリヴィアが友人を招く計画を立てたことに対して、怒っていたかもしれない。

ここで信頼が登場する。信頼は、コストと利益を事細かくたどる必要性を取り除く認知的近道の役割を果たし、長期の関係を築いている人の心で計算の負荷を軽くするのだ。相手を信頼し、その信頼に相手が応えてくれると想定すれば、信頼できるかという点で相手の心が読めるようになる。これは、相手が自分の役目を果たすことへの賭けだ。たいていの場合、相手は割り当てられた用事をこなし、勘定の負担分を払い、こちらが大事だと思っていることで妥協し、必要なサポートや期待することをしてくれる。もちろん、二人の努力のバランスが正確に五分五分である必要はない。それは当の二人次第だ。六対四で満足しているカップルもいるかもしれないし、逆の比率で満足しているカップルもいるかもしれない。信頼の芽生えにとって根本的に重要なのは、それぞれが相手の抱く期待に応えることによって、つねに相手をチェックしていなくてはならない状況からパートナーを解放することだ。

恋愛関係に信頼が生まれると、関係の快適さに著しい変化が起きることが多い。それは、その関係が長続きする新たな段階に入りつつあることの表れだ。イェール大学の私の同輩であるマーガレット・クラークは、この変化を「交換的」関係スタイルから「共同的」関係スタイルへの移行と呼ぶ。名前からわかるように、交換的関係では、互いにコストや利益を遠慮なく記録しようとする。ほとんどの人にとって、それは相手について手探りしている初期段階だ。「もし今夜、私が夕食代を払ったら、明日は彼がご馳走してくれるかしら？　それとも知らん顔をされるかしら？」「今週、まいっていた彼女を慰めてあげたけど、今度は失業したぼくの話を聞いて支えになってくれるかな？」。こうした初期段階を通過するあいだ、ほとんどの人は記録をつけており、その理由は相手が信頼できるかどうかの見極め以外にない場合もある。

当事者によって時間には差があるが、しばらくすると、多くの関係が共同的な段階に移行する。そこまで進むと、人びとは記録するのをやめ、「私がこれをしたら、相手はあれをするだろう」といった思考をするようになる。自分は自分の責任を果たし、相手もそうするはずだと考えるのだ。それによって、交換の監視に費やされていた多くの思考力が解放される。これを裏づける実験はたくさんあるが、私が気に入っているのは、クラークによる初期の研究だ。その研究では、この現象がじつにわかりやすく示されている。クラークは、交換的関係か共同的関係にある人びとに、二人合同で課題に取り組んでもらった。彼らは実験スタッフから、ペアのどちらかにお金を渡すので、それぞれが達成した作業の分量に応じて分けるようにと指示された。この作業の部分に仕掛けがあった。ペアは一人ずつに分かれ、別々の部屋で問題を解くようになっていた。そして数分が経過すると、問題用紙がペアのあいだで交換され、相手が解いていない問題に答えることができた。さらに、単純なようで考慮すべき細かい仕掛けがあった。インクの色だ。

各参加者の机には、記入用にペンが二本置いてあった。一本は赤、もう一本は黒だ。一見、どうということもなさそうだが、ペンが二本あることによって興味深い選択肢ができた。もし、相手と同じ色のペンで答えに丸印をつけたら、どちらが何問解いたのかを示す証拠はなくなる。一方、それぞれが違う色のペンを使ったら、解いた問題数の客観的な記録が残る。もう先が読めたのではないだろうか。結果を見ると、ペンはでたらめに選択されたのではなかった。共同的関係の人びとは、相手と同じ色のペンを使うことが多く、その割合は七五パーセントだった。一方、交換的関係の人びとは逆で、相手とは違う色のペンを選んだ割合が九〇パーセントを超えていた[1]。彼らは、各自の成果がはっきりと客観的にわかる記録をほしがった。信頼するが検証せよ――単純明快だ。もっとも、ほとんどはただの検証ですむ。客観的な記録があれば、だまされはしないというわけだ。

このような関係スタイルの違いが、ペンの選択といったささやかな事柄に影響するならば、大きなコストと利益が絡んだ場合に、関係スタイルの違いが互いの労力の勘定にどれほど影響するかを考えてみてほしい。この問題を解く鍵が、信頼だ。信頼があれば、確認する動機やその必要性がなくなるだけでなく、確認が容易でないときでも相手に協力できるようになる。信頼がなければ、困難にぶつかったときに二人の関係は悪化するかもしれないが、信頼があれば、そんなときでも関係は深まる。先の実験で、共同的関係にある人びとは、自分の作業量に応じたお金を相手からもらえると確信していた。彼らは、客観的な記録を得たり勘定をつけたりする気がなかった。だから同じ色のペンを使った。相手が適切なことをすると、とにかく信頼していたのだ。

愛する人を信頼する利点

パートナーを信頼することで心の負担が軽くなるのはありがたいとしても、利点がそれだけならば、信頼はとうの昔に勘定用の仕組みに取って代わられていただろう。人間は、金融取引を記録するさまざまな方法を開発してきた。恋人との交換についても、同じことができたはずだ。そのようなメカニズムの考案は難しいとしても、信頼の利点がすべて帳簿つけに行き着くならば、何らかの方法が見つかっていただろう。しかし、実際にはそうではなかったということは、信頼にはほかの利点もあったに違いない。それは何か？

ミネソタ大学の心理学者ジェフリー・シンプソンは、その答えを突き止めている。彼は、親しい間柄における信頼の役割を数十年前から研究しており、信頼が人間同士の強い絆を形作って持続させる仕組みについての有力な理論を構築してきた。シンプソンの見方が重要なのは、一つには、彼の手法が恋愛関係の研究手法としてじつに正確で妥当だからだ。シンプソンは、「緊張下での試験」とよく呼ばれる方法の代表的な提唱者だ。この試験では、カップルに実験室に来てもらい、二人の関係を緊張下に置いて、どうなるかを観察する。

次の状況を想像してほしい。あなたと恋人が実験室に到着すると、快適な部屋に案内される。二人とも、事前にオンラインで信頼にかんする測定を終えている。二人が通された部屋には座り心地のよさそうな椅子があり、感じのよい照明が施されている。ビデオカメラが設置されているのは不快に思えるかもしれないが、実験スタッフと何分かしゃべると気にならなくなる。この時点で、実験スタッフが率直な依頼をする。二人のうちのどちらかに、提案する当人にとって望ましい目標を持ち出してほしいというのだ。ただし、その目標を達成するためには、相手は大きな犠牲を払う必要がある。あなたはそれについて彼（彼女）と七分間話し合ってから、役割を交代する。そして、二人ともが目標を提案し終えたら、アンケートで、話し合いや相手のことをどう思ったかについての質問にいくつか答える。あまり楽しくなさそうな実験だが、このアンケートによって、カップルの力関係についての確かな洞察がたいてい得られる。さて、この方法で現実の交流がうまく捉えられることを裏づけるように、実際に実験でよく話し合われた目標には、つき合いの長いカップルのあいだで対立が起こりがちな問題が含まれていた。キャリアアップのための転勤、退職して学業に復帰すること、転職、高額な品物の購入、休暇で相手が好まない場所に行くことなどだ。

シンプソンはおもに、信頼には恋愛関係を円滑に運ぶ力があるという見方をしている。信頼は、自分だけでなく相手の行動の解釈にもバイアスをかけて、二人の関係を円滑にするというのだ。要するに、信頼は恋愛関係の一種の緩衝材として機能し、起伏を滑らかにする。一種の愛の薬と考えてもいい。ストレスを和らげるために飲む薬のようなものだ。信頼は、相手に反感を抱いたときにそれを抑えるとともに、記憶の引き出され方に肯定的なバイアスをかけ、問題になりそうな出来事もたいしたことがないと思えるようにして、あなたの振る舞いを変えることができるのだ。

シンプソンの実験では、ここで紹介した実験のように、信頼の利点が何度も浮かび上がる。カップルが話し合っているあいだに撮影されたビデオからは、ある一貫したパターンが示されている。互いに高い信頼を寄せるカップルは、話し合いに入ると、そうでないカップルに比べて折り合いや協力の程度がはるかに大きかったのだ。彼らは、相手の望みを聞いてそれを真剣に受け止めることに、より前向きだった。また、二人ともが受け入れられる解決策を見出そうとする意識も高かった。なお、より信頼し合うカップルが話し合っていた目標が、そうでないカップルが話し合っていた目標よりストレスの少ないものだったのではない。どちらのカップルも同様に重要な可能性をめぐって対決した。緊張が和らいで話し合いがうまく運んだのは、ひとえに信頼が持つ微妙な効果のおかげだった。

会話のなかで、重大局面——自分の利益のために対立を深刻化させるかどうかの即断を迫る局面——が訪れるたびに、信頼は私たちに対立の緩和と歩み寄りの方向へと直感的に舵を切らせる。簡単に言えば、信頼は心の背後でおこなわれる精神的な計算を変化させるのだ。そして、短期的な勝利を追いかけて今の関係を壊したら、長期的に何を失うのかを考えるように促す。来月一緒にウォルト・ディズニー・ワールド・リゾートに行きたくないというだけの理由で、長いあいだ喜びや支えをもたらしてくれる関係を損なったり終わらせたりする価値は本当にあるのか？　願わくは、答えが「ノー」であってほしい。だからこそ信頼は、心が長期的な利益より短期的な利益に注目しがちなのを抑制しようと働くのだ。信頼は心の背後で働いて、長期的な利益を重視させる。その結果、目下の状況で、より大きな犠牲を払おう、より協力に携わろうという意欲が高められる。

ただし、話し合いでよい解決策が見つかった場合でも、対立は傷を残すかもしれない。張り詰めた話し合いのストレスによって、相手に対する見方が否定的になることもある。相手が最終的に協力してくれたとしても、ただの話し合いが相手に対する見方を変えるかもしれない。「いやはや、決着をつけるのは思ったより難しかった」「意外に彼女は自己中心的だ」「彼があれを重視しないとは驚きね」。つまり、この話し合いでは、対立する動機や目標があらわになりがちなので、二人の関係や、これまでの歩みについて疑問が生じる恐れがあるのだ。しかし、シンプソンはこれについても信頼を一種の万能薬として思い描く。

話し合いにより生じるわだかまりを解消するには、そのときの発言から受けた印象を事後に変えるのが一つの手だ。シンプソンの研究では、まさにこの現象が示されている。話し合いを始めたカップルが、もとから相手に高い信頼を置いていた場合、自分が図ってもらった便宜を過大評価することがよくあったのだ。たとえば、妻が夫に、学業に復帰できるよう週にもう一〇時間多く働いてほしいと頼み、夫が同意した場合、夫の譲歩に対する妻の主観的な評価は、話し合いが始まる前の時点で夫に対する信頼の厚かった妻のほうが、はるかに高かった。要は、相手を信頼しているほど、相手の行動を貴い犠牲と見なすということだ。とすると、信頼は逆の方向にも同様に働くのではないかと思われるかもしれない。つまり、相手の犠牲を価値あるものと見なすほど、相手に対する信頼がさらに高まるのではないかと。その考えは正しそうだ。信頼が持つバイアスの究極的な効果は、まさしくそこにある。信頼はひとりでに広がり、相手は一〇〇パーセント利己的なわけではなかった、協力をはなから拒んだわけではなかったという推測につながるのだ。シンプソンの研究では、実験室で話し合いが始まった時点で相手を強く信頼していたカップルは、話し合いによる妥協の客観的な大きさが、相手をあまり信頼していないカップルと変わらなくても、話し合いが終わったときには相手をさらに信頼していたことが確認されている(2)。

今、あなたはやや当惑して、こう思っているかもしれない。バイアスは、それが何だろうと問題なのではないか？　何しろ、この研究によると、相手に対する信頼は好意的な幻想を少し助長させているようなのだ。それは、信頼は相手を実際以上に信頼できる人だと思わせる傾向があるということだ。しかし、信頼の作用について本書の冒頭で見た議論を振り返ってもらえば、あなたの関心は、こんなバイアスがある理由よりも、バイアスによる見返りに向くだろう。確かに、相手の信頼度を過信するとよくない結果につながる可能性もあるが、過大な信頼には利点もある。それを理解する鍵は、私たちの社会的ネットワークを支える協力システムに発生する「ノイズ」だ。

ジェフリー・シンプソンによって特定された、信頼が信頼を生む好循環は、二人の関係に傷がつくのを防ぐ（バイアスが原因で傷がつく場合もある）。ノヴァクのシミュレーションで、「しっぺ返し戦略」が大勝利を収めなかったことを思い出そう。しっぺ返し戦略を採用すれば善戦できるが、その戦略には根本的な欠陥があった。過失による裏切りから立ち直れなかったのだ。たとえば、相手が誠実に振る舞うつもりでも実際にはそうできなかった場合、しっぺ返し戦略では協力体制を回復できなかった。しっぺ返し戦略では、相手の不誠実さにうすうすにでも気づこうものなら、相手を見限ってしまう。そして相互関係は不信の悪循環に陥り、取り返しがつかない。だが、「寛大なしっぺ返し戦略」には、このような危機を乗り越えられる性質があり、一度の不誠実な行動は例外だったかもしれないとして受け入れる。その戦略には寛容性があるので、客観的に見て裏切りを匂わせるような振る舞いがあっても、相手は信頼に値すると考える余地が残されている。したがって、以前からの関係だろうと新しい関係だろうと、二人の関係は終わることなく進展できる。そして、協力や支援による利益が継続的にもたらされる。ここにバイアスの見返りがある。大切な恋愛関係を維持すれば、裏切りの可能性が一度あるからといって関係を切った場合よりも、長期的には大きな利益が得られることが多いのだ。

ちょっと考えてほしい。ストレスか、虫の居所が悪かったのか、何かを聞き間違えたのかはともかく、私たちは相手に非協力的な対応をすることがある。それは、相手を支えたいと思っている普段の気持ちを本当に表しているのではない。しかしそのような振る舞いは、自分としては例外で自分の本当の姿ではないと思えても、相手の目には、非協力そのものに映ることもある。相手が時間とエネルギーを割いて、非協力的な対応の原因を深く探らない限り、私たちが身勝手に振る舞ったと受け取るだろう。また、人間の心には、「根本的な帰属の誤り」というバイアスも本来備わっており、私たちは、特定の行為を引き起こした原因が、その人の置かれた状況ではなく、その人の性質にあると勘違いすることもある。(3) ということで、そのような「ノイズ」は、過失によって、本来なら健全な二人の関係を死のスパイラルに陥れかねないのだ。

信頼がバイアスをかける力、つまり、相手の話し合いの態度を実際より誠実なものと心に受け止めさせる力は、寛大なしっぺ返し戦略に似た機能を果たす。信頼は相手の支援や信頼度を過大評価しやすくするエラーを生み出すので、私たちはたとえ気づかなくても、相手の身勝手さを許す方向に導かれる。意識的なレベルでは、私たちは、信頼する相手がたまに身勝手なことをしても意図して許すことがあるが、そのためには、許す気が起こらなくてはならない。一方、ジェフリー・シンプソンが見出したバイアスはもっと効率的で、無意識のレベルで楽々と働き続ける。そして、相手に対する予感や感情をつくろい、信頼する気持ちを高く保つように直感的なレベルで促す。そうなるのは、私たちが、非協力的に振る舞った相手を許すからではなく、相手が正確にはどれほど協力的だったかについて、誤って記憶するからだ。しかし、どちらでも結果は実質的には同じで、二人の関係はよりスムーズに進む。さらにシンプソンは、強く信頼し合う状態が続くと、その関係に対する満足度が上がるだけでなく、揺れ幅も小さくなることを示している。相手を強く信頼している二人は、たとえ第三者には波乱があるように見えても、自分たちの関係にあまり浮き沈みがないと感じる――この点は、信頼が緩衝材として働くという考えと一致している。信頼は、現在ある山も記憶のなかの山もならして、モグラ塚程度にするのだ。[4]

　もっとも、信頼は私たちを完全に盲目にするのではないので、心配には及ばない。もし、相手があまりにも不親切に振る舞ったら、信頼の効き目も及ばない。もっとも、これはあるべき姿でもある。相手がわざと意地悪なことをしたり自分を完全に無視したりすれば、それは信頼する相手を間違っており、今後損をさせられ続けることになる兆しとして受け取るべきだ。しかし、どちらとも決めかねるケースでは、信頼の優れたバイアスがすぐに効果を発揮する。

頭と心――相手を信頼する（あるいは信頼しない）ことに至る二つの道

ときに、二人の関係がおかしいという感じがぬぐえないことがあるかもしれない。大切な人の振る舞いが、適切でない気がするのだ。そんなとき、あなたは相手と対峙し、あえて関係が危ういことを示したり別れを迫ってみたりするか？　それとも、自分の感情を無視し、過剰に反応しているだけかもしれないと考えるか？　それは、ほとんどの人がいつかは悩まされる問題だ。また往々にして、頭と心のどちらを信じるべきかの選択を迫られる問題でもある。だが、正しい選択をするのは容易ではない。直感か論理的な分析のどちらかをひたすら信じたらいいといった、単純な話ではないからだ。本書の冒頭で述べたように、信頼にかんしては、直感的な心の計算か慎重な心の計算でつねに最良の答えが得られるわけではない。両方ともこの問題の解決を目指すが、どちらも完璧ではない。そこで、最良の選択をするためには、両方のシステムが連携して働く様子を理解する必要がある。

これらのシステムから導かれる信頼は二つある。まず、「直感的な信頼」とは、相手の信頼度について意識の外でおこなわれる評価を意味し、「衝動的な信頼」とも呼ばれる。それは、ポージェスが提唱したニューロセプションの産物と考えることもできる。自動的で絶え間のない計算によって更新される相手の信頼度についての感覚ということだ。この計算の仕組みについては、あとの章で取り上げよう。今は、心は自動的な計算が弾き出した情報を利用するということだけ知ってもらえば十分だ。一方、もう一つは、「理屈に基づく信頼」あるいは「思慮に基づく信頼」だ。それは直感的な信頼とは対照的で、慎重な分析に基づいた評価を指す。理屈に基づく信頼は、私たちが「もし～としたら」

と考えて疑問を投げかけるタイプのものだ。「もし、彼が私と一緒にパーティーに行かないと言ったのが、二人の関係への関心が冷めているからだとしたら?」「もし、妻（夫）がしょっちゅう夜遅くまで仕事をしているのが、浮気をしているからだとしたら?」

これらの疑問や懸念に心がどう対処するかが――そもそものような疑問が生じるかどうかが――、二人の関係の先行きに大きな影響を及ぼす。信頼の裏切りが実際にあったために関係が破綻する可能性もあるが、間違った分析による見当違いの疑いによって関係が破綻する可能性もある。そこで、信頼を確実に損なう不貞行為に人がどう反応するかという件はいったん脇に置き、もう少し曖昧なケースで、直感的なシステムと思慮に基づくシステムが連携して愛する人に対する反応を決定する様子を検討してみよう。

恋愛や結婚の信頼に対する疑念は、たいてい「おや?」で始まる。ある疑わしい行動の根底にある意味を、ふと立ち止まって考えるのだ。相手が夜遅くまで働いたり、将来の計画についての話し合いをためらったりすることは、以前よりも自分たちの関係に冷めていることを暗示するのか?　その答えを見つけようと思うと、思慮に基づく信頼に疑問符がつくことがある。すると、相手が引き続き信頼できるかどうかを見極めるべく、現在の関係を見直そうとする気持ちが湧いてくる。何しろ、誰かを信頼すればこちらに弱みができるのだ。もし相手が支えてくれそうにないなら、つけ込まれないように対策を講じる必要がある。一つの方法に、相手に対する信頼度を下げるという手がある。つまり多くの人は、自分が取るべき行動を見極めるため、真実を見抜こうとして相手の行動を分析する――ときには異常なほどそうする。この策は一見すると合理的だが、多くの欠点がある。たとえば、私たちは過去の行動の原因をしばしば勘違いするのだ。たとえこの分析が十分に客観的なものであっても、その結果だけで、自分の最終的な決断を完璧に予測できるわけではない。思い出してほしいが、信頼度は二つのレベルで評価される。悩ましい「おや？」が、信頼を再考することにつながるかどうかは、意識的な心による分析と同じくらい、意識の外でおこなわれている分析にもかかっている。

二つのシステムの相互作用をざっと理解するには、心理学者のサンドラ・マレーの研究を見てみるといい。マレーは、本書で取り上げてきた「おや？」の種類に着目し、カップルたちが、信頼を揺るがす問題を意識的なレベルと無意識的なレベルの両方でどう乗り切るかを長年調べてきた。たとえば、オリヴィアがピーターにディナーか映画のために早く帰宅してほしいと頼むが、ピーターは断り、会社の同僚と試合を見に行く予定だと答える。すると、「おや？」。オリヴィアの頭のなかで、警報が鳴りだすかもしれない。特に、ピーターの拒絶が初めてでない場合には。そして彼女はこう疑るかもしれない。「彼を信じられる？　バーやクラブに出かけるのではなくて、本当に試合を見に行くのかしら？」。マレーによれば、こうした疑問は、脳のなかで二つの並行するプロセスを作動させる。

意識的なレベルで、オリヴィアはピーターの行動を分析し始める。たとえば、出かける頻度や、よく一緒に出かける相手、自分への気持ちが冷めている気配の有無などについてだ。手短に言えば、彼女は彼に対する「思慮に基づく信頼」のレベルを再計算し始めるのだ。しかし、彼女が気づかないうちに、無意識のレベルでも同様のプロセスが動いている。彼女の心は、ピーターへの信頼に対する最新の評価を引っ張り出している――オリヴィアには、その最新の評価は根拠のない当て推量のように思えるかもしれない。これら二つのプロセスによる結果と、結果の統合のされ方とによって、オリヴィアの次の行動が決まる。両方からピーターは信頼できるという結論が出たら（直感的に信頼できそうな気がするとともに、彼がみずから述べた行き先に本当にいると頭でも信じるならば）、オリヴィアは引き続き彼を信頼し、いっそう緊密な絆を作ろうと努力する可能性が高い。だが、両方の評価から彼は信頼できないという結論が出たら（信頼できないという予感がしたうえ、今夜テレビで何の試合も放映されていないのだから、これはもう我慢の限界だと考えたら）、二人の関係は終わることになる。

だが、もっとも興味深いのは、信頼度についての意識的な評価と直感的な評価が食い違う場合だ。多くの人では、意識的な評価の結果が優先される。理論的な分析によってピーターを信頼できる理由が見つかったら、オリヴィアは実際に信頼するだろう。もっともそれは、「何かがおかしい」という感覚が彼女のなかで残らないということではない。だが多くの人と同様に、彼女は直感を無視したいと思えば、自分にそう言い聞かせることができる。もちろん、直感に耳を傾ける程度は人によりけりだ。虫の知らせを重視する人は、相手が信頼できないという直感がしただけで意識的な分析の結果を覆し、その結果、二人は別れることになるかもしれない。だが、どちらかの評価を選ぶことが、つねに自分の意思でできると思い込んでいたら間違いの元だ。場合によっては選択肢があるかもしれないが、それに慣れてしまってはならない。選択肢がないこともあるのだ。

過去二〇年に及ぶ心理学研究から、意識的な心が直感的な評価を覆す気にならないか覆せない場合には、直感的な反応が行動を誘導するという一般原則が導かれている。これは欠陥でも何でもない。というより、目的を持った一つの特性だ。思考には時間や労力がかかる。もし、自分がくだす決定すべてでコストと利益を日々、慎重に評価しなくてはならないとしたら、誰でも昼前には精神的に疲れ果ててるだろう。一方、直感的な決断には、すみやかで労力を要さないというメリットがある。それに、物事の詳細を考慮するという選択肢がないこともある。包括的に分析したくても、時間やノウハウがないかもしれない。そんなときには、何も決断しないより直感的に決断するほうがまだしもいい。

二つのシステムの相互作用が信頼に与える影響について、マレーは、同居しているカップル一〇〇組以上（ほとんどは夫婦）を対象として、長期間にわたり綿密に研究した。そして、相手に対する直感的な信頼度を測定するため、「潜在的連合テスト」という認知課題をカップルの一人ひとりに単独でこなしてもらった。このテストの採点に必要な計算はやや複雑だが、課題そのものは比較的単純で、言葉や画像がコンピューターの画面にパッと現れたら、それを分類すればいい。言葉は、信頼度に関連する肯定的な言葉や否定的な言葉で（「よい」「正直」「ひどい」など）、画像は、相手に関係のある言葉（名や姓など）を反映したものや相手の写真などだ。この実験では、次々に表示される言葉や画像を実験参加者が分類したスピードから、彼らの心が無意識のレベルで相手をどれくらいの信頼度と関連づけているのかを探る手がかりが得られた。この潜在的連合テストに加えて、マレーは実験参加者に別の一連の認知課題を与えた。その目的は、実行制御力の評価だ――「実行制御力」とは基本的に、意識的な分析の結果を優先して直感的な反応を抑える力を意味する用語だ。実行制御力があるほど、気を散らすものや時間の制約があっても分析能力は影響を受けない。つまり、直感的な反応を抑えやすいということだ。

これらの測定を終えた参加者たちは日常生活に戻り、信頼や対人関係にかんする質問票に毎日、二週間にわたって記入した。もし、マレーの推測どおりに信頼が作用するならば、実行制御力の差によって、直感的な信頼が二人の関係に及ぼす影響の程度は異なるだろう。つまり、実行制御力が低いほど、相手に対する意見や行動は直感的な反応によって決定されるだろう。

当然のように、この二週間のあいだに、多くのカップルで警報の鳴るような出来事がちょくちょく発生した。願望や目的について意見が一致しなかったカップルもいたし、約束を守らなかった人たちもいた。そんな状況においても、マレーの予測は当たっていた。実行制御力が高く、思考力を十分に使って相手の行動を慎重に分析した人は、たいてい思慮に基づく信頼に従って、相手とのつき合い方を決めた。手元のデータをすべて検討し、相手を疑うに足る理由はないと確信できれば、相手を信頼し続け、より親密になった。逆に、慎重な分析によって危険信号が灯り、直感的な心配が裏づけられたら、相手を疑いの目で見るようになり、相手から距離を置き始めた。

一方、実行制御力の低い人、すなわち日ごろから物事を分析するのが苦手か、疲れや忙しさのために分析できない人では、直感が実際の反応につながることが多かった。たとえば、ある人は、なぜ妻が魅力的なアスレチックトレーナーを指名する回数が増えたのか、不思議に思った。この夫が妻を引き続き信頼するか、妻から距離を取るかは、夫の潜在的な直感によって左右された。直感のレベルで妻に深い変わらぬ信頼を抱いていれば、夫はトレーナーの指名をただ無視し、妻の誠実さを確信し続けた。だが、理由はわからなくても直感で妻を信頼できない気がしたら、妻がよからぬことを企んでいるに違いないとすぐに思い込んだ。たとえ、論理的に分析すれば、ほとんどの人はそんな思い込みをしないような場合でも、妻を疑ったのだ。直感が実験に参加したカップルの関係に及ぼした影響は、

予想どおりだった。直感的に相手を信じた人は、絆をさらに強め、直感的に信じなかった人は、相手から距離を置いた。(5)

これらの研究結果の意味は、歴然としている。つまり、好もうと好まざると、相手の信頼度にかんする直感が、その人に対する見方に大きく影響する場合もあるということだ。実行制御力の高い人でも、ひどく動揺していたり、疲労で判断力が鈍っていたり、酔っていたりすると、思考力がかなり低下する。そんなときに何かが起きて相手に対する信頼に疑問が生じたら、無意識的な心の判断によって、心配を打ち消すか、相手を信頼しなくなるかが決まる。

直感的な反応は、心が持つ適応的な特性だと私は前に述べた。たいていは、手っ取り早い評価でも、何の評価もしないよりましだ。しかし先ほどの研究結果から、あなたは首をかしげるかもしれない。商品や旅行の目的地、ディナーの前菜を選ぶ決断とは違い、信頼にかかわる決断にはつねに相手からつけ込まれるリスクがある程度ある。とすると、こんな疑問が湧く。ときおり直感的なシステムが優位に立つことがあるのは適応なのか？　なぜ直感的なシステムは、つねに寛大なしっぺ返し戦略を取らないのか？　論理的に分析すれば相手は信頼できるとわかるようなよい関係が、なぜ直感的な不信によって損なわれることがあるのか？

これらの疑問に答えるには、直感的なプロセスにかんするありがちな誤解に気づくことが重要だ。直感的なプロセスは、一般に「速くていい加減な」と言われることがあるが、信頼度の見極めという点では、「いい加減な」の部分が正確ではない。信頼度の見極めについて論じるあとの章で触れるが、じつは、思慮に基づくプロセスよりも直感的なプロセスから正しい情報が得られる可能性が高いのだ。

どちらのメカニズムも完璧ではないが、二つの組み合わせによって最良の判断が得られることが多い。二つの頭――この場合は二つの心――は一つより優れているものだ。しかし、両方のシステムを利用することができない場合、信頼度の評価にかけては、直感を信じたほうがよいことが多い。

緑の目をした怪物の正体*

これまでは、パートナーを信頼することに伴うコストと利益や、心がそれらを計算する仕組みを検討してきた。だが恋人や夫婦の関係では、同じくらい重要で考慮すべきことがほかにもある。愛する人が別の誰かと一緒になろうとして、あなたを裏切ったか裏切りそうだと強く疑われるとき、あなたに何が起きるか？　さらには、その証拠を突きつけられたときには？　浮気されたらどうか？　その答えは次の一言につきる。嫉妬だ。

自分なら嫉妬はしない、相手を捨てるだけだと思う人もいるかもしれない。相手が別の誰かに関心を示したら、そりゃ結構、二人の関係はもう終わりというわけだ。しかし、自分に正直になれば、そうあっさりとはいかないのが普通だろう。もし何の動揺も覚えずに相手を片づけられるならば、そもそも本気ではなかったのだ。たとえ別れるのが正しい選択だとわかっていても、相手のことを少しでも大事に思っていたら、ほとんどの場合、別れを決断するのはとても辛いはずだ。実際、裏切られたときの激しい胸の痛みは避けがたく、フロイト――もろもろにおいて異常な状態を見出したことで知られる――は、（嫉妬を感じるのではなく）嫉妬を感じないのは病的であることの表れだと主張した。(6)

言い換えれば、このような状況で嫉妬を覚えなければ、嫉妬を押し殺しているということだ。

嫉妬はよくあることとはいえ、この感情を表現するのは簡単ではない。だが、恐れと怒りと悲しみが混じり合った、心をむしばむ感情という捉え方が最もよさそうだ。信頼という観点から嫉妬を観察した場合、嫉妬をいくつかの基本的な感情の集まりとして見るのはじつに筋が通っている。恐れは、相手を失うことに伴う社会的・経済的なコストについての不安に由来する。怒りは、だまされたという思いや、相手がルールを破ったという考えから起こる。そして悲しみは、大事な人――あなたが意見を重んじる人――が、自分より別の人を気に入っていると気づくことから生じる。だが、たとえ嫉妬が辛いものだとしても、嫉妬はこの感情を抱く人を苦しめるためだけにあるのではない。心痛を感じることには目的がある。嫉妬は行動を促すために存在するのだ。

嫉妬の目的や、嫉妬が有益な理由を正しく理解するためには、二つの段階が必要だ。一つめは、嫉妬がすべてセックスに絡むわけではないと認識すること。セックスに結びついているように思えるときもあるかもしれないが、それはメディアが嫉妬と不貞のネタをやたらと求めるからだ。レジ横にある雑誌や有名人のゴシップ番組は、誰が誰と寝ているかという話ばかりだ。きっとほとんどの人も、パートナーが別の誰かと寝ていると思うと一番心が痛むと言うだろう。だが実際には、これはいくらか思い違いだ。嫉妬はそのように作用するのではない。嫉妬は、セックスではなく信頼にかかわる感情だ。もしパートナーが自分のもとを離れて誰かと時を過ごすことにしたら、ほとんどの人は、たと

＊　「緑の目をした怪物」はシェイクスピアの『オセロ』に出てくる表現で「嫉妬」のこと。

え新たに純潔の誓いを立てたあとでも嫉妬するだろう――自分は嫉妬なんかしないと言っていたとしても。じつは嫉妬の目的は、現在の関係やそれに伴う利益が失われるのを防ぐにせよ、今後より誠実な関係を築こうとするにせよ、根本的には信頼できる行動が起きる可能性を高めることにある。セックスは恋愛の利益の一つでしかないが、嫉妬はあらゆる利益に敏感なのだ。信じられないかもしれないが、少し待ってほしい。これから実験による裏づけをお見せするつもりだ。

だがまずは、嫉妬の独特な機能を理解するのに必要な第二の段階に触れておこう。恋愛や結婚における信頼の裏切りは、さまざまな形で起こりうる。たとえば、退職後に備えた共同の貯蓄を配偶者が賭博につぎ込むかもしれない。フィアンセが心の支えになってくれないこともあるだろうし、恋人が二人だけの秘密を誰かにうっかり漏らすかもしれない。だが、こうしたことでは、嫉妬の「し」の字さえ浮かばないだろう。怒りは湧き起こるだろうが、嫉妬は起こらない。なぜなら、嫉妬は三人の人間が絡むときに限った話からだ。信頼にかかわる多くのケースでは、当事者は二人だが、嫉妬の感情は三人いないと成り立たない。もし、信頼している医師が診断を誤ったり、評価していた仕事上のパートナーが利益をだまし取ったりしたら、あなたは間違いなく腹を立てるだろうが、執拗な嫉妬に苦しめられて夜に眠れなくなることはあるまい。だが、もしパートナーが別の誰かを望み始めているのではないかと心配になったら、緑色の目をした怪物が解き放たれる。

嫉妬を焚《た》きつけるのは、このような「三角関係」だ。相手より自分の利益を優先すること（横領や詐欺を働くこと）で信頼が裏切られるのとは違い、嫉妬の原因となる信頼の裏切りは、二つの選択肢の価値に相対的な差があるときに起こる。パートナーは単にお金などのためにあなたを裏切ろうとしているのではなく、あなたを裏切って誰かと浮気しようとしている。別の言い方をすれば、ある男性がフィアンセのことを依然として好きだとしても、別の女性のことをもっと好きということだ。じつは、まさに価値の差が相対的だからこそ、現在の危機的な関係が救われる可能性がある。パートナーの愛情を自分のほうに戻すことができれば、パートナーへの信頼が回復し、現在の関係がもたらすメリットも保たれるかもしれないのだ。この可能性こそが、不安が嫉妬という複合体の一部をなしている理由である。相手の裏切りを罰したいという気にさせる怒りとは異なり、ライバルにパートナーを奪われることへの不安には、それが現実になるのを防いだり、パートナーを取り戻したりする行動を起こさせるという特定の目的がある。

この点を理解するためには、スワッピング文化を見てみればいい。スワッピングというのは、正当ではない肉体関係を持つためにパートナーをたびたび取り換えることだ。もし嫉妬が信頼ではなくセックスにかかわる感情ならば、彼らは途方もない嫉妬を感じていることになるが、そうではない。この集団で嫉妬が生まれることは非常に少ない。その理由を聞いたら驚くだろう。嫉妬が少ないのは、彼らが有意義で誠実かつ強固な関係を保てないからではない。パートナーとの関係の維持という点で、彼らは普通の人びとと変わらない。彼らがたいてい嫉妬しているわけではないのは、パートナー以外とのセックスは一つの娯楽にすぎないという考えを強く持ち、長いあいだ連れ添っているパートナーとの信用や信頼を築くために絶えず努力しているからだ。[7] 彼らにとって、スワッピングはサッカーのようなものと言える。婚外セックスは、いわば市内のスポーツチームに参加するのと同じで、スワッピングをするカップルのあいだで信頼が欠けていることの表れではない。単なる趣味なのだ。信頼を裏切っているわけではないので、嫉妬は生じない。

嫉妬に襲われたときは、不安に怒りが混じっていることが多い。どちらの感情が突出するかは、裏切りの深刻さにかかっている。二つ前の段落で述べたように、嫉妬を構成する不安は、手遅れにならないうちに今の関係を守るように働きかける。一方の怒りは、裏切りが起こりそうなときというより、裏切りがすでに起こっている場合に、不安より大きくなる。そうなると、裏切られた人はよりを戻す努力をするかもしれないが、それがうまくいかなければ、怒りにまかせて相手を罰することもあるだろう。すると、相手や、裏切られた人の怒りを目の当たりにした人が、その後不誠実に振る舞う可能性が低くなるだろう。

嫉妬にかんするこの見方が正しければ、やや直感に反する二つの予測が導かれる。一つめは、もし嫉妬が信頼に関係しているのであれば、危機の初期段階で、人は嫉妬によってパートナーにもっと寛容になるように促されるはず、というものだ。不寛容になるよう促されるのではない。もし、パートナーが自分と別れるのではないかと心配なときに怒ったり罰したりすると、破局を早めるだけだろう。二つめは、嫉妬は恋愛関係や結婚における現在のコストと利益だけでなく、将来的なコストと利益にも敏感に反応するはず、というものだ。言い換えれば、嫉妬は信頼にかかわるすべての現象と同じく、将来の影を敏感に察知して生じるに違いない。

一つめの予測に対する裏づけは、再びサンドラ・マレーの研究から得られる。マレーは今回、二〇〇組を超える新婚カップルの日々の経験を数週間にわたって記録した。実験参加者は毎日、相手が別の誰かに惹かれているという不安を覚えたら何でも報告し、自分の感情の状態や行動も記録した。この実験で得られた結果は、まさに私の予想どおりだった。相手の関心が自分より別の人にあるという不安が強い日には、嫉妬によって彼らは行動を変え、相手が自分を頼る度合いを高めようとした。たとえば、相手がなくした物を探したり、壊した物を修理したり、好きな夕食を作ったりして、自分がもっと頼りにされるように振る舞った。要するに、引け目を感じている側は、怒ることによって「優位な」相手が別の誰かのもとに走るのを後押しするのではなく、頼れるパートナー、つまりかけがえのないに存在になろうと努力したのだ。そして、その作戦は功を奏した。嫉妬を感じていた人びとは、相手からもっと頼りにされるような行動を取ってからは、相手の熱意を疑う気持ちが少なくなったと報告した。(8)

というわけで嫉妬には、相手と絆を結んで信頼を育みたいという願望を強めるか、少なくともその気持ちを維持するという一面があるようだ。しかし、嫉妬は現在だけでなく、将来待ち受けていることにも敏感だという二つめの予測はどうなのか？　これについては、二つの方法でアプローチしよう。両方とも私自身の研究がもとになっている。

嫉妬が信頼の裏切り防止と結びついていることは、一つには、パートナーが自制心をなくすのを防ぐために嫉妬が利用されることを見るとわかる。第1章では、私たちが他者の自制心を察知し、その情報を利用して、その人の信頼度を推し量ることを紹介した。私たちは、疲れているように見える人や衝動的な人、誘惑に弱そうな人を頼ったり、そんな人と協力したりするのをためらう。そう判断する時点では、相手と交換関係すら築いていないことも多い。つまり、見知らぬ人の信頼度について判断をくだしているのだ。というわけで、信頼できなさそうな人を避けることは難なくできる。だが、すでに恋愛関係にあるときには、その選択肢があるとは限らない。私たちにできるのは、今のパートナーが受けそうな誘惑に対処しようと努力することだ。

ここで、先を見越した嫉妬が重要な役目を果たす可能性がある。もし嫉妬が浮気に対する否定的な反応にすぎないならば、裏切りが実際に起こるまで嫉妬は芽生えないだろう。だが、嫉妬が信頼と関係しているのならば、パートナーの誠実さを予測しようとするときに早くも嫉妬が生じるのは理にかなっている。私の考えが正しければ、ライバルになりそうな人の魅力の程度によって、嫉妬の強さは変わるだろう。次のことを考えてみてほしい。もしあなたが、自分の一番の強みは知性で、そもそもそれがパートナーを惹きつけていると思うならば、パートナーは、パーティー大好き人間より、やはり知的な人に心を動かされるだろう。したがって、もしあなたがカクテルパーティーでパートナーの目移りを監視するとしたら、パンチボールのところにしょっちゅう足を運んでいる客ではなく、見るからに頭のよさそうな客とパートナーがしゃべっているときに目を光らせるほうがいいだろう。

この推測をテストするのは非常に簡単だった。私は、デートについての実験と称してイェール大学（私は当時、イェール大学で博士課程を終えようとしていた）の学生を募集した。そして彼らに、自分にかんする基本的な質問――年齢、好み、趣味、自分の魅力や一番の特徴だと思うもの――と、デートの相手にかんする同様の質問に答えてもらった。得られた答えから、参加者とその相手が最も高く評価する性質を把握することができた。それから私は、彼らに次のようなシナリオを提示した。

あなたとパートナーがカクテルパーティーに出席していると想像してください。あなたは彼（彼女）を数分間見失いますが、その後、パートナーが部屋の向こう側で、あなたと同じ性別の誰かと楽しそうに会話を始めているのに気づきます。二人は本当に仲がよさそうです。もし、パートナーの話し相手が［この空所を埋めてください］ならば、あなたは強烈な嫉妬を感じるでしょう。

空所には、ライバルを描写するさまざまな表現が書き込まれた。たとえば、頭のよい人、運動の得意な人、人気のある人などだ。

この実験結果から、嫉妬は信頼が裏切られるのを防ぐ気にさせるという私の予測が裏づけられた。実験参加者が感じた嫉妬は、パートナーと仲よくしているように見えたライバルが、自分やパートナーが高く評価する性質を持っている場合にピークに達した。この実験に参加してくれたのはイェール大学の学生だったので、大多数は、知性が最も重要な性質だと考えていた。だから、潜在的なライバルが優れた知性を持っていた場合の嫉妬が特に強かった。だが、運動の得意な学生も、予測どおりの反応を示した。パートナーが、自分のような運動選手と話しているときに、成績優秀者のクラブ「ファイ・ベータ・カッパ」のメンバーと話しているときより嫉妬を感じたのだ。実験参加者のほとんどは、パートナーが誰かとしゃべったりふざけたりしても、あまり苦痛を感じなかったが、パートナーが、自分の評価する性質で自分より上のライバルから誘惑されそうだと思ったときに、嫉妬が最高潮に達した。要するに、嫉妬は将来に裏切られる可能性を追跡していたのだ(9)。

このように、嫉妬と信頼のあいだに密接な関係があることがわかるが、これまでの例では、嫉妬は、すでにある強い絆に伴う利益が失われそうなときに生じるという共通点がある。だが、もし嫉妬が本当に信頼に関係しているのならば、今失うものが多いときだけではなく、利益がまだ現実のものになっていなくても嫉妬は起こるはずだ。この論理を進めれば、かろうじて知っている程度の相手に対してでも嫉妬が生じるはずだという驚くべき予測につながる。つまり、人はどんな関係でも——たとえわずか数分前にできた関係でも——、侵害されると嫉妬を覚えるはずだということだ。その理由はわかりやすい。信頼のレンズで関係を眺めた場合、重要なのは、すでに得られた利益——銀行に預けた金のように確実なもの——ではなく、これからの利益だからだ。もし相手が信頼できないとなれば、そうした将来の利益が失われる。

この予測を検証するためには、私の研究室においてこれまでで最も難しい実験が必要だった。「難しい」というのは実験が複雑ということではなく、人間関係の難しい部分を扱ったという意味だ。では、次のことを想像してほしい。あなたは、共同作業と単独作業での成果の違いを調べる実験に参加するつもりで研究室にやって来る。あなたの隣には、異性の参加者が座っている。あなたが女性ならカルロ、男性ならジリアンがいるとしよう。実験スタッフが二人にこう告げる。これから課題に取り組んでもらうが、これはチームと個人の成果を比較する実験なので、一緒に作業してもいいし、一人で作業してもいい。この時点で、カルロかジリアン（実際に当時、私の研究室で働いてくれていた）は、一緒に作業しようとつねに提案する。作業開始から数分が過ぎたところで、二人は実験者の思惑どおり、一緒の作業によい印象を持ち、少しばかり浮ついた気持ちにもなっていた。すると運命の巡り合わせで（実際には台本どおりに）、三人めの参加者が来たと実験スタッフが告げる。表向きには遅刻したことになっている新しい人物は、あなたと同じ性別である。つまり、あなたと作業しているのがカルロならジリアン、あなたのパートナーがジリアンならカルロだ。三人めの人物は、あなたたち二人のどちらかの隣に座るが、あなたが一緒に楽しく作業をしてきたパートナーにもっぱら関心を向ける。この時点で実験スタッフが部屋にまた入ってきて、今や三人いるのだから、三人のうち一人は単独で作業をしなくてはならないと言う。

難しい部分はここからだ。ライバル――新しくやって来た三人め、いうなればお邪魔虫――は、必ずあなたのパートナーに、一緒に作業しようと声をかける。そして、実験の条件次第であなたのパートナーは同意し、あなたは単独で作業することになる。

この実験では、予想以上に激しい感情を見せつけられた。「捨てられた」参加者は、嫉妬の感情を報告しただけではなかった。信じられないといった様子で首をかしげたり、せせら笑いをしたり、カルロやジリアンには聞こえないように侮辱的な言葉を吐いたりした。そして、機会が与えられると、ほぼ例外なく以前のパートナーとライバルを罰したのだ。

この実験では、ちょっとした口実を使うことによって、罰したいという願望も評価できた。参加者全員が課題を終えたあと、味覚認識についての試験と称する二つめの実験を実施した。この実験では、参加者が味見用のサンプルを互いに用意しなくてはならなかった。調査する味の一つは辛味で、（実験スタッフではなく）実際の参加者は、辛いソースのサンプルをほかの二人のために用意する作業をランダムに割り当てられた。このときに参加者は、カルロとジリアンのそれぞれが味見するサンプルのカップに辛いソースをどれだけ入れてもいいと言われた。さて、蓋を開けてみると、ジリアンあるいはカルロが、ライバルと一緒に作業するために自分のもとを去った場合、参加者は辛いソースをサンプルのカップに注ぎ込んだ。不誠実なパートナーと新しいライバルに、できるだけ苦痛を与えようとしたのだ。それはまさに仕返しだった。だが、おそらくさらに説得力があるのは、嫉妬の強さによって辛いソースの量がずばり予測できたことだろう。嫉妬が強いほど、参加者は辛いソースをたくさん入れたのだ。[10]

これらの研究結果から、信頼にかんして二つの特徴が浮かび上がる。一つめは、人びとが、わずか数分前に知った相手にも嫉妬を感じたということだ。まだ強い絆は築かれていなかったし、利益の交換もなかった。あったのは、長期的な結びつきができるかもしれないという将来への見込みだけだった。だが私が推測したように、それで十分だった。嫉妬は、長期的なパートナーになりそうな相手が誠実でなかったために生じた。先の実験では、三人がしばらく交流し、ライバルが参加者のパートナーとなれなれしくしていたとき、多くの参加者がパートナーを取り戻そうとした。だが、芽生えつつあった関係が最終的に壊れると、パートナーを失うことへの不安は無駄となり、嫉妬のなかで怒りが表に出てきたのだ。

この怒りや、怒りの結果として起こる仕返しによって、二つめの重要な特徴がわかる。それは罰だ。先の実験では、二人を罰する機会が生じたときには、始まったばかりの関係はすでに終わっていた。パートナーは裏切って去っていた。そうなったら信頼はもはや関係なさそうなのに、なぜ人は罰を与えるのか？　罰して何が得られるというのか？　おそらく最もわけがわからないのは、ライバルは裏切りにかかわったのではないのに、なぜライバルまで罰するのかということだ。これらに対する答えは、今後の誠実な振る舞いを他者に働きかけることが、巡り巡って自分の役に立つことを考慮すると、明らかになる。

行動経済学では、「第三者罰」という現象がよく知られている。簡単に言えば、第三者罰とは、自分とは無関係な者に被害を与えた加害者を第三者の立場で罰する傾向を指す。数々の実験から、人は、たとえ自分は被害者でなくても、いかさまをする者を罰するために金銭的な負担をすることが繰り返し示されている。その根本にある考え方は、ルールを破る者の処罰をみなで心がけたら、悪事を働く者はすみやかに減っていくというものだ。そしてこれは基本的に、今後出会う人からあなたや私がだまされる可能性が低くなるということを意味する。不誠実なパートナーや裏切りをそそのかしたライバルを罰することで、みなが次の人のために、当事者に誠実な振る舞いを促している。つまり、不誠実な者が再びそんな振る舞いをしないように、みなで努力しているわけだ。この仕組みがうまく機能していれば、あなたが次に出会う恋人は、嫉妬に起因する罰を以前の恋人から受けた経験を活かして、あなたにより誠実に接してくれるかもしれない。

とはいえ、私は決して罰や仕返しを擁護しているのではない。ただ、嫉妬がドメスティック・バイオレンスのおもな原因になるのを防ぐのは困難だと指摘しているのだ。進化論的、ゲーム理論的な意味で、罰は対人関係の構築や維持に一定の機能を果たす。罰のそうした機能を容認するか否かは私たちの社会が決めることだが、私としては黙認しないことを願う。ビジネスの場では、信頼の裏切りに暴力で報復することは違法とされ、非難されるようになった。恋愛や結婚においても、信頼の裏切りから発生する暴力は許されてはならない。だが残念ながら、この文章を書いている今でも、社会によっては、不貞を働いた者を暴力で罰することが広く認められている。これまでに見たように、信頼は人間関係の構築に大きなメリットをもたらすが、その反面、信頼が裏切られた場合の代償も大きいことがある。しかし、信頼が重大な役割を果たすのは驚くには当たらない。要は、それだけ絡んでいる利益が大きいのだ。

この章の要点

・**肯定的な錯覚は、よい場合もある**。信頼はたいてい信頼を生む。常識からすれば、確かな客観性が重要であり、錯覚は避けるべきものに思えるもしれないが、角張ったところを滑らかにしてくれるソフトフォーカスレンズのように、ときには望ましい。あなたがパートナーを強く信頼していたら、信頼はそんなレンズのように作用する。パートナーの誠実さがはっきりしない場合でも、すでに信頼を感じていれば、相手に対する見方はよくなる。信頼は境界をぼかして、相手を信頼し続けるように促すのだ。実際の話、それは悪いことではない。第1章で指摘したように、自分の目には相手の振る舞いが不誠実に映っても、それらが過ちや例外的なケースであることも多い。したがって、相手を許すのは、自覚していないとしても、優れた戦略だ。もちろん、肯定的な錯覚も行きすぎると盲信になる。だが、直感的なシステムが極端に走ることはない。いざとなったら、相手が裏切っていそうだということを、みぞおちのあたりが知らせてくれる。

・**直感を信頼しよう**。今述べたように、直感や予感は、たいてい意識的な評価よりもぶれがない。したがって、他者の信頼度にかんする評価は、意識的な分析より直感のほうが正確なことがある（ただし、つねにではない。これについてはのちほど見よう）。直感のほうが優れている理由は二つある。一つめは、第6章で見るように、無意識的な心は信頼度を示す真の指標を意識的な心よりうまく読み取れるからだ。そして二つめは、無意識的な心は自分自身の影響をあまり受けないからだ。みな、何かをするように、あるいは、しないように自分に言い聞かせたことがあるに違いない。言い換えれば、直感を覆そうとした経験は誰にでもあるということだ。これを信頼と恋愛に当てはめると、相手を信頼すべきでないときにも信頼し続けるように自分を説得するということになる。なぜそうするのか？人によっては、今の関係にとどまるほうが、都合がいいからかもしれない。人によっては、孤独を恐れるからかもしれない。しかし長い目で見た場合、相手を無理矢理信じ続けるのは、結局、自分のためにならないだろう。だから、ぜひ直感に耳を傾けてほしい。直感が絶対に正しいとは限らないが、正しいことが多い。この事実だけでも、直感を考慮すべき根拠となる。

・**嫉妬は過去志向ではなく、将来志向の感情だ**。世間一般の通念とは違い、嫉妬は避けるべき感情ではない。嫉妬は、心が持っている信頼関連の大事なツールである。そのおもな理由は、すでに見たように、嫉妬が過去よりむしろ将来にかかわる感情だからだ。嫉妬の目的は、互いに頼れる大切な関係を守りたい、あるいは修復したいという気持ちを引き起こすことにある。嫉妬の心痛は、私たちを苦しめるためではなく、今後多くの利益をもたらしてくれそうな関係を――期間の長い短いに関係なく――守る方法を見出すべく、私たちを刺激するためにあるのだ。一方でそれは、失恋した人の復讐心が非常に強くなりうる理由でもある。復讐したところで自分に直接役立つわけではないが、ふった恋人からの怒りが身に染みた人は、二度と同じ目に遭いたくないと思うだろう。このように、暴力によって信頼への裏切りを罰することや、今後の裏切りを阻止することには生物学的な利点があるが、それは裏返せば、嫉妬とドメスティック・バイオレンスの結びつきを断ち切るのは困難だということでもある。前述したように、進化の目的は聖人を生み出すことではなく、有効ならどんな戦略を使ってでも遺伝子を増やすことだ。しかし、だからといってドメスティック・バイオレンスを容認せざるをえないということではない。逆に進化の観点から、そのような暴力が、いつ、どのように、なぜ起こるのかについての理解が得られる。そのような知識が、ドメスティック・バイオレンスの減少や反動の抑制に役立つことを期待したい。

第5章　権力と金

――上位一パーセントに入る人と、その気分に浸る人

評論家によると、繰り返し鑑賞されるすばらしい映画には重要な共通点がある。それは、誰にでも思い当たる感情を象徴的かつ具体的に表現していることだ。そのような映画は、椅子にもたれて観るたびに、知っておくべきことを思い出させてくれるか、少なくとも真実らしきことを再認識させてくれる。さて、私は映画評論家ではないが、社会経済的な地位によって人の信頼度が異なるさまを取り上げた映画では、おそらくフランク・キャプラ監督の『素晴らしき哉《かな》、人生！』を凌《しの》ぐ古典的名作はないだろう。もちろん、社会階級や貪欲さの異なる人物を対照的に描いた映画は多くある――『ウォール街』の主人公ゴードン・ゲッコーは忘れがたい――が、ジョージ・ベイリーを主人公とする『素晴らしき哉、人生！』ほどの名作はない。この映画は毎年一二月にテレビで放映され、私たちは楽しいときも苦しいときも、架空の町ベッドフォード・フォールズでジョージが乗り越える試練や苦労を追体験する。

『素晴らしき哉、人生！』を観たことがないか、内容を忘れてしまった人のために言えば、これは小物と大物の典型的な対決を描いた映画だ。なお、「小」と「大」は背格好ではなく、社会階級を意味している。社会階級の底辺層にいるのがジョージ・ベイリーだ。彼は小さな建築貸付組合の経営者で、人生に行き詰まっている。そんなベイリーは、組合の破綻を防ぎ、組合にお金を預けた人びとが預金を解約しなくてすむように、新婚旅行用の貯金を投げ出した。一方、上層にいるのが、銀行家で、スラム街住宅の悪徳家主でもあるヘンリー・ポッターで、まさに冷酷な悪者である。ベイリーは、大恐慌のあおりを受けた町の人びとにお金のことで頼られたとき、自分の利益を後回しにする人間だが、ポッターは、機会あらばこれらの人びとを食い物にしようとする人間で、二人は「庶民」と「金持ち」の典型だ。

客観的には、社会経済的地位（社会階級）の低い人びとには当然、経済力や教育の機会に恵まれていない、エリート校やエリートクラブに入れない、職場での地位が低い、ストレスが多いといった特徴がある。一方、社会階級の高い人びとは反対で、経済力に恵まれ、余裕があり、ストレスが少ない。こうした現実から、あなたは次のように予想するかもしれない。社会階級の低い人は、自分が生き抜くためのニーズを満たすことに集中し、他者より自分のニーズを優先する。結果的に、彼らは社会階級の高い人より信頼できない。一方、社会階級の高い人は、手持ちの資源がたくさんあるので、他者を信頼する余裕がある。だが、もしあなたがこう考えたならば、信頼の実際の働き方について重要な点を見逃している。信頼は贅沢品ではない。信頼は、独力でやっていけないときに必要となるツールだ。言い換えれば、他者を頼らなくてはならない人にとって、生き延びるための手段である。このような見方をすれば、信頼と社会階級にかんする予測は逆転する。

もし、収入があまりない、乳母や個人秘書を雇えない、車を最高の状態にしておけないのなら、他者の協力に頼らなくてはならない。手短に言えば、社会階級の低い人が成功するためには支え合いが必要で、完全な独立独歩という選択肢はない。彼らは互いに信頼する必要がある。それは、大変な金融危機に見舞われたときに、ジョージ・ベイリーがこう語って預金者たちに思い出させたとおりだ。「私たちは、この危機を無事に切り抜けられる。だが、そのためには団結しなくてはならない。互いを信頼するんだ」。逆にポッターのような社会階級の高い層は、必要なすべての資源をすでに持っている。だから、もっと手に入れるために利己的になるという贅沢ができる。ほしいものを獲得するためには、人に頼る必要はなく、お金に頼ればいいのだ。

この観点から考えると、社会階級の低い人は、他者からものを奪い取る利己的な人間ではないと予想できる。むしろ彼らは、協力や公平さに重きを置くだろう。つまり、社会階級の低い人のほうが、他者を信頼し、自分も誠実に行動するはずだ。この見方が正しければ、『素晴らしき哉、人生！』のような古典で認められる文化的ステレオタイプにも、ある程度の真実があるかもしれない。では、それを確かめるため、サンフランシスコのありふれた交差点から話を始めよう。

道をあけろ！

普段は考えもしないが、道を渡るという単純な行為にも信頼がいくらか必要となる。何キロにもわたって車が一台も見当たらないようなアメリカ中西部のゴーストタウンで通りを横断しているのでもない限り、交差点に足を踏み入れると、車に轢《ひ》かれる危険性に身をさらすことになる。したがって、道を安全に渡りきるには、近づいてくる車がスピードを落とすなり止まるなりしてくれるという信頼が普通は必要となる。あなたは、ドライバーを信頼するなんて考えたこともないと言うかもしれないが、信頼しているに違いない。ほとんどの人は、車がやって来るのを見て、道を渡ろうかどうしようかと思ったことがあるはずだ。はねられたら、ひどい怪我を負うだろうか？　ドライバーは、音楽をガンガンかけながらエンジンをふかしていくだろうか？　こういう質問に対する答えがイエスならば、あなたはたぶん通りを渡らないだろう。だが、車が修道女の運転するフォルクスワーゲンのかわいらしいビートルだったら、渡るかもしれない。このように、通りを渡る判断は、速度という物理的な要素だけに左右されるのではない。信頼も絡んでくる。

　この事実と社会階級との関係を理解するために、次の例を考えてみてほしい。あなたは、サンフランシスコの中心街で交差点の角に立っている。そこは全方向一時停止なので、本来ならば、車は交差点に入る前にいったん止まるはずだ。あなたはカフェラテを飲みながら、縁石から降りる前に左を確認する。向かってくるのは、ぴかぴかのＢＭＷだ。あなたは交差点を渡るか？　では、車がフォードのフュージョン（中型セダン）だったら？　これまでに説明した信頼と社会階級の関係を参考にすれば、ＢＭＷの場合には立ち止まったほうがいいかもしれない。だが、それを確かめる方法は一つしかない。自分で交差点に立ってみることだ。カリフォルニア大学バークレー校のポール・ピフたちは、実際にそれを試みた。

交通量の多いサンフランシスコのこの交差点に車が接近してくると、研究者が横断歩道を渡り始める。そして、ドライバーに気づかれないように、車種、ドライバーの見た目の年齢と性別の記録も取る。ただし、主要なデータは、車がカリフォルニア州の交通条例に従い、一時停止の標識で止まって研究者に通りを渡らせてくれたか、それとも、スピードを上げて研究者の進路を遮り、目的地に向けて突っ走っていったかだ。ピフたちは、車種によってドライバーの社会階級を五つに分類した。現代《ヒュンダイ》自動車は最下層、フェラーリは最上層だ。この結果は驚くべきものだった。最下層に分類された車種のドライバーは一人残らず車を止め、研究者に横断歩道を渡らせてくれた。中間層では、ドライバーの約三〇パーセントが法律を破り、車を止めないで研究者の行く手を遮った[1]。そして最上層では、ドライバーの約五〇パーセントが法律を無視して自分の都合を優先させた。要するにこの研究結果から、議論を呼びそうな戒めが得られる。社会階級の高い人は、自分の目的を達成するためとあらば、立場の弱い人から寄せられる信頼を無視する可能性がかなり高いということだ。

これは少し大げさだと思うかもしれない。なにぶん、今の話は交差点で起こる人間味のない交流にすぎないからだ。それはもっともだ。データがそれだけならば、たいしたこともないと私も思うが、話はそれで終わらない。ピフの研究チームは、社会階級の高い人びとの信頼度は低いのではないかと見当をつけ、社会階級が他者を信頼する意欲と自分の誠実な行動との両方に及ぼす影響を調べるため、多面的な研究を始めた。どの実験でも、研究者たちはまず、一般的な尺度に従って参加者の社会階級を分類し、彼らにさまざまな状況を経験してもらった。そのなかから、いくつか抜粋して紹介しよう。

まずは、交渉術の調査という名目で実施された実験だ。参加者――社会階級の高い人びとと低い人びと——は、雇用主の役になって、ある仕事に応募してきた人と給料の交渉をするように指示された。これらの「雇用主」は、その仕事にかんするさまざまな情報（給料の幅や業務の詳細など）を前もって知らされたが、研究者たちが最も注目していたのは、その仕事が六カ月で終わることになっているという情報だ。そして雇用主たちは、これから面接する求職者の書類を検討しているうちに、その人は長期の仕事を探しており、雇用期間が少なくとも二年なければ仕事に就くつもりがないことを知った。雇用主たちはそのあと、求職者に今回の仕事を説明する台本を書くように求められた。さて、この実験ですぐに判明したのは、社会階級が高いほど、その仕事が短期間で終わることを隠す人が多かったことだ。また、実験スタッフがこれらの雇用主たちに、求職者から雇用期間について直接訊かれたら本当のことを答えるかと率直に尋ねたところ、やはり社会階級の高い人のほうが、嘘をつくと答えた人がかなり多かった。つまり、求職者が雇用主に対して寄せた信頼を故意に裏切るのだ[2]。社会階級が高いと信頼度が低くなるという点において、ストライク・ツーである。

次に研究チームは、さまざまな社会階級の参加者にコンピューターでギャンブルをしてもらった。それはサイコロを振るゲームで、出た目の数が大きいほど多くの賞金がもらえる。参加者がすべきことは、いたって単純だった。サイコロを五回振って、結果を実験スタッフに報告するだけだ。それで結果はと言えば、これまでの実験から予想されるとおりだった。社会階級の高い層のほうが、出たサイコロの目を水増しし、もらうべき額より多くの賞金を実験スタッフから受け取ろうとした人が多かった（コンピューターでひそかに実際の出目を集計していたので、ごまかしは容易に突き止められた[3]）。ストライク・スリーだ。

ほかにも多くの実験で似たような結果が得られており、社会階級の高さと非倫理的な振る舞いが関連していることが明らかになった。だが、これまでの実験では、こうした不誠実な行動が意図的なものなのかどうかはわからない。社会階級の高い人は、わざと不誠実に振る舞うのか？　それとも、無意識的な心によって、知らず知らずに不誠実な振る舞いが促されるのか？　ピフたちは疑問を抱いた。そしてやや意外なことに、彼らの研究からは、どうやら社会階級の高い人はわざと不誠実に振る舞うということが示されている。多くの人が、自分があまり信頼できない人間であることをはっきり自覚しているだけでなく、別にそれでいいとも思っているようだ。ピフらの別の研究では、非倫理的で不誠実に振る舞う人物が登場するシナリオを参加者に提示すると、参加者の社会階級によって、彼らがそのシーンに不快感を覚えるかどうかがうまく予測できた。社会階級の高い人びとのほうが、他者の犠牲によって自分の利益を増やす行動を容認しただけでなく、自分もそう振る舞う可能性があると答えたのだ。(4)

というわけで、これらの知見は全体的としては、社会階級が高い人ほど信頼度が低く、不誠実な振る舞いを容認することを示唆している。だが信頼には、信頼する場合とされる場合とがある。社会階級が高いほど、その人の公平さや誠実さが下がるのは明らかだが、他者を信頼する意欲はどうだろう？　もし、社会階級の高い人の不誠実な行動が、単純な身勝手さから引き起こされるならば、他者を信頼する意欲は社会階級の影響を受けないと予想できるかもしれない。別に、社会階級の異なる人びとを信頼してもいいではないか。これまでに紹介したどの数学モデルからも、平均すると、他者を信頼すれば、自分が他者を必要とするときに、より多くの資源が得られることが示されている。だが、そこにポイントがある。社会階級が高い人ほど、他者から資源を供給してもらう必要はないし、自分に弱みがあるとも思わないはずだ。この見方が正しければ、社会階級の高い人は、不誠実に振る舞う傾向があるだけでなく、他者を信頼する意欲も全般的に低いに違いない。

この予測を検証するため、ピフたちは信頼の尺度として最も古典的なものを採用した。信頼ゲームである。前述したように、信頼ゲームは、投資者の役になる人がお金をいくらかもらうことから始まる。投資者はそのお金を「受託者」に渡してもよい。受託者はお金を三倍に増やすが、それを投資者に返す義務はない。ということで、投資者の選択は単純だ。もし、受託者が公平に振る舞い、少なくとも利益を分けてくれると信頼するならば、お金を自分で持っておくよりも、受託者に投資してもらったほうが、最終的に多くのお金が手に入る。例によって、大きな報いを得るためには、リスクに身を委ねなくてはならないのだ。それでこのゲームでは、社会階級が信頼にどんな影響を及ぼしたか？　もし他者に頼らなくてもいいという感覚――一種の「自力本願」――が信頼にかかわる行動を左右するならば、社会階級が高いほど、他者を信頼する意欲は低いと予想されるが、果たして結果は予想どおりだった。[5] そして、これまでに紹介した実験と同様に、社会階級と信頼の関係は、ほかのさまざまな因子（性別や民族など）で実験結果を補正しても崩れなかった。

これらの研究結果からは、一見すると単純なメッセージが引き出される。社会階級の高い人、つまり裕福な人は利己的だということだ。彼らは他者に頼る必要がないばかりか、社会階級の低い人――サンフランシスコの交差点にいた歩行者など――に、とにかく道をあけてほしいと思う。だが、これは公平な評価だろうか？　確かに、実験データは明らかで、社会階級が高いほど信頼度が低い傾向にある。だがこの事実だけでは、なぜこうした関係があるのかはわからない。その原因は、社会階級の高い人が恵まれた生活を送ってきて、若いころから自分がエリートだと言われてきたからか？　彼らが属する社交界では、不誠実さを助長する土壌があるのか？　彼らが、何が何でも勝つように駆り立てられるからか？　もしそうならば、なすすべはない。信頼度の欠如は一パーセントの裕福な人びとの心に染み込んでいて、容易には変わらないだろう。

だが私には、この見方は違うように思える。私はこれまで長い時間をかけて、信頼度は変動するものであり、絶えず更新されている計算から導かれると主張してきた。人間の道徳性のほかの要素と同じで、信頼度は不変ではない。過去の振る舞いから将来の振る舞いを予測できるのは、状況があまり変わらない場合だけだ。そう考えると、社会階級によって信頼度が変わってくる原因を理解するうえで、まったく異なる視点が浮かび上がる。社会階級の高い人びとが恵まれた環境で育ってきたのは確かだが、彼らの信頼度が平均的に低いのは、それが原因ではない。原因は、彼らが今も恵まれた環境で暮らしているから、すなわち、この瞬間に消費できる資源を依然として持っているからだ。信頼度を生み出すのは、自分には他者が必要だという感覚である。言い換えれば、自分は無敵ではない、あるいは、独りでは望む目標を達成できないという感覚なのだ。

この見方から論理的に結論を導き出すと、社会階級の低い人のほうが信頼できるのは、そうでなくてはならないからだ。しかし、もし社会階級の低い人を貧しい状態から脱却させて、急に社会階級の高い位置に置いたら、信頼度はすぐさま低下するに違いない。少し考えれば、これは妙な主張でもないとわかるだろう。弱者が大成功する話は珍しくない。たとえば、低い階級出身の少年や少女が力を手にすると――職場で大出世したり、俳優やミュージシャンになって契約を獲得したり、宝くじに当たったり、より裕福な社交界に片足を突っ込んだりすると――、性格が変わってしまう。その人はもはや以前の人間ではなくなり、なぜか自分中心の人間になって信頼できなくなる。もちろん、ハリウッド映画が信じられるならば、逆もある。たとえば、金持ちで鼻持ちならない少女が突如としてすべてを失い、下層か中間層に入って、思いやりのある高潔な人間になることを学んだりする。私の考えが正しければ、今挙げた話は、人の信頼度は生まれ育った社会階級によって決まるのではなく、現在、周囲の人びとと比べたときの自分の位置によって決まることを意味する。少なくとも信頼にかんしては、裕福な一パーセントという位置づけは心の状態で決まるのであって、生まれによる貧富の差ではない。

権力は人を堕落させる

権力は人を堕落させるという考えは、新しいものではない。歴史にも文学にも、権力が腐敗するさまを示す例は山ほどある。ただし、どれほどすばやく腐敗するのかははっきりしていない。だが、信頼にかんする私の見方が正しければ、階級の上昇や権力の増大によって非倫理的な行動が生じるのは、ゆっくりした学習や文化的な適応のプロセスによるのではなく、他者をどれだけ頼りにする必要があるかを弾き出す直感的な計算が即座に変化することによる。人の助けを必要とする度合いが変化すると、信頼度も変化する。それほど単純なのだ。

この見方と一致するように、社会科学者のあいだでは、階級や権力の感覚が変化しやすいことが受け入れられつつある。階級や権力の認識に本当に影響を与えるのは、目下の相対的な差、つまり周囲と比べたときの自分の位置のようだ。たとえば、年間所得が四〇万ドルの人でも、ビル・ゲイツやウォーレン・バフェットの面前では貧乏に感じるかもしれないが、年間所得が五万ドルの人がホームレス施設を訪れていたら、この世の王のように感じるかもしれない。自分の階級や権力への感じ方が固定しているような錯覚が起こるのは、日常生活で接する人びとが、日によって大きく変わることはあまりないからだ。しかし実際には、自分の位置づけを弾き出すプロセスはつねに動いていて、その結果は状況に左右される。ということは、信頼度も同じように変わるはずだ。

この現象の実例として、私が気に入っているものを一つ紹介しよう。それはポール・ピフらの実験で、幼い子どもからキャンディーをくすねる行動を調べたものだ。いや、厳密に言えば、実際にキャンディーをくすねるわけではないが、それに近い。この実験で、参加者はいくつかの調査票への記入を求められた。なかには、財産や教育、職業的名声の程度を尋ねる項目もあった。ここに工夫があり、そこにはほかの人びとの財産や教育、職業的名声についての情報も与えられていた。「ほかの人びと」は、社会階級の最上層の場合もあれば、最下層の場合もあった。このようにいろいろな社会階級のグループと比較してもらうことで、参加者の相対的な社会的地位を操作した。たとえば、中間層の参加者が一パーセントの富裕層の情報を見たときには、普段より自分が小さくて弱いように感じたと報告した。一方、彼らが最下層の情報を見たときには、自分には力があって立派に思えたとのことだった。

ここで、キャンディーがかかわってくる。実験スタッフは、参加者から調査票を回収したうえで、部屋を出る前に足を止めて、参加者に（必ず一人の状態にしてあった）、個包装のキャンディーが入ったボウルを預けた。キャンディーは、隣の部屋で別の実験に参加していた幼い子どもたちにあげる予定のものだった。実験スタッフは参加者に、食べたければキャンディーを一つ取ってもいいこと、そして自分はすぐに戻ってきてボウルを受け取り、待ちかねている子どもたちのところに持っていくことを伝えた。要するに実験スタッフは、参加者がキャンディーを見張ってくれると信頼していたのだ──少なくとも、参加者にはそのように受け取れた。結果は予想どおりで、権力や資源についての相対的な感覚によって誠実さが変わった。自分の権力や社会的地位が上だと感じた参加者──社会階級の低い人と比べたばかりの人びと──は、それとは反対に感じた参加者よりも、ボウルからかなり多くのキャンディーを取った。[6]これら二つのグループの参加者は、実際には同じ社会階級に属していたことを思い出してほしい。実験の企みで、それぞれ異なる階級の人と比較したため、自分たちの社会階級に対する感じ方が違ったのだ。

だが、権力の影響は、はるか深いところにも及ぶ。どんな権力でも──収入や教育の差をあからさまに示すものでなくても──相対的に強まると、人が利己的なレンズを通して世界を眺めるようになる。これを誰よりも知っているのが、コロンビア大学ビジネススクールのアダム・ガリンスキーだ。彼は、権力の影響にかんする非常に独創的な研究で知られている。ガリンスキーはある実験で、人びとの権力意識を操作するのはじつに容易だと気づいた。何らかのシミュレーションに参加してもらい、他者より影響力の大きな地位を与えるだけでいいのだ。

一例として、ガリンスキーは実験参加者たちに、さまざまな問題を解決する役割を演じてもらった。

だが、開始前に一人をボスとして選び、仕事をほかの参加者たちに割り当てさせた。そのシミュレーションが終わると、ガリンスキーは参加者たちに、仮に自分か他人が道徳に反した振る舞いをした場合、それを許容できるかどうかの判断を求めるため、次のような質問をした。「もし本当に必要ならば、捨てられていた盗難自転車を自分のものにしてもいいか？」「もし遅刻しそうならば、制限速度などの交通規則を破ることは許されるか？」。するとこの実験でも、一時的に権力のある地位――他者に頼らなくてもいい地位――に置かれただけで、他人が規則を破った場合より自分が規則を破った場合のほうが許容できると答える人が多かった。つまり、権力は他人に厳しく自分に甘い態度――信頼を失う振る舞い――を助長したのだ。[7]

だが、おそらく最も厄介なのは、人は権力を得ると不誠実になるだけでなく、ぬけぬけと嘘をつけるようにもなることだ。カリフォルニア大学バークレー校ハース・ビジネススクールのダナ・カーニーは、一時的な権力の増大によって、嘘をつくのがうまくなることを示している。彼女はガリンスキーの研究と似た手法を用い、実験参加者に模擬ビジネスでさまざまな役割を演じてもらった。たとえば、ボスは従業員より大きなオフィスをもらい、従業員に給料を与えるといった具合だ。参加者たちはこうしたロールプレイを短時間おこなったのち、面談を受けてから実験を終えるように指示された。ただし、参加者の半数は、隣の部屋から一〇〇ドル札を「盗んで」から面談を受けるように言われた。さらに、お金を取っていないと面談者を納得させられたら、そのお金を本当にもらってもよいとも告げられた。面談者は、どの参加者がお金を取るように指示されたのかを知らずに、すべての参加者を調べた。

この手法では、実験が終わった時点で参加者は四つの群に分かれた。高い地位の盗人群、低い地位の盗人群、高い地位の対照群（お金を取るように指示されなかったグループ）、低い地位の対照群だ。面談者が対照群の人びとにお金を取ったかと尋ねたときは、気が咎めた様子を見せる人は誰もいなかった。そのため対照群では、面談者から「嘘つき」に分類される人はいなかった。だが、盗人群の人びとには権力の影響がはっきりと現れた。低い地位の盗人群では、嘘をついていると面接者に見抜かれる人が多かった。いくら自分は取っていないというふりをしても、罪悪感を隠しきれなかったのだ。だが高い地位の盗人群――短時間、ボスの役になった人びと――では、様子が違った。彼らは平気で嘘をついた。じつは、高い地位の盗人群では、面談者から「嘘つき」に分類された人はほとんどいなかった！[8]　参加者の誰も気づかないうちに、ちょっとした地位の変化が彼らに自信を与え、利己的な嘘つきにしたのだ。とすると、もっと大きくて長期的な権力の変化が、人にどれだけ影響を及ぼすかを想像してほしい。権力の影響を予期していようといまいと、権力は私たちの誠実さを低下させると同時に、嘘をつく技能を向上させるのだ。

お金はすべてを変える

もし、信頼に対する階級や権力の影響が、本当に心理状態によって決まるのなら、誠実さは実際にどれほどそれに左右されやすいのかという疑問が生じる。もし、権力による誠実さの低下が本当に自力本願の感覚が増したこと――必要な資源をすべて持っているという感覚――によって引き起こされるのならば、資源が豊富なことを示すシグナルがあるだけで、人の不誠実さが助長されるかもしれない。私が基本的に、自分が誠実に振る舞うかどうかの判断は、短期的な利益と長期的な利益を比較する意識的な計算と無意識的な計算によって決まると主張しているのを思い出してほしい。意識的なレベルの計算の意味するところは、すぐにわかるだろう。私たちは、あくどい手段や冷淡な振る舞いによって得られる目先の利益と、そのような行為による長期的な影響を比較する。権力が大きくなれば、自分の将来の成果は他者の支援にあまり左右されなくなるし、そのため他者を不当に扱っても代償はあまりなかろうという考えが湧いてくる。

しかし、無意識、つまり直感的なレベルでは、計算をおこなうシステムがやや異なる。無意識レベルの心的メカニズムは、他者の今後の振る舞いや、資源の存在を示すシグナルを探して、つねに環境をスキャンしている。本書ではすでに、人の信頼度を評価するニューロセプションに触れたが、ここでは、資源の豊富さを示す手がかりへの直感的なシステムの反応に焦点を当てる必要がある。簡単に言えば、身近なところに資源がたくさんあると、それがヒントになり、ほしいものは何でも手に入ると思えるかもしれないのだ。たとえば、もし周囲に食料が豊富にあれば、食料を生産したり蓄えたりするために人の信頼や協力を得る必要はない。もし、あなたとデートしたがっている人がたくさんいたら、一人のパートナーの信頼を裏切って損失を被っても、長期的には大した問題ではない。したがって、自分にとって貴重な資源が豊富にあると、直感的なシステムは、目先の利益を取る利己的な行動を選ぶ可能性がある。そして、信頼とのかかわりで言えば、資源として何より重要なのは現金だ。

経験からすると、こうした予測には、ある程度の根拠がありそうだ。あなたはどうかわからないが、私には、その予測を地で行くような友人が何人かいる。普段、彼らはかなり分別のある理性的なタイプだ。しかしカジノに行くと、まったく違う面が現れる。年金口座を定期的にチェックしている友人は、突然ルーレットで大金を賭けてしまうし、午後一〇時には切り上げると宣言した別の友人は、高額紙幣を握りしめて、早く帰るなんて言ってないと主張する。いつもは道徳的で思慮深い人びとが、まるで熱に浮かされたかのように、勝手気ままな別人に豹変するのだ。すると私たちの興味は、単にお金が目の前にあるだけで人は豹変するのかという疑問に移る。本当に、そんなささいなことが原因なのか？

その答えを見出すため、ハーヴァード・ビジネススクールの行動経済学者であるフランチェスカ・ジーノの研究を再び取り上げよう。ジーノは、お金がそばにあるだけで、人をだます傾向が高まり、信頼度が低下するのではないかと考えた。この仮説を証明するため、彼女は「言葉の流暢さにかんする実験」という名目で実験参加者を募った。用意された部屋に参加者たちが入ると、実験スタッフが机のそばに立っており、机にはお金が載っていた。実験スタッフは参加者に挨拶してから、言葉の綴《アナグ》り換《ラム》えの問題用紙と、机から取った現金二四ドルを一人ひとりに手渡した。参加者には、正解するたびに三ドルもらえる、とだけ告げられた。一ページに載っている一群の文字から単語を一二個作り出せたら一問正解だ。スクラブル〔アルファベットを並べて単語を作り、点数を競うゲーム〕によく似ていた。それから実験スタッフは、部屋に参加者だけを残して退出し、二〇分後に部屋に戻ってくると、参加者たちに、自分で採点し、机に載っている二四ドルから適切な額を取って退出するように指示した。

これはわかりやすい実験に見えるが、じつは、参加者のグループのあいだには大きな違いが一つだけあった。一部のグループでは、部屋に入ったときに見えた現金の山には、各参加者に二四ドルずつ払える額に加えて、もう数百ドル余分にあった。一方、それ以外のグループでは、余分なお金がずっと多かった。参加者に支払われる予定の額以外に、七〇〇〇ドル以上が机に積んであったのだ。さて結果は、ジーノが予測したように、現金が余分にあっただけで、アナグラム問題の採点におけるごまかしは大幅に増えた。参加者は知らなかったが、実験スタッフは答案用紙と得点表を比較し、参加者から報告された得点と実際の得点を照合できた。ジーノは三種類の実験をおこなったが、全体を通して、余分な現金がたくさんあったグループの参加者では、自分の得点をごまかして、本来より多くのお金をもらえるようにした人が多かった(9)。

これまで私は、現金などの資源がたくさんあると、不誠実な振る舞いが多くなると主張してきた。権力や社会階級などは不誠実さを助長するように機能するが、それは特定の階級に固有の文化的な特性や、特定の文化にゆっくりと染まるプロセスによるのではない。むしろ権力や社会階級などは、いろいろな意味で、他者を頼る必要がないことを象徴するものであり、そのため不誠実さを助長するのだ。権力やお金があれば、他者の協力や親切にあまり頼らなくても必要なものが得られる。ジーノの研究結果は、お金が目の前にあることが、直感的なシステムにとって、資源が豊富にあること、ひいては短期的な私利追求を重視してもよいという微妙な合図になることを明白に示している。そして、資源が豊富にあれば、必然的に他者への依存度は下がる。

この現象は興味深いが、その根底にあるメカニズムについては、ジーノの研究からはわからない。現金の多さが資源の豊富さを意味するのは納得できるとしても、資源の豊富さが心のなかで利己的な利益の優先と本当に結びついていることは、どうやってわかるのだろう？　人がお金を持つと、実際に他者との交流を気にしなくなることは、どうすれば確認できるのか？

この疑問について検討を進め、答えを出してきたのが、ミネソタ大学カールソン経営大学院のキャスリーン・ヴォースだ。ヴォースは一連の重要な実験を通じて、お金が実際にあったり、お金のことを思い出させたりするだけで、人びとが自分中心になり、仲間との社会的な交流より自己充足を重視することを示している。たとえば、お金があるという考えを実験参加者に強調すると（お金を見せたり、お金について書いてもらったりすると）、対人行動に劇的な違いが出ることにヴォースは気づいた。お金を目立たせると、人びとは、助けを求められても積極的に支援しなくなるうえ、自分が困難な課題にぶつかったときに、他者の助けを求めるのをためらうようにもなった。言い換えれば、お金があるというシグナルは、自力本願の気持ちを強め、助けを求める他者や協力の意向を示す他者の拒絶につながるのだ。[10]

この点を明確にして、お金が人をあっさりと一匹狼に変えることを示すため、ヴォースの研究チームは実験をもう二つおこなった。どちらも、社会的な交流と孤立のどちらを好むかに焦点を当てたものだ。一つの実験では、ヴォースは単純に社会的近接性の好みを調べた。社会的近接性とは、他者とどこまで近づきたいかという感覚だ。近接性は以前から、相手との関わり合いへの意欲を表すよい指標の一つとして利用されている。二人の人間の距離は、交流したいという気持ちが強いほど近くなる。ヴォースは実験から、お金を思い起こさせるものがあれば、人びとが互いに離れて座ることを見出した。それもそうだ。誰でも、お金を持っているときには、自分一人だけの空間が広いほうがいいと思うだろう。さて、ヴォースは関連する二つめの実験で、お金が社会的嗜好に及ぼす影響を別の方法で見た。この実験で参加者たちは、これから与えられる難しい課題を誰かと一緒にするか、一人でするかを選ぶように求められた。人は普通、楽しくない課題では協力したがるが、(お金の絵を見せられるなどして) お金のことを思い出させられた参加者では、それ以外の参加者よりも、単独作業を選ぶ割合がかなり高かった[(11)]。彼らは、成果を分け合うことや、成果を出すために他者を頼ることを嫌がったのだ。

権力は腐敗するが、例外はある

ベニート・ムッソリーニほど、権力と信頼の刺激的な関係をうまく捉えた者はほとんどいまい。彼はこう述べている。「人を信頼するのはよいことだが、信頼しないのははるかによいことだ」。私が冒頭で述べたように、ほとんどの人は、他者を信頼する必要があるから信頼する。自力では得られなさそうな資源や利益を得るためには、他者を信頼するしかない。とはいえ、人間は序列を作る生き物で、地位や権力、階級などの階層に自分たちをたびたび分類する。だが、それぞれの階層の大きさは同じではなく、当然、最上位に近づくほど小さくなる。アメリカ社会の上位一パーセントだろうと、属している場所の一時的な支配層だろうと、上位の特権的な地位は信頼の計算に影響を及ぼす。というわけで、ほとんどの人は、何とか生きていくために他者の助けを必要とするが、「有力者」はそうではない。彼らは地位のおかげで、ほとんどの人には手の届かない社会的・物理的・経済的報酬を得ることができる。はっきり言えば、彼らは自分だけでやっていくことができるのだ。そしてムッソリーニが述べたように、それの何が悪いのか？

　これに答えるには、次の問いを検討すればいい。ムッソリーニは最終的にどうなったか？　覚えているかもしれないが、処刑されたのち、遺体はミラノのガソリンスタンドの柱に逆さ吊りにされた。権力は利益につながるが、うまく扱わないと腐敗する。短期的な利益と長期的な利益との綱引きにおいて、権力はたいてい短期的な利益へ引っ張られてしまう。専制君主、上流階級の子孫、ＰＴＡの会長などは多くの場合、階層的地位が高いおかげで、社会的責任を果たす場面で制約を受けないように感じる。ほかの人びとは彼らの指示を聞かなくてはならないので、彼らは通常、反撃を恐れずに自分の短期的な目標を達成できる。つまり、他者を信頼しなくてもよく、他者に指図できるのだ。だが、こうした統率戦略には、暴力や恐怖による強制力を何度も行使して地位を維持しなくてはならないという問題がある。そのため、有力人物が強制力を失うと、搾取に苦しめられた人びとは、しばしば報復しようとする。

　この事実を考えると、なぜそもそも権力は、短期的な利益を重視するよう心に促すのかと疑問に思うだろう。もし悲惨な結末になる恐れがあるのならば、なぜ心は、人が権力を握ったときに、信頼にかかわる計算を変えるのか？　その答えは、この疑問の鍵が「もし」という言葉にあると気づけばわかる。権力は必ず腐敗するわけではない。もし有力な地位を維持できるのならば、自分の利益を図る振る舞いは、生き残りや成功を大いに助ける。ただし、利益を維持するために、警戒は怠れない。また、進化の観点からすれば、権力を得ることは、そのおかげで子孫がより成功する場合に限って意義がある。成功への第一段階は、自分が子どもを作れることであり、ほぼすべての哺乳類で、地位の高い個体は優れた相手により恵まれている。第二段階は、自分の子どもを生殖可能な年になるまで育てることだ。したがって、論理的に言えば、たとえ専制君主がわが子から打倒されたとしても、その人は、進化の視点からすれば成功者である。思い出してほしいが、進化にとっては、個体がどれほど長生きするかはどうでもよく、その遺伝子がほかの個体の遺伝子より多く後世に受け継がれていくことが大事なのだ。こうした進化の論理と、たとえ一時的な権力でも目標の達成に有利だということが組み合わさると、権力が心を目先の利益に向けさせることにはメリットがあるという見方にも、納得がいく。権力を持ったら、報復のリスクに対処しなくてはならないとしても。

だが、強制力に頼らずに権力や指導的地位を得る道もある。それは、報復という高いリスクを負わずに成功する方法だ。私の友人でもあるカリフォルニア大学バークレー校の心理学教授ダッチャー・ケルトナーの研究によれば、他者の関心事に積極的にかかわったり対応したりする人は、すぐに権力のある地位に押し上げられることがよくある。ただし、ケルトナーがすかさず指摘するように、これらの社交に長けている人びと――「心の知能（ＥＱ）」が高いと言われることもある人びと――も、やはり権力の毒に冒される可能性がある。だが、権力の増大とともに芽生える、目先にとらわれた自分勝手な衝動に抗える人もいないわけではなく、彼らはあまり重圧や辛辣な批判を受けずに自分の地位を長く維持する。そのような人びとは、名誉や公平さ、信頼を保とうと努める情け深いリーダーだ。

とはいえ、情け深いリーダーを務めるのは難しいかもしれない。なぜなら、多くの場合、短期的な報酬の最大化をあきらめなくてはならないからだ。もし、上位一パーセントに入っている人や有力者が、本当に公平かつ公正に振る舞っているのならば、その人は突出した利益を得ていないだろう。それでも、特権的な地位からもたらされる長期的な安定性や利益が、短期的な利益をきっと上回るのだ。実際、マーティン・ノヴァクによる数学的シミュレーションでも、さまざまな社会集団における現実世界での階層ダイナミクスの研究でも、公平で誠実で寛大な人は、長期的には得する傾向がある。[12]

それならば、なぜ権力は善行を促さないのか？　じつは、進化の観点からすれば、誰もが長期的に成功するわけではない。もし利益を得ないうちに死んだり中心的な場からはずされたりしたら、見込んでいた利益は普通消えてなくなる。ここでも、個人個人の成果は集団の平均から外れる可能性があること、そして、心のどんな計算も最終的には文脈に左右されることを忘れてはならない。実際に、意識的なレベルと無意識的なレベルのどちらでも、こうした計算はまったくの賭けなのだ。心は確率——自分で考え算出した確率と、意識の外で自動的に計算された確率——を相手にしている。とすると、権力を得たときに成果を最大にする秘訣は、権力がどんな形で自分に影響するのかを理解することだ。もし権力やお金が自分や他者の信頼度に与える影響を理解していなければ、事態への準備や対処は不十分になる。

基本的には、心は短期的な利益を嗅ぎ取って不誠実な振る舞いを助長しうるが、それを受け入れなくてはならないというわけではない。このことを知れば、権力に伴う問題に備えてきちんと対処できる。つまり、権力が心をむしばむ影響と闘い、より思いやりを持って指揮を執れるようになる。同様に、権力の腐敗について理解すれば、友人やパートナーが出世したときに、彼らが権力の落とし穴を避けられるよう手助けしたり、彼らが不誠実になった場合に備えて心構えをしたりすることができる。

友人が権力を得た途端に変わり、急に別人になってしまったという経験をした人も多いだろう。だがこれまでに見たように、そのような変化は、性格の欠点に起因するというわけではなく、むしろ心の力の綱引きによって引き起こされる。そして私たちはみな、その綱引きに影響されるのだ。

この章の要点

・**「上位一パーセントに入っている」というのは、一つの心理状態であって、生まれながらの権利ではない。**少なくとも信頼にかんしては、そう言える。みなが億万長者になれるわけではないが、比較基準が変わるだけで、誰でも地位が高い、あるいは低いと感じたりする。これはまた、上位一パーセントの人びとが、平均的には不誠実だとしても、生まれつき不誠実なのではないということでもある。誠実さも、他者を信頼する意欲も、周囲と比べたときの自分の感覚によって揺れ動く。詰まるところ、私たちは、昇進したり思いがけない利益を得たりすると、不意に他者の助けがあまりいらないように感じる。すると、日ごろは誠実な人でも、少なくとも一時的には信頼度が急落しかねない。だが、そんな落とし穴は容易に避けられる。ちょっと立ち止まって、自分の社会的な絆について考えてみるのだ。これまで頼りにしてきた人びとや、今後頼る必要性の高い人びととの絆について考えれば、直感的な計算はリセットされ、正しい方向に戻れるだろう。

・**権力は、警戒すべきドラッグだ。**権力はドラッグのようなもので、目標に対する気持ちや目標を追求する能力を変えてしまう。権力を持つと、自分は特別で、規則に従わなくてもいいという気持ちになる。心理学者のダナ・カーニーやエイミー・カディが示しているように、一時的にでも力があるような気分を引き起こすだけで、人は自信に満ち、実際とは違うイメージを周囲に与えられ、その結果、「成功したければ、成功しているかのように振る舞いなさい」という諺《ことわざ》どおりに行動できるようになる。[13]またカーニーのさらなる研究から、人は権力を持つと嘘までうまくつけることが明らかになっている。だが、一時的なものだろうと、長期的な地位に伴うものだろうと、権力はドラッグと同様で、恐ろしく誘惑的だという点に注意が必要だ。権力を握ると、短期的には、ほしいものが容易に手に入るようになる。だが長い目で見た場合、権力は注意深く扱わないと人を堕落させる。権力者が他者の立場に敏感になって、他者の視点を考慮するように絶えず心がけなければ、周囲の人びとは隙をうかがって逃げ出すだろう。

・**ミダス王のようになってはいけない**。ギリシャ神話によれば、ミダスは黄金が好きなあまり、神から望みをかなえてやろうと言われて、自分が触れたものが黄金に変わるように望んだ。だがミダスはほどなく、黄金への願望が問題をもたらすことに気づいた。もはや家族に触れることも、家族を抱きしめることもできなくなったのだ。黄金への願望がミダスを孤立させたように、お金を思い出させるものやお金への願望も、メカニズムは違っても同じような作用を及ぼす。資源の豊富さを示すシグナル、それにお金のシンボルでさえ、心を目先の利己的な目標や報酬に向けさせる。すると、私たちの関心は社会的な意味での報酬――いつもそばにいてくれる家族や友人たち――から逸れてしまう。そのため、お金が手に入ると思うと、早く帰宅するという子どもとの約束を守る気が失せたり、トランプ用テーブルにお金が置かれていると、つい旧友をだまそうかという気になったりする。それは、私たちが道徳に欠けているからではない。このような衝動は、資源をなるべく獲得しようとする古い心の計算から生じるのだ。これまでに見たように、資源が豊富にあることは、他者の助けはあまり必要ではない、ひいては他者の信頼や協力を失ってもいいことを意味する。前述したように、こうした基本的な事実を知っておけば、お金の気配がするときに立ち止まって、自分の直感的な反応を検討し直したり覆したりすることができる。

第6章　信頼のシグナル
――身ぶりから相手の誠実さを見抜く

　これまで私は、信頼が人生の多くの事柄で中心的な役割を果たしている理由とその仕組みを説明してきた。そして、他者の信頼度を推測する能力には大きな利点があるとほのめかした。実際、その利点を活用できるかもしれないというだけで、産官学を通じて多くの研究者が、信頼度や裏切りを見抜く確かな方法を見出そうと、終わりなき探求に引き込まれてきた。現在、世間には、他者の信頼度を見極められると称する会社や、商品――書籍、コンピュータープログラムから脳をスキャンするサービスまで――が数多くあることを私は知っている。だが、ほとんどは役に立たない。私はこれを、得意になって言っているのでもないし、悪気があって言っているのでもない。科学的客観性の観点から述べただけだ。裏切りの見極めについてのメタ分析――広範な研究の知見を統合する統計的手法――によると、人が嘘つきを見分けられる確率は、偶然をわずかに上回る程度でしかないことが多い。私たちが嘘つきを見つけ出せる確率は五四パーセントで、コイン投げの的中率とたいして変わらない(1)。

ましてや、裏切りがない場合に信頼度を読むとなると——他者が積極的にあなたをだまそうとしているのではない場合に、その人の信頼度を見分けようとすると——、的中率はもっと下がる。

この体たらくは、直感とは相容れないかもしれない。もし、パートナーの信頼度が成功にとって不可欠ならば、人間の心がそれを読めそうにもないのはなぜか？　信頼度のシグナルは数十年前から探索されているが、成果は乏しい。その理由は、次の二つの可能性のどちらかだろう。一つめは、信頼を表すシグナルなど存在せず、他者の信頼度にかんする判断は当て推量に任されているということ。二つめは、信頼を表すシグナルはあるが、探索の仕方が間違っていたせいで、私たちは当て推量をしてきたということだ。私は後者ではないかと考えている。

その理由は、本書のこれまでの内容すべてにある。信頼は大きな恩恵をもたらすが、大きなリスクも生む。私たちは信頼を当てにして成功への道を探す。言い換えれば、成功したいのなら、多くの場合、他者の協力が必要になる。もし適切な人を信頼すれば、学習でも恋愛関係でも社会的ネットワークの構築でも、そして実際には、共同作業が必要なほぼすべての活動で、信頼から成功が生み出される。だが、信頼する人を間違えば失敗が待っているし、心身ともに打ちのめされることもある。

進化的な適応の原理を考えると、パートナーの信頼度にかんする判断が完全に運任せというのは納得しがたい。それでは、人生が単なるばくちになってしまう。だが、信頼度を判断する能力には大きな利点があると認めることと、それを実際に見つけることとは大違いだ。何らかの能力が生き残りや成功を助けるからといって、必ずしもその能力があるということではない。ただ、そう考えるのは筋が通っているというだけだ。私が人間には信頼度を測る能力があると予測するわけはわかってもらえたと思う。しかし、信頼度のシグナルがあるのならば、なぜいまだに見出されていないのか。私の考えでは、理由はおもに二つある。一つめは、コーネル大学の経済学者であるロバート・フランクによって見出されたもので、実際には必ずしも十分に評価されていないが、原則としてはよく知られている。二つめはあまり認識されていないが、信頼度のシグナルの探索が進んでいないのは、いろいろな意味でこちらに原因がある。率直に言えば、信頼関連のシグナルの探索方法がまったく間違っていたのだ。

手の内を見せない

言葉を使うにせよ使わないにせよ、コミュニケーションには一つの大きな目的がある。情報を誰かに伝えることだ。コミュニケーションが言葉を通じておこなわれるのは当然だが、人間も含めてさまざまな動物が、非言語的な方法（身ぶり、顔の表情、視線、姿勢など）で情報をやり取りすることも事実だ。言語より古くからあるこれらのメカニズムは迅速だし、労力がかからない――言葉はときに複雑になり、意味を引き出さなければならないこともあるが、非言語的なメカニズムではそのようなことはない。イヌに近づいたときにそのイヌがうなったら、好感を持たれていないとわかる。暗い通りを歩いているときに友人がおびえた様子を見せたら、危険が潜んでいるとわかる。ほとんどの場合、非言語的なコミュニケーションは、なるべく簡単にさっと情報を交換するためのものだ。しかし、信頼は「ほとんどの場合」には当てはまらない。

なぜ信頼は別なのかを理解するために、次のことを考えてみてほしい。たとえばあなたが、誠実な人間だと一目ではっきりとわかるシグナルを出していたと想像してほしい。仮に額に大きな「信」の字をつけているとしよう。すると、どうなるか？　誰もかれも、パートナーとしてあなたを望むだろう。だが、この人気には一つの大きな問題がある。あなたと組みたがっている人の多くは、信頼できない人間である可能性があることだ。彼らは、あなたが簡単に利用できることを知っている。彼らとは違って、あなたはつねに自分の責任を果たすのだから。すると最終的に、あなたはすべてを失うだろう。つまり、人気はあっても貧しくなってしまうのだ。

では、信頼度の証しであるマークを持っているのが、あなただけではなかったとしよう。もし、全員の信頼度を容易に見分けられたらどうなるか？　フランクが気づいたとおり、それでも高徳な人びとが繁栄する楽園は誕生するまい。実際には、やや複雑な成り行きになるだろう。初めのうち、誠実に振る舞う人びとは、互いに誠実な人を探す。もっとも、パートナーを見つける必要があれば、額に「信」がついている人を探せばいい。すると、不誠実な人は早々と追放され、ほとんど絶滅する。なぜなら、彼らの経済的・社会的な成果は、協力的な人びとの成果よりはるかに悪いはずだからだ。しかし、時が経つと状況が変わり始める。人びとは、「信」にあまり注意を払わなくなる。そのシグナルにはあまり価値がない。そのころには社会に残っているほとんどの人が誠実な人になっているため、もはや人の額を注意深くチェックする必要がないからだ。だが、進化の圧力が働き、影に潜んでいた少数の邪悪な人びとが、突然変異か故意にかはともかく、信頼のシグナルをまねし始める。

時とともに、信頼のシグナルをうまくまねる能力が増えていく。ほぼ全員が誠実な社会で、人びとがもはやそのシグナルに細心の注意を払っていないのをいいことに、腕のいいペテン師がはびこり始める。彼らは人びとをだまし、資源をあっというまにせしめる。すると、ある日突然、額の「信」をちらりと見ただけでは、その人の信頼度は見分けられなくなる。その結果、新たな進化の圧力が生じ、人びとは本当の信頼度を評価しようとして、信頼のシグナルの微妙な違いを注意深く見るようになる。つまり、フランクが認識したように、それはある種の冷戦が進行している状況と言ってもいい——協力者たちは暗号を見つけて同類を見分けようとし、ペテン師は暗号のパスワードを得て悪用しようとする。

すると最終的には、正直者とペテン師のあいだに動的な平衡関係が生まれ、信頼度を表すシグナルは、ほかの非言語的なメッセージより微妙で見分けにくいものにならざるをえない。要するに、信頼のシグナルは、きわめて慎重に出される必要があるのだ。多くの場合、特に新しい人と交流する場合に、自分の手の内を一度にすべてさらすと破滅する恐れがあることは明らかだ。誠実に振る舞う意思は、ほかの非言語的なシグナルよりも、少なくとも内密にゆっくりと伝えなくてはならない。なぜなら、人びとは相手の真意を探るあいだ、互いに自分の真意をはぐらかすからだ。したがって、信頼のシグナルを正確に見極めようとしてもたいした成果は望めない。少なくとも、訓練によって正しいシグナルを簡単に見つけて解釈できるようになるまではそうだろう。

もし、信頼に関連するシグナルが微妙であることだけが探索を阻む要因ならば、発想の転換は特に必要ではない。必要なのは、より強力なルーペだけだ。だが、それが唯一の要因ではない。非言語的な手がかりの解読にかんする欠陥理論が数十年にわたって支持され、いくつかの固定観念ができてしまったのだ。誰もが信頼度を示す決定的な手がかりを探している。それはずるそうな目つきか？　頭の特定の動かし方や傾け方か？　唇が落ち着かなげに動いたり歪んだりすることか？　はっきり言えば、そのどれでもない——少なくとも、それら単独ではない。

心理学者のあいだでは、特定の表情や身ぶりが動機や感情の明白な手がかりになると長らく考えられてきた。微笑みは好意を持っていて親切に振る舞うということで、しかめっ面は腹を立てているし、横目で見るのは誰かをだまそうとしていることを表す、といった具合だ。表情や身ぶりで人の気持ちが読めるというのはありがたい話だし、正しそうな気がする。その見方は、ポール・エクマンをはじめとする著名な行動科学者や、『ライ・トゥ・ミー　嘘の瞬間』などの人気テレビドラマによって大々的に広められてきた。だが、過去五年間の革新的な研究によって、この見方は崩れつつある。長年の見解に反して、単独の身ぶりや表情は、人の感情や意図を表す確かな指標ではない。身ぶりや表情を正しく解釈するには、二種類の文脈が欠かせない。私はそれらを「配置の文脈」と「場面の文脈」と呼んでいる。だがどちらの文脈も、信頼できるかどうかが視覚的にどのように現れるかを見出そうとする取り組みのほとんどで見落とされている。

では、「配置の文脈」から始めよう。非言語的な手がかりと感情との関係がつねに同じならば、微笑みはその人が幸せなことを必ず意味するし、眉をひそめているのは腹を立てていることを必ず意味する。だが、実際にはそうではない。その理由をわかってもらうため、次の写真を見てほしい。

この顔を見たら、ほとんどの人は落ち着かない気がするだろう。写真の男性は、好戦的ではないにせよ、激昂しているように見える。見てのとおり、眉はひそめられているし、口は開いていて歯がむき出しだ。それらは怒りと関連している。ただし問題が一つだけある。ここに写っているプロテニス選手のミロシュ・ラオニッチは、動揺しているのでも怒っているのでもない。ページをめくると、彼が全豪オープンで優勝して恍惚状態になっていることがわかる。写真全体を見たら、簡単なはずだ。

Christopher Johnson

特定の表情と特定の感情とを結びつけることに伴う問題は、心理学者のリサ・フェルドマン・バレットとヒレル・エイヴィザーのそれぞれの研究でよく示されている。二人は別々に、基本的な顔の表情が、単独では人の感情を突き止めるのに役立たないことを明らかにしている。そう聞くと、初めは不思議に思えるかもしれないが、よく考えれば納得できる。バレットとエイヴィザーはどちらも、運動選手が勝つか負けるかして激しい感情を抱いている瞬間の写真を用いて、人間は表情のみから感情を推測するのがひどく下手なことを示している。誰かがレースや試合で勝った場面を思い起こしてほしい。その人はどんな表情をしていたか？　おそらく、穏やかな微笑みではなかっただろう。まさにラオニッチのように、口を開き、

Christopher Johnson

眉間に皺《しわ》を寄せるといった表情の組み合わせのほかに、片手か両手の拳を突き上げていたのではないだろうか。それは、「やったぜ！」という叫びの非言語バージョンだ。だが、エイヴィザーやバレットが示しているように、もし写真の端が切り落とされていて運動選手の顔しか見えなければ、ほとんどの人は、その選手が怒っているか動揺していると思い、喜んでいるとは思わない。体の動き全体の配置を見なければ——拳の突き上げや胸を張っている動作がなければ——、非言語的な手がかりの読み取り精度は非常に悪くなる。[2]

　意図と関連のある手がかりについても、ほとんど同じことが言える。体の姿勢でも表情でも、正しく解釈するためには、体の一つひとつの部分ではなく全体の配置が必要だ。例として、人から体をそらすという手がかりを取り上げよう。体をそらすことは、対話している相手を避けたいか、その人から距離を置きたいという気持ちが隠れていると長年考えられてきた。時には、それが正しいこともある。だが、体の向きだけで不誠実さを見極めようとすれば、背中や腰の悪い多くの人が、油断ならない人物という烙印《らくいん》を押されるだろう。どんな場合でも、人から体をそらすのは、その人を嫌いだからかもしれないが、腰が痛いからという可能性も同じくらいある。どちらの解釈が正しいのかを見極めるためには、半統計的な方法を使うしかない。単独ではどうとでも受け取れる一つの手がかりに頼るのではなく、複数の手がかりの全体的な配置、つまり手がかりのセットを探すのだ。そうすれば、相手の意図をもっとよく読み取れる。したがって、体をそらす仕草は単に椅子の座り心地が悪いことを示すのかもしれないが、もし同時に、やはり人づき合いの回避と結びつくほかの手がかりがいくつも認められたら、体をそらすのは、おそらく人づき合いを嫌がる気持ちから引き起こされている。そしてその人は、相手に好意を持っていない可能性がある。

さて、考慮すべきもう一つの文脈は、場面にかんするものだ。ある手がかりの意味や、手がかりの表現のされ方は、そのときの目的と状況によって左右されることが多い。これは現実に当てはめれば、信頼度を表す決定的なシグナルは、おそらくないということだ。私たちの心がどんなシグナルを出し、相手のどんなシグナルを解読するかは、そのときどきで信頼のどういう側面が最も重要なのかによって決まる。たとえば、あなたが医師の話の信頼度を判断しようとしているならば、あなたの心は、公平さではなく能力のシグナルを探すだろう。

「場面の文脈」には、同じシグナルでも、それを発する人によって、伝えたいことが異なるかもしれないという意味もある。心理学者のマックス・ワイズブックとナリニ・アンバディの優れた研究によって、心が誰かの微笑みを支持のシグナルと解釈するか悪意のシグナルと解釈するかは、その相手の社会的カテゴリー次第であることが明らかになっている。もし、同じ民族や同じ宗教に属する人など、同類の人間が微笑んだならば、あなたは微笑みを見てうれしく思うだろう。だが、微笑みを浮かべたのが外集団の誰か——特に、あなたの集団と対立する集団の誰か——ならば、あなたは恐怖を感じるだろう。(3)何しろ、競合相手や敵対する人の笑みは、よくない出来事の前触れかもしれないのだ。

これまでの話をまとめると、信頼度の手がかりを探す試みは、体全体の位置や、手がかりが認められた状況を考慮しない限り、古い寓話の「群盲象を評す」さながらだ。象の脚を触った男は、象を柱だと思う。尾に触れた別の男は、象をロープだと考える。牙に触れた第三の男は、象をパイプだと考える。ここまで書けばわかるだろう。どんなシグナルでも、個々の部分を検討するだけでは、全体像はほとんど理解できない。それぞれの文脈で手がかりをセットで見なければ、「木を見て森を見ず」になってしまう。だから、信頼の手がかりを部分的な個々の表情で探したり、文脈を無視して探したりしても、きっと見つからないだろう。

成功のルーツ

長年解明されていない問題に取り組む最良の方法は、知っていることをすべて捨て去り、ゼロから始めることだ。信頼度の解読については、それが最もよい方法だと私は考えた。もちろん、ゼロから始めるのならば、仲間と取り組むほうが、成果が得られる可能性は高い。新しい課題に取りかかるときには、過去の経験に基づく観点や手法を誰でも否応なしに持ち込んでしまう。私は心理学者として養成された。そのため、たとえ経済学者やコンピューター科学者のように考えようと努力したところで、その分野の教育を受けた人ほどうまくいくはずはない。

幸い私には、信頼の作用にずっと興味を抱いている知人が何人かいた。そのうちコーネル大学の友人二人と共同研究をすることにした。社会心理学者のデイヴィッド・ピザーロは、私と同じく、感情の状態と道徳的な意思決定とのつながりに興味を持っている。そして、もう一人は経済学者のロバート・フランクで、彼の考えについては本書ですでに紹介した。私たち三人は、非言語的な行動、意思決定における感情バイアス、信頼の進化論的モデル、行動経済学的な方法論についての専門知識を出し合った。

三人はよいチームだったが、キーとなる人物がまだ欠けていた。非言語的なシグナルを特定するならば、精密に特定する必要があると私たちは早い時期に認識していた。それには、目的の非言語的な手がかりをいつも正確かつ同じやり方で出す確実な方法と、その際に意図しないほかの手がかりが絶対に混在しないようにする方法が必要だった。たとえば、ある人が視線をそらせたとき、その人の手がもぞもぞ動いたりしないようにする必要がある。そのような仕草が同時に起こると、信頼度を読み取るのに重要な手がかりを見つけることは、ほぼ不可能になってしまう。個々の手がかりがでたらめに発せられるのならば、どんな手がかりのセットが重要なのかわかるはずもない。これは科学的にきわめて重大な要件だった。ほとんど悪夢と言えた。

人間の非言語的な行動のほとんどは、意識の外で起こる。つまり人は、自分では知らずに非言語的な手がかりをしょっちゅう出している。何かをしているという自覚もないのに、実験のときに、どうやって自分の行動をコントロールできるというのか？　自分の行動に注意するように訓練しても、あまり効果はない。普通の人が同時に注意を払える行動は三つか四つまでなので、ほとんどの手がかりはやはり無意識のうちに発せられる。

実際には、この問題を解決する方法は一つしかなかった。完全にコントロールできる人間などいないので、私たちは次善の策としてロボットを使ったのだ。ありがたいことに、世界有数の革新的なロボット研究者のシンシア・ブリジールが、町のすぐ向こう側にあるマサチューセッツ工科大学のＭＩＴメディアラボで働いていた。パーソナル・ロボット・グループを率いるブリジールは、社会ロボット工学の最先端に立っている。ちなみに、「社会ロボット工学」というのは、名前からわかるように、社会的存在として認められるロボットの設計を目指す研究分野だ。ロボットの非言語的な表現によって、人びとのロボットに対する信頼度が変わるか、変わるとしたらどう変わるかというのは、ブリジールにとって論理的に見て興味深いというだけでなく、実用の点からもきわめて重要な問題だった。人間とロボットの協力は、彼女のおもな研究テーマの一つだった。ここに四人が手を取り合い、チームが誕生した。

ゼロからの研究

研究チームはできた。次に必要なのは具体的な道筋だ。研究の進め方を決めるにあたり、私たちは前述した二つの考えを指針とした。一つめとして、信頼に関連するシグナルは――本当に存在するのならば――、個々の手がかりがいくつか組み合わさったもので、本質的に絶えず変化するだろうと予測した。つまり、短期間の交流の過程で、人びとが互いを品定めしている最中のさまざまな動作から見えてくるシグナルを探す必要があるのだ。二つめとして、どんな手がかりが重要なのかについて、過去の知識にとらわれずにゼロから出発することにした。すなわち、まったく独自の研究が必要だった。ほかの研究者が失敗したテーマで自分たちが成果を出すつもりなら、どんな可能性も考慮しなくてはならない。要するに、先入観を捨ててデータを重視しなくてはならないということだ。

これら二つの指針を念頭に置いて、私たちは三段階の研究戦略を立てた。それは方法としては革新的だったが、論理展開の一番の基本に従うものだった。第一段階――他者の非言語的な手がかりを見ると、信頼度の予測精度が本当に向上するという証拠を見つける。そもそも、非言語的な手がかりを見たら、実際に偶然を上回るレベルで他者の意図を予測できるという証拠がなければ、シグナルを探す意味はない。第二段階――手がかりのセット（信頼にかかわる判断や振る舞いの予測を可能にする、複数の手がかりが組み合わさったもの）を探す。言い換えれば、他者の信頼度を見極めるのに影響するだけでなく、他者の協力や裏切りの予兆となる複数の手がかりを探すことだ。第三段階――それらの手がかりを実験で操作すれば、他者を信頼しようという人びとの意欲がはっきりと変わることを示して、それらが本当に重要な手がかりだと証明する。

第一段階と第二段階は別のものだが、同じ実験から得られたデータが使えた。実験の核となるのは、二人の見知らぬ人同士のちょっとした話し合いだ。参加者からすれば、これはとても簡単だった。次の場面を想像してもらえば、それがわかる。あなたは研究室にやって来て、「他者に対する判断」という単純なタイトルの実験に参加する。一回の実験は二つの部分からなると説明される。第一部で、あなたは初対面の人と会話し、第二部で、その人と経済ゲームをする。そのゲームのなかで二人がくだす決定によって、持ち帰れるお金の額が決まる。以上だ。似たような状況は、日常でもよくある。つまり、出会ったばかりの人についての感触をすばやく得て、その人の信頼度を判断しなくてはならないという状況だ。第一部の会話には規則が一つだけあり、第二部のゲームの話をしてはならないことになっていた。実際には、二人ともその時点ではゲームのルールすら知らなかったので、どうせゲームについて話せることはあまりなかった。だが、ゲームでの振る舞いにかんする示し合わせなしに信頼度を見抜けるかという点に注目したかったので、この制限を設けた。

実験の第二部では、二人の金銭の絡む決定によって信頼度を客観的に評価できる。だがその前に、二人の会話にかんして、もう一つの重要な点を伝えておきたい。信頼できるかどうかを表すシグナルがあることを示すには、そのシグナルを利用できれば、相手の振る舞いについての予測精度が上がることを示す必要があった。この点は、ソーシャルメディアを使うことによって、わりと簡単にクリアできた。実験参加者の半数は、二人が小さな机に向かい合わせで座る形で会話してもらった。残りの半数は、二人が別々の部屋で机に向かい、ウェブのインスタントメッセージを使って会話してもらった。信頼度に関連するシグナルは存在するという私たちの直感が正しいとすれば、ここで単純な仮説が立てられる。つまり、対面で会話したときのほうが、相手の信頼度を正確に予測できるはずだ。そして予測の精度が、会話の相手が目で見える場合のほうがそうでない場合より高ければ、理由は一つしかない。心は、自覚があるかどうかは別にして、相手が言葉以外に発する補足的なシグナルを利用しているのだ。

これで実験の第二部に移れる。信頼度が評価できることを証明するためには、確固たる真実をつかむ必要がある。評判や過去の行動を信頼度の指標として当てにするわけにはいかず、瞬時の評価から相手の振る舞いを、そのときどきで予測できることを示さなくてはならない。そこで私たちは、第1章で取り上げた「ギブ・サム・ゲーム」を利用した。復習すると、ギブ・サム・ゲームは、利己的に振る舞って相手よりはるかに多い利益を得るか、二人とも少額の利益を得るかという選択肢を対立させることで、信頼がかかわるいろいろな状況とよく似た状況を作れる。ゲームの開始時点で、各自に四枚のメダルが与えられる。それぞれのメダルは、持ち手にとっては一ドルの価値があるが、相手にとっては二ドルの価値がある。したがって、利益を最大にし、かつ長期的な協力関係を確保するための最も誠実で協力的な方法は、メダルを四枚とも相手に渡すことだ。この選択によって、二人とも八ドル手に入る。だが、目先の利己的な利益を望むならば、最良の選択はまったく異なる。メダルを四枚とも持ち続け、相手がメダルをすべて渡してくれることを願うのだ。そうなると、あなたは一二ドルもらうが、相手は取り分がゼロとなり、だまされたように感じる。

私たちの実験では、会話の直後にギブ・サム・ゲームをした。ただし、対面で会話した参加者たちには、別々の部屋に分かれてもらった。実験では、参加者が相手と交換したメダルの枚数を観察する以外に、相手がメダルを何枚渡してくれそうか参加者に予測してもらった。分析には、おもにこの二種類のデータを使用する。相手からもらえると予想したメダルの枚数が多いほど、その参加者は相手を誠実だと考えたことになり、相手が実際に渡した枚数が多いほど、相手は誠実な人だったことになる。予測と実際の枚数の差を計算すれば、相手の信頼度を見抜く精度が客観的に測定できる。

実験結果を検討すると、その成果は期待以上だった。私たちは初め、相手が目の前にいるというだけで、行動に影響するのではないかと心配していた。つまり、二人の会話の雰囲気や量が、対面とインスタントメッセージとで条件が同じだったとしても（これはチェック済み）、相手とじかに会うという単純な行為によって、相手をだます気がなくなるかもしれない。だが幸いにも、そのようなことはなかった。誠実さの程度は、どちらの条件でも同じだった。実際、相手と交換したメダルの数は、対面で会話した場合でもインスタントメッセージを用いた場合でも、二・五枚でぴったり同じだった。会話の手段として、文字による通信が電話やコーヒーを飲みに行くのと同じくらい一般的になっていることを踏まえれば、この結果はある意味でそれほど驚きではないのかもしれない。人びとは文字での通信に慣れており、まったく普通の手段として受け入れている。

だが、信頼度の評価精度は二つの条件で大きく異なり、私たちにとってはうれしいことに、予想どおりの結果が出た。相手の振る舞いを予測する精度は、相手と対面で会話した参加者のほうが、インスタントメッセージを用いた参加者よりかなりよかった。具体的には、相手が渡してくれそうなメダルの枚数の予測精度が三七パーセント高かった[4]。この事実だけでも、信頼度を表す何らかのシグナルが存在することを意味していた。参加者は相手が話しているのを見るだけで、どういうやり方でかその人物の心の動きを見抜いていたのだ。

ここで、研究の第一段階は完了だ。第二段階——信頼関連シグナルの性質の特定——では、第一段階より必要な作業はやや多くなった。シグナルを見つけるために、参加者の実際の非言語的な行動もデータとして活用する必要があったのだ。じつは、参加者に対面で会話してもらった部屋には、時刻を同期させた複数台のビデオカメラを目立たないように設置してあった。それによって、正面と側面から、時刻を一致させた状態で参加者を撮影できた。想像がつくと思うが、得られたビデオデータは膨大な量だった。そこで、少人数の協力者を訓練し、数カ月かけて彼らに参加者の動きや表情を数値に置き換えてデータベースに入力してもらった。おかげで、そのデータベースから、どの会話の特徴も再構築できるようになった。たとえば、二三番の参加者が、会話を始めてから五分三秒後に笑みを浮かべ、その相手である二四番の参加者が、一二秒後に自分の顔に触れたといったことが特定できた。

信頼関連シグナルについてのモデルを構築するため、私たちは、各参加者が個々の仕草や表情を示した回数を計算し、その回数からギブ・サム・ゲームでの決断が予測できるかどうかを調べた。すると予想どおり、個々の手がかりのどれ一つとして、行動と特に関連していないことがわかった。参加者が視線をそらせた回数、手をもぞもぞと動かした回数、首を縦に振った回数を数えても、その人があとで誠実な決断をするかどうかを正しく見抜けなかった。

次に私たちは、個々の手がかりを組み合わせてさまざまなセットを作り、セットごとに、協力的な振る舞いや自分本位の振る舞いをどの程度予測できるかを調べた。そしてさんざん調べた末、四つの手がかりからなるセットを特定した。この四つの手がかりに注目すると、参加者が感じ取った信頼度についても、実際の行動が誠実なものだったかどうかについても精度よく予測できた。四つの手がかりとは、腕を組むこと、体をそらすこと、顔に触れること、手に触れることだ。これらの仕草を頻繁にするほど、その人は不誠実に振る舞った（相手に渡したメダルの枚数が少なかった）。確固たる真実が得られたという点で、この結果は重要だった。すなわち、複数の手がかりからなるシグナルと実際の振る舞いとに客観的なつながりがあることが示されたのだ。この第二段階では、そのシグナルが発せられたかどうかが、信頼度の判断に影響するのかという点も疑問だった。それについても、今回のデータによって裏づけが得られた。相手が四つの手がかりを頻繁に出すほど、参加者は相手をあまり信頼しなかった（メダルの交換で、相手が渡してくれる枚数が少ないと予想した）。そして、各参加者は相手の信頼度を感じ取る立場だっただけでなく、自分も誰かにとっての相手だったことから、これら二つの研究知見は組になった二人の参加者どちらに対しても当てはまった。このシグナルを出せば、相手もこちらが不誠実だという直感を抱くだけでなく、その直感は正しくもあるのだ。

検証できそうな信頼関連シグナルが特定されたのは、これが初めてだ。だが、より興味深かったのは、人びとが、シグナルの性質を何も見抜いておらず、心がシグナルを用いていたことにすら気づいていなかったことかもしれない。実験参加者の誰も、相手が不誠実だろうと予想した理由を説明できなかった。にもかかわらず、今回の結果から、心は四つの手がかりのセットを認識しており、このシグナルが繰り返されるたびに、相手の公平さや誠実さについての期待値を下げることが確認されたのだ。

このシグナルを構成する個々の要素については、いろいろと納得がいく。以前から、体をそらすのは相手を避けたい気持ちの表れだという証拠があるし、腕組みは、親交や絆の形成を望まない気持ちを示していることがある。同様に、顔に触れたり手をもぞもぞと動かしたりすることは、不安を表していることがある。これらの仕草が合わさると、人との交流を望んでおらず、気後れしているか今後の振る舞いについて悩んでいるようなイメージが浮かび上がる。つまりその人物は、あなたと友人になる気がなく、あなたの望まない振る舞いをしようと考えているということだ。

私たちはこのころには、信頼関連シグナルが存在し、シグナルの有無によって相手の信頼度をかなりの精度で直接予測できるという証拠を見出していた。これには勇気づけられたが、科学者としての勘が働き、発表は見合わせることにした。対処すべき課題が、まだ二つ残っていたのだ。科学者なら口をそろえて言うように、多くの人から信用されるには、どんな研究結果も再現可能なものでなければならない。一度きりの実験結果ならまぐれということもある。もう一つは、もう少し悩ましいもので、非言語的な行動の研究にはつねにあやふやな面があることだ。人は手がかりを一つだけ出すのではない。多くの手がかりを絶えまなく、しばしば同時に出している。そのため、四つの手がかりからなるセットから不誠実な振る舞いが予測できるとわかったとはいえ、何を根拠に、それら四つが――そして、それら四つだけが――重要と言えるのかという問題があった。相手が顔に触れるたびに、その人の左の瞳孔も拡大したかもしれない。相手が体をそらせるたびに、その人の鼻孔も膨らんだかもしれない。私たちが勘違いしている可能性も捨てきれなかった。そこで、あのＭＩＴのパーソナル・ロボット・グループの技術を頼ることになった。

ロボットを信頼できる？

ロボットを信頼できるかという質問は、初めはばからしく感じるかもしれない。機械を信頼するとはどういうことか？　ロボットが正常に動くと信じられるかという意味だと思うのではないだろうか。だがここでは、機械の動作の信頼性に注目しているのではない。目下の問題は、ロボットがあなたと公平に接すると信頼できるかということだ。この質問についてあなたに考えてもらうためには、ロボットは非常に高いハードルを越えなければならない。社会的な存在と見なされる必要があるのだ。心から、ロボットに感覚があり、利己的ないし利他的な動機を持てると、少しのあいだでも信じられるほどのリアルさがなくてはならない。難しい要求だが、シンシア・ブリジールの研究はそれに応えつつある。

ブリジールがロボットに社会的な要素を組み入れることで世界トップの専門家であることは、すでに触れた。ブリジールの研究グループは、ロボットの顔や身ぶりに生気を与えて人間の身体的表現に近づけることや、ロボットが相手の視線を追ったり口調を認識したりできるアルゴリズムを設計すること、さらには呼吸のような生体運動をロボットの動きに組み込むことにも取り組み、社会的存在としてのロボットの可能性を押し広げている。彼女の作ったいろいろな形態のロボットのなかでも、私たちが必要としていたのは、信頼の研究に利用できる人間を模倣したタイプだった。ブリジールはうってつけのロボットを持っていた。「ネクシー」という名のロボットだ。

写真のように、ネクシーは少なくとも上半身は人間とよく対応している。彼女（私たちはネクシーに女性の声を与えたので「彼女」と呼ぶ）の頭や顔、首、手、腕の各部分は、生物学的に妥当な動きが幅広くできるようになっていた。写真でも彼女の能力について多少はわかるかもしれないが、百聞は一見にしかずなので、ぜひユーチューブなどの動画を観ていただきたい（Nexiと検索してほしい）。

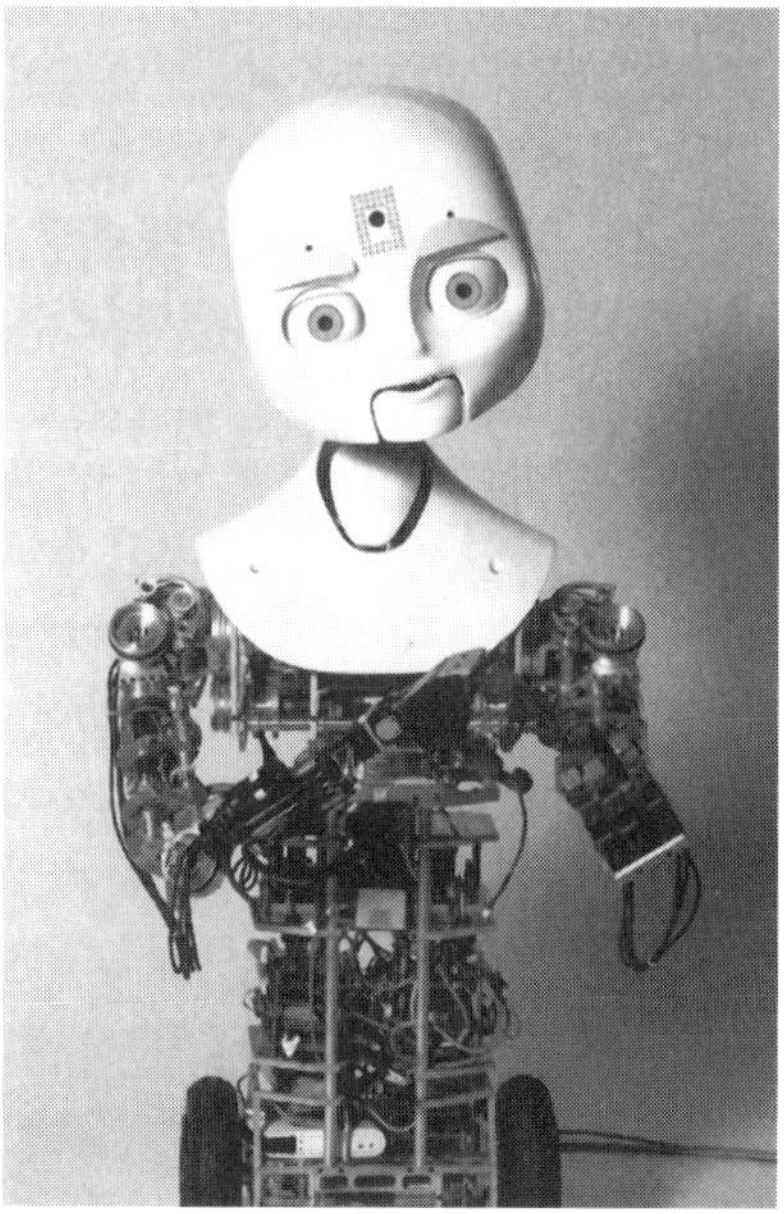

ネクシーの動きをじかに見てもらえる。
　さて、無事にロボットを得て、私たちは計画の第三段階に着手した。前述のように、ある人を不誠実だと考えることに関連のある手がかりのセットを発見したからといって、同じ手がかりを出す別の人を見ても、その人が信頼できないという気持ちが必ず引き起こされるわけではない。それは、「教会と犯罪」という古い例のようなものだ。教会が多い町のほうが犯罪も多いのは確かだが、教会の増加が原因で犯罪が増えるわけではない。教会と犯罪の数に一見驚くべき関連があるのは、町にある教会と犯罪の数がどちらも人口に左右されるからだ。人口が多いほど、敬虔《けいけん》な人も犯罪者も多い。したがって、町の教会の数を用いて将来の犯罪件数を予測できるとしても、教会をいくつか取り壊したところで犯罪は減らず、

礼拝のときに混雑するだけだ。ここに、私たちのデータも含めて、相関のあるどんなデータにも潜んでいるリスクがある。私たちの特定した手がかりが重要だと確実に証明するためには、同時に出されたかもしれないほかの微妙な手がかりと今回特定した手がかりとの関連をすべて排除する必要があった。

この目的を達成する最善の方法は、「オズの魔法使い」方式でネクシーを参加者の会話相手にすることだった。名前からわかるように、「オズの魔法使い」では、「カーテンの後ろにいる」人間がロボットを操る——今回の実験では「隣の部屋にいる」人間がその任にあたる。参加者からすれば、会話の相手がネクシーになるだけで、今回の実験も前回とまったく同じように進む。だがカーテンの背後では、驚くべきハイテクによって、人間の人形使いがネクシーに命を吹き込んでいた。

大学院生のジョリー・ボーマンが、ネクシーの役目を担当した。ところであなたは、そもそもなぜネクシーを演じるのに人間が必要なのかと思うかもしれない。そのわけを理解するため、アップル社の音声認識機能「シリ」などのテクノロジーとの会話がどの程度自然かを考えてみてほしい。あなたが指示を出すだけならまだしも、実際の会話となるとまだまだだろう。自動的な言語処理は、会話をこなせるところまでは進んではいない。だから、ネクシーが会話を進めていくためには、ジョリーなど人間の魔法使いたちが必要だったのだ。ジョリーはネクシーの隣の部屋で、大型スクリーンの前に座った。スクリーンにはネクシーに埋め込まれたカメラの映像が映し出されていて、ジョリーはネクシーの会話の相手を見ることができた。スクリーンの上部にもカメラが据えてあり、それはジョリーに向けられていた。ジョリーの頭の動きを三次元的に追い、それに合わせてネクシーの頭を動かすためだ。それによって、ネクシーは会話の流れに沿って頭や視線を動かすことになる。ジョリーはヘッドセットもつけた。そのマイクには二つの目的があり、一つはネクシーを通してジョリーの声を流すこと、もう一つはジョリーの音素（個々の言語音）を電子的に変換し、それに合わせてネクシーの口をリアルタイムで動かすことだ。これもやはり、ネクシーをなるべく生きているように見せることが一番の目的だった。さらに、人間は会話のあいだじっとしていないので、ネクシーもジョリーの発言に合ったよくある普通の仕草をするようにプログラムされた。

ここまではいいとして、例の四つの手がかりはどこで登場するのかと、あなたは疑問に思っているかもしれない。じつは、ネクシーが手がかりを出せるようにするには、まず、それらを彼女に「教える」必要があった。ちなみに、ロボットに教えるというのは、コンピューターコードを書いて、ネクシーの装置を特定のやり方で動くようにすることだ。そこで、ブリジールの研究室で大学院生ジン・ジョー・リーが率いるチームが、私たちの最初の実験で人間の参加者を撮影した複数の映像を例として用い、一連の動作を抽出してネクシーの体の位置情報に変換した。その結果、それぞれの手がかりに対して基本となる動作の型がいくつか作られ、ネクシーが人間の身ぶりを模倣できるようになった。

これで、実験を始める準備がほぼ整った。ネクシーの動きのほとんどは、ジョリーの動きからリアルタイムで取り込まれ、四つの手がかりや比較対象となる仕草（身振りの大きさや範囲が四つの手がかりと同じ動き）といった動きは、ボタンを押せば引き起こされるようになっている。ここで、ネクシーを操作するには魔法使いたちが必要だと言ったのを思い出してほしい。正確には二人必要なのだが、なぜか？　それはジョリーに、自分の話しかけている参加者が四つの手がかりを見ることになっているのかどうかが、わからないようにする必要があったからだ。信頼度の感じ方を左右しうるほかのシグナルをジョリーが出さないようにするため、ジョリーには個々の参加者の実験条件を伏せておかなくてはならなかった。たとえば、もしボタンを押してネクシーに腕組みをさせるのがジョリーだったら、目の前の参加者がどちらの実験条件に該当するのかを知っているおかげで、ジョリーの頭の動かし方や口調が思わず変わってしまう可能性があった。そうなったら、四つの手がかりをほかのシグナルと切り離して出そうとする取り組みが台無しだ。

ここで、第二の魔法使いの大学院生リアが登場する。リアの任務は、参加者とネクシーとの会話のなかで、不誠実さを表す手がかり（体を後ろにそらす、腕組みをする、顔や手に触れる）か、似ているがあたりさわりのない仕草をネクシーにさせることと、それらの仕草を出すタイミングを操作することだった。リアは会話を見聞きすることができたが、ジョリーも参加者もリアとは交流しなかった。リアは実験の前にコインを投げて、参加者を「四つの手がかりを見る群」と「あたりさわりのない手がかりを見る群」とに分けた。

こうした技術的な部分は別にして、ネクシーとの実験は、人間同士の実験のときと同様の筋書きに従った。到着した参加者は、ロボットと一〇分間会話して（最初の五分間は、ネクシーが自己紹介をして、参加者がロボットとの会話に慣れるための時間）、それからネクシーと経済ゲームをすることになると説明を受けた。私たちは、ネクシーが人工知能アルゴリズムを用いており、参加者との会話の成り行きをもとにして、その後の金銭的な決断をくだすということも参加者に伝えた。そう思い込ませたのは、ネクシーが、持ち金をすべて自分のものにするか、相手に渡すかの二者択一しかしないと思われないようにするためだ。ネクシーとの会話のあと、参加者は別の部屋に移動し、ネクシーに対する見方についての質問に答えてからネクシーとギブ・サム・ゲームをした。

実験結果をお知らせする前に、ネクシーとの実験がすべてうまくいったわけではなかったことを断っておきたい。一部の参加者のデータは、不採用とせざるをえなかった。たまにネクシーは不具合を起こし、宙を見つめてしまうことがあった。問題が「人間側」にあることもあった。たとえばある参加者は、ネクシーに神を信じるか否かをしつこく尋ねた。またある参加者は、ネクシーに話しかけるときに絶えず腕を振り回し、自分の顔を追うネクシーの機能を混乱させようとした。こうしたわずかな例外はあったものの、参加者たちはおおむねネクシーとの交流を楽しんだようだ。

さて、最終的にはどうなったか？　実験は思いどおりの展開になった。会話中にネクシーが四つの手がかりを出すのを見た参加者は、あとでネクシーを信頼できないと述べた。彼らは、あたりさわりのない手がかりを見た参加者たちと同じくネクシーに好感を持ったが、ネクシーからだまされそうな気がしたのだ。さらに、四つの手がかりを見た参加者は、ネクシーからもらえるメダルは少ないと予想しただけでなく、メダルをネクシーと分け合う気持ちも薄れた。そして最も重要なのは、信頼度の感じ方がすべてを結びつけたことだ。すなわち、参加者が報告したネクシーの信頼度から、ネクシーが渡してくれそうなメダルの予想枚数と、参加者がネクシーに渡すメダルの枚数が、両方とも直接予測できたのだ。(5)

多くの点で、これは非常に驚くべき結果だった。一つには、私たちが特定した手がかりのセットで、不誠実に振る舞おうとする他者の意図が明らかになることが、疑いの余地なく確認されたということだ。ロボットの利用がうまくいかない理由はいくらでもあるが、うまくいく理由は一つしかない。この四つの手がかりが、正しかったということだ。たとえ参加者の誰一人として、自分の判断を左右した要因について見当もつかなかったとしても、彼らの心は明らかにそのシグナルを利用したのだ。これらの手がかりが出されたことや、逆に協力的なムードの会話中にそれらが認められなかったことから、相手がこの瞬間、短期的な利益と長期的な利益とのあいだのどこに位置しているのかが正確にわかるのだ。不誠実に振る舞った人――相手にあまりメダルを渡さなかった人――は、利己的な選択をすると、今すぐ多くのお金が得られる一方で相手と今後協力する機会がなくなることを承知のうえで、短期的な利益を優先していた。

この研究から示唆される二つめの意味合いは、さらに重要かもしれない。それは、ついにテクノロジーが人間らしい社会的な行動をうまく模倣できるレベルに達し、人工物が発する非言語的なシグナルを見た人間が、それらに道徳的意図を持っていると思うほどになったということだ。コミュニケーションはいっそうコンピューターを介するようになり、私たちが仮想アバターや仮想エージェントと会話する時間はますます増えている。そんな世界では、こうしたバーチャルな存在がきわめて精密になることにより、厄介な見通しも元気づけられる見通しも持ち上がる。プログラマーや設計者はじきに、今までにないやり方で信頼にかんする私たちの判断を操る優れた手法を開発するかもしれない。そうなれば、不誠実な人がそうした手がかりを隠せるようになるだろうし、一方、かつては社会的な交流がまったくできないと考えられていた物とのあいだに信頼を築く方法が見出される可能性も高い。この話題は次章で取り上げよう。だがその前に、他者を信頼するかどうかの判断に影響する要因を概観するためには、信頼に関連する別のタイプのシグナルを検討する必要がある。それは能力を表すシグナルだ。

リーダーに従え

私はかなりの紙幅を使って、信頼の要素は一つではないと主張してきた。「信頼できる」というのは、他者とのつき合いにおいて、公平で誠実に振る舞う意図があることだけを意味するのではない。能力があるという意味もある。これまでは、他者があなたを食い物にしようとする可能性を見抜くシグナルに注目してきた。だが、進化の観点からすれば、他者に自分を助けてくれる能力があるかどうかを知ることは、助ける気があるかどうかを知ることと同じくらい重要だ。そう考えると、能力にかんする非言語的なシグナルがあってもいいはずである。

だが、公平さや誠実さに関連するシグナルとは違い、能力のシグナルでは、微妙さはそれほど重要ではない。パートナー候補のやる気が読めない段階で協力する意欲をおおっぴらにするのは危険かもしれないが、能力のシグナルにはそのようなリスクはない。逆に、能力のシグナルを発する目的はただ一つ、自分が頼れるパートナーやリーダーとしてふさわしいと示すことだ。

私たちの研究は、おもに誠実さや協力の意欲にかかわるシグナルの特定に重点を置いてきたが、能力のシグナルに人がどう反応するかについても明らかにし始めている。能力のシグナルに微妙さが必要でないことを考えると、その構成要素は誠実さのシグナルに比べてはっきりしているはずだ。実際、能力を示すシグナルは、自尊心や地位を表す非言語的な表現にそのまま結びついている。たとえば、胸を張る、頭をぐっと上げる、両手を広げて掲げる、両手を腰に当てる（両手を腰において肘を張る）、交流するときに他者をあまり見つめない、などだ。[6] 多くの点で、能力と自尊心が結びついていることには納得がいく。人は一線を越えて思い上がる（過度な自尊心を持つ）こともあるが、心理学者のリサ・ウィリアムズと私の研究からは、自尊心がきわめて有用であることが示されている。人は自尊心に駆り立てられて有益な技能を獲得しようとするが、自尊心がなければ、そんな気も起こるまい。[7]

だが、ここで検討したいテーマは、自尊心や能力に対する自負が人に与える影響ではなく、こうしたものが他者に信頼度のシグナルを出すかどうかだ。そこでリサと私は、グループ活動で人びとが信頼できるリーダーを選ぶときに、その判断が能力を表すシグナルによって左右されるかどうかを調べる実験を考え出した。基本的な仮説は次のように、きわめて単純なものだ。困難な課題に直面すると、人は能力があると信頼できそうなリーダーを選ぶはずだ。そして、リーダー候補について事前の情報がない場合は、能力のシグナルを出している人がリーダーとして選ばれるに違いない。なぜなら、入手できる情報はそれしかないからだ。

だが、この仮説の検証に向けては、克服すべき難題が一つあった。自信を表す何らかのシグナルが、それを出す人物をリーダーとしてふさわしく見せるということを確かめるためには、こうした自負と、ほかの性格特性や能力とが関連していないことを示す必要があったのだ。私があなたにこう言ったとしよう。見知らぬ者同士で複雑な工学の問題を解決しようとしていたときに、最も自信がありそうな人がリーダーとして台頭した、と。これだけで、リサや私の考えが正しいことが証明されたと言えるか？　そんなことはないだろう。リーダーとして選ばれたのは、その人が自信に満ちていたからかもしれないが、それだけでなく、魅力的だった、エンジニアらしく見えた（べっこう縁の眼鏡をかけているとか）、威圧的な性格でグループを支配しようとごり押ししたといった理由からかもしれないのだ。したがって、能力に対する自負がほかの要因と重なっていなかったことを確認するため、能力を持った人――「専門家」――をうまく仕立て上げる必要があった。そこで、この実験でもちょっとしたトリックを使うことになった。

では、実験の手順を説明しよう。私たちは「空間視覚能力」を調べるためと称して、参加者たちを実験室に連れてきた。実験の第一段階では、彼らにコンピューターで数多くの心的回転課題に取り組んでもらった。この課題では、ルービックキューブを部分的に「展開」したような物体の図が提示される。そして、物体Aを三次元的に回転させると物体Bと物体Cのどちらに一致するかを判断する問題がいくつも続く。課題は難しいうえ、参加者は、答えの正確さと時間の両方によって得点が決まると伝えられていたため、自分の得点の見当がつかないようになっていた。そしてグループで空間的なパズルを解く第二段階に移る前に、私たちは一部の参加者に、あなたの成績は驚くほどよかったと伝えた（これについては、すぐに説明する）。

グループで取り組む第二段階は、第一段階と同じく単純だった。私たちは、単独で評価されたばかりの参加者を数人ずつまとめてグループにした。グループの目的は、もっぱら物理的・心的回転課題を解くことだ。私たちは彼らにルービックキューブのようなパズルを見せ、その物体を完全に展開した。それによって、大きな立方体《キューブ》だった物体は、小さな立方体が並んでつながったものになった。課題は、この立方体のつながりをひねったり折りたたんだりして、短時間で大きな立方体を再び作り上げることだ。それは簡単ではなく、ほとんどのグループが制限時間内には仕上げられなかった。だが私たちは、このパズルを解けたか否かは気にしていなかった。知りたかったのは、誰がリーダーとして頭角を現したか、言い換えれば、誰のアドバイスをほかの参加者たちが受け入れたかということだ。

ここで、第一段階で成績を参加者にフィードバックしたことが絡んでくる。心的回転課題が終わると、リサは参加者を一人ずつ別の部屋に連れていき、得点を知らせた。そして一部の参加者には、驚くほどよい成績だったと伝えた。リサが手渡した公式の得点表らしきものには、正解率九〇パーセントと示されており、彼女は感銘を受けた様子で彼らの背中を軽くたたいた。その結果、これらの参加者は、心的回転課題を解く自分の能力がまれに見るほど高いと信じることになった――ちなみに、彼らはその後、各グループに一人ずつとなるようにグループ分けされた。彼らはランダムに選び出されたので、必ずしもリーダーに向いていたわけでもなければ、いつも支配的に振る舞っていたわけでもなかった。つまり、以降の出来事を説明できるような、リーダー然とした性質を持っているとは限らなかった。

能力の読み取りにかんする私たちの推測が正しければ――実際に正しかった――、注目すべきことが起ころうとしていた。第二段階が始まると、自分の「優秀さ」を知らされた人びと――そのころには自信と自尊心をかなり感じていた人びと――が、すぐさま先頭に立った。彼らは各グループで、繰り返し優位な立場になった。実際、彼らが主導的地位にあることは明白だったので、本人だけでなくグループのほかのメンバーも、その場を仕切ったのは彼らだったとのちに報告した。実験の交流をあとからビデオで見た中立的な第三者も、自尊心と自信に満ちたこれらの人びとをグループのリーダーと見なした。だが、思い出してほしいのは、課題に取り組んでいたほか人びととの差は、自分には専門技能があるとひそかに思っていたかどうかだけで、本当に専門技能があったわけではなかったことだ。それでも、自分はできるという単純な思い込みによって、彼らは自信のシグナル――胸を張った姿勢、頭を上げることなど――を発し、ほかの人びとはともかく彼らの指図を信頼した。メンバーたちは、脅されて従ったのではなかった。報告によれば、自信に満ちた仲間についていきたいと思ったとのことだ。彼らは、自信のある人を否定的に捉えたり、偉そうな奴と見なしたりはしなかった。逆に、好感を持ったと報告した(8)。信頼できそうな人が見つかって喜んだのだ。

さて、この実験での「専門家」は、自分にすばらしい技能があると思ったが、実際にはそうではなかった。私たちが彼らをかついで、そう思わせただけだ。シグナルの発信は、その人の意図と信念によるのであって、必ずしも客観的な事実に結びついているのではない。能力のシグナルで言えば、自分に何かの能力があると本当に思っていたら、その人は「自分は信頼に値する」というシグナルを出すということだ。もし、その人の自己評価が間違っていたら、ほかの人びとも誤解させられるが、現実世界では、そのような誤解はわりと早く解決されることが多い。たとえ、本人は思い違いに気づかなくても、その人を知っている人びとには、しばらくすれば自信過剰だとわかる。私たちの実験でも、同じメンバーで実験を何回か繰り返せば、そうなっただろう。自分は優秀だと思っている人びとに、パズルを解く図抜けた能力がないことは、すぐ明らかになったはずだ。しかし交流が短期間の場合には、能力について誤解させるシグナルが発せられると、偶然にせよ誰かの意図にせよ、不適切な人が信頼され、その人が助言者、大事なパートナー、あるいはリーダーといった有利な役割に入り込める。

信頼のバグ

あなたは現段階で、誰かの信頼度を判断するときには、つねに直感を信じたくなっているかもしれない。何しろ、心には直感で正しく判断できるメカニズムがあることを私は示したばかりだ。しかし前に述べたように、単純なルールでは最良の結果が出ないことも多い。直感をつねに信じる、あるいは決して信じないことにすると、往々にして困った事態を招く。理性と直感のどちらをいつ、なぜ頼りにすべきなのかを理解し、それぞれの強みと弱みを知ることが大事だ。信頼にかんする事柄でも、その点に違いはない。

私たちは、他者の信頼度を慎重に検討しても確信が持てない理由をすでに知っている。一般に信頼度を見抜けるとされる手がかりを使っても、実際は何も見抜けない。ならば、なぜ単純に直感を信じてはいけないのか？　それは、単に直感にも欠陥《バグ》がいくつかあるからというのが答えだ。では、なぜ長い進化のあいだに、バグは除去されなかったのか？　じつは、私が「バグ」と言っているものは、それ自体がバグというわけではなく、シグナルの取り違えのようなものだ。これは体の仕組みに欠陥があるから生じるのではなく、進化の観点から言えば、場違いな反応から生じる。では、いくつか例を挙げてみよう。

最初の例は、写真に関連するものだ。あなたはこれまでの人生のなかで、クラブの名簿やフェイスブックのプロフィール、オンラインの出会い系サービスのページなどに目を通したことがあるはずだ。それには、デート相手の候補や仕事のパートナー候補の外見を見るためだけでなく、彼らの性格を探り出そうとする目的もあっただろう。彼らは、外見から信頼できる人物に見えるだろうか？　人の外見を見たいと思うのは自然だが、写真が発明されたのは二〇〇年ほど前にすぎない。それまでは、人を見たければ、会いに行かなくてはならなかった。そして、その場合の「見る」は、行動しているところを見るということだ。ほとんどの人は、座って身動きもせずに顔をじっと見させてくれるわけではない。だから誰かを見て調べる場合には、重要かつ刻々と変わる非言語的な手がかりのすべてにアクセスできた。これは写真では完全に欠落しているものだ。だが、人類が誕生してからの時間からすれば、静止画像はまだ新しすぎて、私たちの心は静止画像の見方をどう調整すればいいのかがよくわかっていない。そのため心は、目に入るものから情報を可能な限り引き出そうとする。だが、それはたいてい間違った解釈に結びつく。

プリンストン大学の社会神経科学者アレクサンダー・トドロフは大規模な研究プログラムを開発し、人間の心が、静止画像に示された人間の顔にありとあらゆる意図や特徴を見出そうとすることを示している。トドロフは、実在する人の顔だけでなく、特徴を操作して変えた顔に対する人びとの反応も分析し、私たちが誰かの静止画像を見たときに、その人が誠実に振る舞うつもりか、人を欺くつもりかを心がすぐに「見抜く」ことを示している。[9] ただし、問題が一つある。こうした即断は不正確で、コイン投げで決めるのと変わらないのだ。[10]

そう聞くと、最初は不思議に思うかもしれない。そもそも、なぜ心は見当違いの判断を繰り返すのか？　そんなことなら、何も判断しないほうがましではないか？　それはイエスでもノーでもある。もし、心が用いている手がかりがつねに間違っているならば、そんな判断をくだす特性はずっと昔になくなっているだろう。だが、手がかりはつねに間違っているのではない。間違っているのは、心がそれらを一般化しすぎるときだけだ。たとえば、トドロフの重要な知見によれば、リアルタイムで顔に表れる感情を観察できないとき、人間の心は、静止状態での顔の構造的な違いを過度に一般化して、感情を「見つける」。その結果、眉が目立つ人や口角がやや下がっている人は、そうでない人よりも、腹を立てている、よからぬことを企んでいる、あまり信頼できないと判断されることがある。普通なら、眉を寄せることは、その人が満足していないことの手がかりと見ていい（否定的な調子を帯びたほかの手がかりも一緒だと特にそうだ）。だが、静止画像しかないときは、動きが見えないので、心が利用できる情報は、感情の一部を反映する顔の構造的な特徴だけだ。しかし、写真は人類の祖先がサバンナにいたころには存在していなかったので、顔のこうした特徴を利用しないほうがいいということを心は学んでいない。

信頼度の判断時にシグナルの取り違えが生じる第二の例は、顔の構造でも別の面、つまり幼少期と関連する特性に起因する。ほとんどの赤ん坊の顔には、共通する特性が認められる。たとえば、丸い顔、大きな目、小さな鼻などだ。これらの特性を見ると、私たちが持つ哺乳類の心は、「わあ、かわいい」と思う。進化の働きにより、それらの特性は、あどけなさや世話の必要性といったシグナルを発するので、私たちは、そのような特性の持ち主を養育したいという気持ちにさせられる。多くの場合、こうした顔から発せられるシグナルは本当の情報を提供する。赤ん坊は世話を必要とするし、ほとんどのことを自力でできない。しかし、大人になっても「童顔《ベビーフェイス》」で幼いころの特性が残っていると、的外れなシグナルになりかねない。それを如実に表す例としては、ギャングのジョン・デリンジャーの相棒で殺し屋の「ベビーフェイス・ネルソン」ことレスター・ジョゼフ・ギリス〔童顔に似合わない残忍さで悪名をはせた銀行強盗殺人犯〕を挙げれば十分だろう。

童顔のおもな特徴は、大きな顔、丸い目、小さな鼻と顎だ。心理学者のレズリー・ゼブロウィッツ、それにアレクサンダー・トドロフらによる多くの研究によって、童顔の人は一般的に、温かい心や善意を持つが能力はやや劣ると見られることが確かめられている。(11) こうした研究が示しているのは、童顔の人の信頼度を評価する場合には――もちろん、相手をよく知らないという前提で――、そのときどきに向き合っている課題によって判断が左右されることだ。もし、自分を裏切らなさそうなパートナーを探しているならば、童顔の人は誠実な相手として有望に見えるだろう。だが、能力を持っているか強いリーダーになれそうなパートナーを探しているならば、童顔の人が、頼れる人として選ばれる可能性は低い。もっとも、私たちの心は顔の構造に感情が反映されていると見なすが、そのせいで心が完全に間違った判断をするわけではない。多くの場合、童顔の特徴は有用な情報を与えてくれ、幼い子どもについて正しく判断するよう直感的な判断システムに促す。こうしたシグナルが的外れになるのは、大人にこれらの特徴が残っているときだけだ。

これらのバイアスは興味深いが、一方であなたはまだ、その影響力の大きさを疑っているかもしれない。どのみち、童顔の相手と会話を始めて刻々と変化する手がかりを観察し始めたら、それによって得られる情報が、顔の構造のみに基づく情報に打ち勝つはずだ。実際の話、ネクシーの実験でもそうだった。ブリジールは、なるべく親しみやすくしようとして、わざとネクシーをやや童顔にした。だからネクシーには、大きな丸い目、小さな鼻といった特徴がある。だが、正直そうな外見でロボットがいくら点数を稼いだところで、ネクシーが不誠実さに結びつく手がかりを出していくと、プラス評価はすぐに覆された。

顔に基づいた信頼度の判断がいかに問題となるかは、そのような判断が選挙に及ぼす影響を調べたトドロフの研究から最も説得力のある証拠が得られている。彼の一連の研究は、頻繁に引用されて第一級の研究と広く認められている。トドロフは、二〇〇〇年から二〇〇四年までの五つの選挙で、候補者の顔のみに基づいた有権者の選択を分析した。それぞれの選挙で、トドロフの研究チームはニュージャージー州プリンストンの住民に、アメリカの別の地域で出馬した候補者の顔写真だけを見せた。候補者の情報はほかに何も与えられず、これらの候補者が出馬したのは、注目を浴びる国レベルの選挙（大統領選や上院議員選）ではなく下院選だったので、参考にできる情報は本当に候補者の顔しかなかった。結果は、一貫していると同時に驚くべきものだった。顔の特徴のみから最も能力があると判断された候補者が、実際の選挙戦において、約七〇パーセントの確率で当選したのだ。[12] 当選者は、大衆からリーダーとして信頼された人びとだった。

初めは、こんな研究結果は受け入れがたいかもしれない。だが、もし顔が関係なければ、能力の手がかりと選挙での勝利との関連性は平均で五〇パーセントだったはずだ（三人以上の候補者がいたら、さらに低いはずだ）。幸いにも、七〇パーセントという数値は、能力にかんする直感的な判断だけが投票者を決める要因ではないことをはっきりと示している。とはいえ、そのような判断にある程度、顔が影響しているのは間違いないようだ。それに、ほとんどのアメリカ人が連邦議会議員の政治的な立場や政策経験について実際にはほとんど知らないことを考えれば、外見のような微妙な要素が大きな影響力を持ちうる理由がわかるだろう。私たちの社会は、骨を折らずにさっと決断をくだしたがるようになりつつある。選挙用のビラを見たらすむのに、なぜ議会での投票履歴を見なくてはならないのか？　そのようなことから、政治評論家のラリー・サバトは、「連邦議会が、ニュースキャスターやクイズ番組の司会者に似た人びとに乗っ取られていることがおわかりでしょう[13]」と述べている。

以上や関連するほかの研究からも、信頼度を評価するときに、直感にばかり頼るのが賢明でない理由が示されている。信頼できる人を見極める際、直感が正しく働いているときには、意識的な推論では得られない重要な情報を直感が与えてくれる。だが、直感がうまく働いていないときには、直感を信じたために判断を誤り、ひどい事態を招く可能性もある。今一度言えば、最適な成果を得るための秘訣は、直感がいつ最良の解決法を与えてくれ、いつ与えてくれないのかを理解することだ。

この章の要点

・**全体は部分の総和に優る。**これまでに見たように、信頼度を見抜く精度は、手がかりをセットで探すことで上がる。手がかりをセットとして捉えると、それらを個別に見たときにはわからない相手の動機や考えが見えてくる。よく言われるような「うさんくさい目つき」や似たような「言動」を探し

ても、信頼度は読めない。だから、単独の目印やちょっとした表情から信頼できない人を見分けると
する、有効そうな戦略に引っかからないようにしよう。残念ながら、アメリカの運輸安全局はまさに
そうなってしまった。危険人物の特定を目指した同局の計画は、四億ドル以上を費やしたあげく、会
計検査院が二〇一〇年に出した報告で失敗との烙印を押された[14]。その計画では、テロリスト監視項目
リストに載っていた人の多くに対してまったく警告が発せられなかったし、安全保障上の脅威として
特定されたすべての人のなかで、実際に違法行為に携わったのはわずか一パーセントだけだった（し
かも、そのほとんどは、単に監視を逃れようとした不法滞在者だった）。

・**文脈がすべて。**目的が重要だ。心は信頼度を判断するとき、随時、親密さや誠実さのシグナルを用
いるか、能力のシグナルを用いるかを直感的に変える。それはすべて、信頼できる人を見つける目的
が、正直なパートナーが必要なのか能力を持つパートナーが必要なのかにかかっている。この基本的
な事実から、同じ人物の信頼度が、場合によって違うように感じられる理由が説明できる。たとえば、
あなたは大学の新しいルームメイトに自分のお金を預けようとは思わなくても、計算の問題について
は、その人の助言を信じられるかもしれない。

・**直感を信じよう。だが、むやみに信じてはならない。**私たちの実験では、参加者の誰も、相手を評
価するために心が利用していた実際の手がかりに気づいていなかった。それでも彼らの心は、私たち
が特定した四つの手がかりを利用した。その結果、相手を見ることのできた参加者では、対面しな

かった参加者よりも、相手の信頼度の予測精度がはるかに高かった。これは、直感的な心が意識的な心にはない（あなたの場合、少なくとも本書を読むまではなかった）知識を持っているということだ。それに、直感的な心は、その知識を用いる練習をはるかに積んでいる。だから、すでに指摘したように、予感がしたら不合理な直感や感覚として無視せず、まじめに考慮したほうがいい。ただし、「考慮」というのは文字どおりの意味で、直感を盲目的に信じてはならない。今しがた見たように、直感は間違っていることもある。特に、一つの環境で磨かれたか、一つの目的のために鍛えられた心理的メカニズムが、異なる種類の情報を処理し始めると、間違いが起こりやすい。したがって、写真や、いくぶん意外な顔（極端に幼い顔や、事故や怪我によって変わってしまった顔など）を見たときの直感的な反応については、それが間違っていないかどうか少し考えてみよう。

・**練習は、人間でも機械でも効果がある**。あなたは、どんな手がかりが重要なのかをある程度知った。だから、それらを探す練習をすれば、意識的な心が無意識的な心に追いつけるだろう。そうなったら、不誠実さや能力を見抜く能力は、これまでより上がるはずだ。しかし、パターン（この場合は手がかりのパターン）を探せるのは、人間だけではない。コンピューターはもっとうまくできる。実際、ＭＩＴのパーソナル・ロボット・グループのジン・ジョー・リーは、自動システムに手がかりのセットを分類させる訓練をおこない、それで得られた情報を用いて、誠実な振る舞いを人間よりずっと精度よく予測できることを示している。[15] 信頼にかかわる正しい手がかりを特定する新たな方法が得られたからには、それがテクノロジーに組み込まれる日も遠くないだろう。

第7章　操作される信頼

——コンピューター越しの相手とのつき合い方

サイバートラスト〔ネット上の信頼〕とは、不吉な予感のする言葉だ。まるで、インターネットがそのネットワークのなかであなたを包囲し、パスワードや社会保障番号のセキュリティにミスがあろうものなら襲いかかろうと待ち構えているかのようだ。個人情報を保護するはずの企業向けソフトウェアに欠陥があったとか、チャットルームで魅力的なティーンエイジャーになりすましている怪しい年配の男を描いたマンガだとか、遺産を贈与するから振り込み先の口座情報を教えてくれと電子メールを送りつける無数のナイジェリアの叔父（ナイジェリア詐欺）については、みなどこかで聞いた覚えがあるだろう。こうした事例からは、信頼できる人（あるいは信頼できる何か）を見抜くという点で、世界が危険に満ちた新しい場所になりつつあることがわかる。だが、テクノロジーを信じるべきか否かというのは、じつは何千年も前からある基本的な問題だ。それが今になって新しく感じられるのは、最近まで人間だけの領分と考えられていた社会性にテクノロジーが侵入し始めているからだ。テクノロジーにかんする懸念は、もはや単なる機械上のトラブルにとどまらない。単にウィジェットが正しく作動しないとか、回路がショートするといったことではない。フェイスブックや、本書で取り上げたロボットのネクシーからわかるように、テクノロジーと社会的なコミュニケーションはいっそう密接に結びつくようになっている。そして何よりもこうした現実から、よい方向にせよ悪い方向にせよ、信頼を操作する新たな道が数多く開かれている。

機械の魅力

信頼とテクノロジーの関係について最初に検討すべき問題は、機械——ここでは広い意味での機械——が意図されたように動作すると信頼できるかという点だ。ロケット打ち上げの様子を思い出してみよう。打ち上げ時には、いつも大勢の人が心配して静まりかえり、固唾を呑んでことの成り行きを見守る。テクノロジーは意図されたとおりに機能するか？　機能することを誰もが願うが、残念ながら何度も目にしてきたように、失敗する危険性はつねにある。だが、テクノロジーを信頼する際に不安が生じるのは、国中が注目する大きな出来事だけではない。それは身近なところでもよくある。私は毎年、確定申告の時期に、ソフトウェアを使って年上の親戚たちの申告手続きを手伝っており、彼らから、ソフトがまともに動いているかと訊かれるたびに、テクノロジーに対する不安を実感する。大事なのは、課題の大小や、「パートナー」が機械の類《たぐい》か人間かによらず、水面下で働く信頼の動力学《ダイナミクス》はいつも同じであると認識することだ。人間を宇宙に運ぶテクノロジーや、出費を計算したり預金を移し替えたりするテクノロジーを頼ることによって、私たちはみずからを、それらの能力の影響を被りやすい状態にしている。テクノロジーが問題なく機能すれば、万事がうまくいく。だがそうでなければ、私たちは文無しになるか、もっとひどい事態に陥る。

こうした状況は、表面的には現代風でも、先ほど述べたように新しいものではない。現に人類は何千年も前から、テクノロジーを頼りにしてきた。そして恩恵を得るために、その影響を被りやすいという弱みをある程度受け入れてきた。あなたは「アストロラーベ」なるものを聞いたことがあるだろうか？　それは天体観測器で、紀元前一五〇年ごろにはすでに、時刻や星々の位置、地理的な位置を正確に計算するために用いられていた。アストロラーベによる計算結果を進んで信頼した人びとは、この機器がなければ入手できないような情報を簡単に利用できただろう。だが、もし彼らの信頼が見当違いだったら――アストロラーベに欠陥があったら――、計算はうまくいかず、悲惨な結果になったかもしれない。そのような弱みは、新旧を問わずすべてのテクノロジーに伴う根本的な課題だ。これは、アップル社が二〇一二年に不具合のある地図ソフトをリリースして大失敗した例を見ればよくわかる。そのソフトでは誤表示があまりにも頻発したため、オーストラリアの警察は、ルートを決めるときにアップル社の地図を使わないよう強く市民に警告したほどだ。ことの深刻さがわかる例を挙げてみよう。ミルデューラという町に車で向かおうとしたオーストラリア人たちがこのソフトを使ったところ、目的地から六〇キロ以上離れた乾燥地域にある国立公園へのルートが示され、気温が摂氏四五度に迫るなか、公園のあたりでガス欠で立ち往生する人が続出した。

そのような欠陥を見ると、なぜテクノロジーを信頼し続けるのかという疑問が浮かんでも不思議ではない。だがその答えは簡単明瞭だ。他者を信頼するのと同じで、テクノロジーを信頼すれば、利益がコストを上回ることが多いのだ。テクノロジーはたいてい役に立つし、不具合は競争を通じてすみやかに修正される。ある製品が当てにならないとわかれば、人びとはさっさと別の製品に目を向ける。また、テクノロジーを信頼すると決めれば、他者を信頼することにした場合と同様に、自分だけではできない多くのことを達成できる。たとえば印刷機が発明されると、それ以前には想像できなかったほど書籍の出版部数が増えた。電子メールが開発されると、それまでは不可能だったペースや量のコミュニケーションが取れるようになった。どちらのケースでも、印刷された文章や電子通信に間違いが生じる可能性は確実にあったが、テクノロジーを利用しないことによる損失のほうが大きく、間違いに対する懸念は影を潜めた。

ただし、テクノロジーに対する信頼と人間に対する信頼には類似点があるものの、根本的な違いが一つある。それは、人間がいかさまをすることだ。私たちは、意識的にせよ無意識にせよ、短期的な利益と長期的な利益という観点から、誠実に振る舞った場合と利己的に振る舞った場合の利点をつねに比較している。だが、機械はほとんどの場合、願望を持たない。機械は、みずからの成果を最大にすることを目指しておらず、与えられたタスクを成し遂げるように作られている。この基本的な事実のおかげで、機械の信頼性にかんしては誠実さの問題を度外視できる。社会的な要素のない機械を信頼するときに重要なのは、機械の能力だけだ。それゆえ私たちは、人間よりテクノロジーを信頼することに、いっそう引きつけられるようになっている。

生活のなかでテクノロジーの存在感や有用性が増すにつれて、私たちの心は、少なくとも無意識には、高度な科学を示す目印をますます能力の手がかりとして受け入れつつあるようだ。情報に科学技術の「装い」を施した途端に、人びとは信じやすくなる。私の研究分野では、多くの科学者がこの現象を冗談で「ＭＲＩ効果」と呼んでいる。脳の特定の部分が「明るく光っている」画像を見せたら、その部分が及ぼす影響についてはもちろん、そこが活性化している理由についての説明がぜん説得力を増すのだ。現在、脳をスキャンするだけで信頼度や態度、信念を正確に読み取ると謳う企業が実際にいくつかある。そして、その原理を理解していないのに宣伝文句に惑わされ、大金をつぎ込んでこの手のサービスを利用している企業が数多くある。もちろんこれらの顧客は、脳の画像化技術がはなはだ未成熟だということをわかっていない。ある解剖学的構造に想定されていた機能がじつは間違っていたというようなことが、毎日のように明らかになっているのだ。真摯な態度の神経科学者のなかに、機能的磁気共鳴画像法（ｆＭＲＩ）から得られた画像によって、信頼度などについて確実な情報が得られると主張する者はいまい。もちろん、今から数十年後にはテクノロジーが洗練され、有用な情報が得られるだろうが、人間の社会的な行動を理解できるようになるのはまだまだ先の話だ。にもかかわらず、私たちの心は、テクノロジーが能力や妥当性を示唆するものと直感的に判断するヒューリスティックに毒されている。

ヒューリスティックに頼る傾向の根強さは、アメリカ空軍の研究部門に所属する心理学者のジョセフ・ライオンズとシャーリーン・ストークスの研究で示されている。二人の考案した実験では、参加者が輸送車隊を統率する役になり、部隊が最も安全に移動できるルートを三つのうちから選ぶように言われる。各参加者は、ルートの候補について三つの情報源を与えられた。一つめはルートのパラメーターで、ルートの特徴にかんする情報が得られるだけだ。たとえば、信号の数、標準的な交通量、道路の状態、距離などだ。二つめは自動化ツールで、該当する地域についての画像をダイナミックに表示し、以前に襲撃が発生した危険な区域を目立たせ、戦闘の激しさや爆発物の使用度の違いを示した。三つめは人間の助手で、諜報部員が概況を説明する形式だった。その諜報部員は、さまざまな区域内の脅威にかんする最新情報を提供し、特定のルートを勧めた。

二人の実験から、無意識的な心にとってテクノロジーが能力の手がかりとして働くことが明らかになった。意思決定に際して人間の助手や自動化ツールをどの程度信頼しようと思ったかを参加者に尋ねると、二つのあいだに違いは認められなかった。彼らは、人間の助手を自動化ツールと同じくらい信じた。だが、参加者が実際にくだした決定を研究チームが調べると、明らかに異なるパターンが浮かび上がった。想定リスクが高いほど、人間の助手より自動化ツールから提供された情報に基づいて決定することが増えたのだ[1]。この意味合いは、はっきりしている。自分の身に危険が及びそうなときには、参加者はテクノロジーから提供される能力の手がかりを知らず知らずに用いて決定をくだし、有能そうな人間から提供された情報を軽視したということだ。

このような研究から言えることは、私たちがどうしようもなくテクノロジーを信じやすいということだろうか？　必ずしもそうではない。先の実験では、人を信頼しようとする意思に比べてテクノロジーを信頼しようとする意思が特に強かったわけではない。ただ、信頼すべきでない理由がないときには、人間よりテクノロジーを有能と見なしたがる無意識のバイアスが決め手になってしまう。しかしどんなテクノロジーでも、その信頼性がかなり疑わしければ——信頼性について慎重になるべき理由があれば――、状況は一気に複雑になりうる。私たちの社会が足を踏み入れようとしているのはそういう世界だ。そこでは、テクノロジーに伴う危険性が、その不具合だけでなくユーザーの意図やテクノロジー自体の意図からももたらされるのだ。

プロテウスとチャット

ソーシャルメディア、仮想エージェント、多人数同時参加型オンラインゲーム（ＭＭＯＧ）。今日、私たちはかつてないほどテクノロジーを用いて交流している――話し、説得し、交渉し、対決している。そして、私たちはテクノロジーを用いて「自分」になっている。いや、もっと驚くべきことに、自分自身を置き換えもしている。私たちは、フェイスブックやツイッターなどのサービスを利用して自分の意見を何百もの人にほんの数秒で伝えられるだけでなく、人間を模した二次元の仮想エージェント――コンピューターで命を吹き込まれ制御されるキャラクター――から情報を得る。

最初は気づかないかもしれないが、コンピューターを通じて情報を受け取る場合、私たちは送信者やシステムの意図に影響されやすい。テクノロジーが文字の情報しか提供していなかったかつてとは違い、今や私たちは、社会的な手がかりを操作して心の「信頼機構」に干渉しようとする企てにさらされつつある。ネクシーとの実験に参加した人びとと同じように、私たちはみなオズの国に入りつつあるのだ。だがネクシーとの実験とは違い、現実でカーテンの背後にいる魔法使いは、知識を追求する科学者ではなく、私たちと同じ市民や企業である。彼らは多様な目的を持っているだけでなく、発信する一つひとつのシグナルをコントロールする高度な能力も備えている。

一般人によるアバターや仮想エージェントの利用はまだ初期段階とはいえ、その利用者数は指数関数的に増えている。二〇一一年には、五億人以上の人が「アバター」になり、週に二〇時間以上もほかの人びとと交流した。アバターは古いヒンドゥー教の用語で、さまざまな化身となって地球に降りてきた神々を意味していたが、今では、いろいろなリアルタイムのオペレーター・インターフェイスを通じて「命を吹き込まれる」デジタルの分身という意味で使われる。私の推測では、多くの人がすでに「アバター化」されている。こう言うと小難しく聞こえるが、話は単純で、ＸｂｏｘＫｉｎｅｃｔやＷｉｉで遊ぶのと変わらない。これらのありふれたゲーム機は、あなたの動きをリアルタイムで検出して、無数にあるバーチャル世界のどこかでデジタル的に具現化する。あなたがジャンプすればアバターもジャンプし、あなたが踊ればアバターも踊る。だが、アバターは単に遊ぶためのものではない。このテクノロジーの用途は、ゲームをはるかに超えている。ＩＢＭのような企業は、二〇一五年には大半の社員がアバターを利用して、遠隔地から会議に出席したりプレゼンテーションをしたりすることが可能になると見込んでいる。[2]

初めは、アバターのそうした利用に懐疑的な印象を持つかもしれない。本書では、三次元のロボットが出す非言語的な手がかりに人間の心が反応するという証拠を見てきたが、だからといって、同じことがコンピューターの画面上で動くキャラクターにも当てはまるとは限らない。アバターは二次元で、現実からかけ離れている。とはいえ、私たちは長い時間、二次元のテレビ画面で現実世界の改変版を見ている。とすると、私たちの心がバーチャルなキャラクターをどう解釈し、それらとどのように交流するのかという問いが、きわめて重要な意味を持ってくる。このテーマについては、スタンフォード大学のバーチャル対人関係研究室を率いるジェレミー・ベイレンソンが第一人者だ。人間の社会的な手がかりがバーチャルな世界での交流に影響を及ぼすと主張するためには、まず、バーチャルな世界での交流が人間の社会規範に則っていることを確認しなくてはならない。要するに、どちらの世界でも、同じ非言語的なシグナルが通用することを示す必要があるのだ。それができなければ、現実とバーチャルな世界を比較しても無駄だろう。

この点を認識したベイレンソンらは、数年前にいち早く、「セカンドライフ」のプラットフォームを利用した一種のフィールドワークに取り組んだ。セカンドライフとはインターネット上に存在するバーチャルな世界のことで、ユーザーはそこで自分の作ったアバターを操作しながら、レストランやクラブ、公園、マンションといった想像しうるあらゆる空間でリアルタイムに交流する。ベイレンソンは、この世界に研究助手の集団を放った。彼らの任務は、一種のバーチャルな民族誌学者になることだった。助手たちは、ほかのアバターが交流している場所に入り、あるコンピューター・スクリプトを実行する。すると、調査したい多くの社会的変数――アバターの性別、アバター同士の距離、視線の方向、誰が誰に話しかけていたかなど――が即座に記録される。研究チームは七週間かけて調査をおこない、入手した膨大な情報をもとにしてバーチャルな交流の規範が現実世界の規範をどれほど反映しているかを評価した。

これで何がわかったか？　ほぼベイレンソンらの予測したとおりだった。現実の社会的な交流における通常の規則が、無意識的なものも含めて、バーチャルな世界でも通用することがわかったのだ。(3)

たとえば、現実世界の男性と同じように、男性のアバター同士が会話するときには、女性同士や男女の場合に比べて、互いの距離がかなり開いていた。視線の方向についても、現実世界と同様だった。通常の対人関係の規範と同じで、会話をしていない二人のアバターが互いの目を直接見た時間は、互いの距離と逆相関の関係にあった。考えてみれば、それはおなじみのパターンだ。ラッシュ時の混雑したバスや列車で隣の人から目を覗き込まれたら、かなり不快だろう。一方で、アバターたちは会話をしているときには、互いの目を見つめた。この振る舞いは男性よりも女性でよく認められた（やはり現実世界と似ている）。

こうした研究から、私たちの日常的な交流を支配している規範が、アバターやエージェントの世界に自動的に行き渡ることが確認されている。ある意味では、この事実は非常に都合がいい。なぜならそれは、普遍的な非言語的シグナルを見ると、私たちの心はアバターやエージェントのなかに意図や人間らしさを進んで認め、それを解釈するということだからだ。バーチャルな世界に入る前に訓練を積む必要はなく、私たちの心はすでにあちら側での交流を解釈する準備ができている。だが、準備ができているということは、裏を返せば、操作される可能性が高いという意味でもある。前述のように、非言語的シグナルをコントロールするのは、人間よりアバターなどのデジタルな存在でのほうがずっと簡単だ。デジタルな存在をコントロールしている魔法使いは、信頼にかかわる手がかり——そわそわしたり、顔に触れたりする仕草——をつけ加えることも取り除くこともできる。すると、普通なら他者の意図を表す確かなシグナルが、当てにならなくなってしまう。

さらに悪いのは、デジタルな存在では、非言語的なシグナルの除去以外の操作もできることだ。アバターやエージェントはもっと強力なものだ。「アバター」が神話にちなんだ名前であることを反映するように、彼らは創造者が望むどんな姿を取ることもできる。私たち一人ひとりが、古代ギリシャ神話に登場する変幻自在な神プロテウスのように、自分を、いつ何時でも目的に合ったイメージに変えられるのだ。たとえば、もし優位に立ちたいと思ったら、自分のアバターを堂々とした体格にすればいい。もし人から好かれたいと思ったら、アバターに典型的な魅力を持たせればいい。そのような変更はバーチャルな世界ではいとも簡単だ。アバターには運動も手術も必要ない。もっとも、この程度の変更はごく初歩的なものにすぎない。ターゲットにしている特定のユーザーを知っていれば、相手に合わせたもっと複雑な調整まで可能になる。

例として、ある人から自分のアバターを信頼してもらいたいとしよう。どうしたらいいか？　私たちやほかの多くの研究から、人が他者に対して抱く共感や責任の大きさは、相手が自分にどれほど似ていると思えるかで決まることが示されている。もし、あなたとある人が同じ集団に属していることを表すちょっとしたしるしを強調できれば、あなたはその人に強い親近感を感じるようになる。たとえば、相手と同じリストバンドをつけるといったささいなことでも効果があるのだ[4]。この現象の根底には、自分と同類の人びとは将来に支えてくれる可能性が高いという単純な論理がある。それゆえ、今後必要なときに援助してもらえるように、同類の人びとを助けるという短期的なリスクを負うことには価値があるのだ。

私の研究室では、信頼がかかわる現実世界の交流に類似性が重要な役割を果たすことを実証したが、ベイレンソンらは、バーチャルな世界でも類似性が同様に重要であることを示した。彼らのひらめきは天才級だ。デジタル画像なら、類似性の威力を、プロテウスも誇りに思うほどの斬新な方法で利用できることに気がついたのだ。もしAさんに、Bさんは自分の同類だと思わせたければ、Aさんの顔に合わせてBさんの顔を変形すればいい。ベイレンソンらは、まさにそれをいくつかの実験で試みた。

そのなかの最初の実験はこうだ。選挙に出馬予定の二人の候補者について、政治関連のプロフィールを顔写真入りで作成し、実験参加者にそれを見てどちらに投票するかを決めてもらった。ただし候補者のうち一方の顔写真だけ、参加者一人ひとりの顔に合わせて変形させ、参加者の顔が四〇パーセント含まれるようにした。この程度の変形だと意識的な心は気づかないが、無意識的な心はパターンに対して敏感で、この変形に気づく。

結果は非常に印象的だった。大多数の人が、政治的な立場についての情報を無視し、自分の顔が四〇パーセント含まれる候補者に投票する意思を示したのだ。だがこれは単に、実験で示した候補者が、ほとんどの人にとってあまり関心のない無名の政治家だったからかもしれない。それは十分に考えられる。そこでベイレンソンは、当時の大統領候補だったジョージ・W・ブッシュとジョン・ケリーの顔を参加者の顔に似せて変形させ（今回は二人を認識できるように、八〇パーセントは候補者の顔で二〇パーセントを参加者の顔とした）、同様の実験をおこなった。すると、すばらしいくらいに――見方によっては恐ろしいくらいに――、最初の実験と似たパターンが浮かび上がった。熱心な支持者は、顔を変形させても意思を変えなかった。これは予想の範囲内だろう。だが、もともとの支持者以外の人びとでは、顔の変形によって投票の意向が大きく変わった。今回も参加者は、候補者のなかに文字どおり自分自身が見えたほうを信頼する気になったと報告したのだ。(5)

これらの結果から、アバターにかんして何が言えるか？　じつに単純なことだ。もし、自分のアバターに標的とする相手の特徴を組み入れることができたら――情報はフェイスブックやツイッター、ウェブカメラからすぐに得られる――、それだけでそのユーザーは相手の信頼獲得に一歩前進できる。アバターのリアルさを高めるだけで、説得力がかなり向上することは、研究からすでに確かめられている。[6]さらにそこから、見る人の顔に合わせてアバターの顔つきを柔軟に変えられるようになるには、コンピューターの性能をもう少し向上させる必要があるだろう。だがこれには、心に本来備わった信頼のメカニズムを利用する最先端の技術を活用して、標的にピンポイントでメッセージを伝えられるという可能性がある。

相手より戦略的に有利な立場を得られるようアバターの外観を変えるのは、ビジネスやセキュリティの面から見て大きな意味があるということには同意してもらえるはずだ。だが、私が最も興味をそそられるのは、そのような変更が逆向きに作用してアバターのユーザーに影響を及ぼすかどうかだ。一見、それは突飛な考えに思えるかもしれない。だが、心理学者のダリル・ベムが唱える自己知覚理論――人は、自分を他人として観察することを通して自分の性格について知るという説――を踏まえれば、そんな考えもそこそこ妥当に思える。バーチャルな世界についてこの見方に従えば、あなたのアバターを変えると、同じようにあなたも変わるかもしれないということになる。

この可能性は「プロテウス効果」と名づけられている。ベイレンソンと同僚のニック・イーの研究チームは、この現象を検討するため、本格的なバーチャルリアリティ環境を利用することにした。実験参加者は、動きを記録するセンサーと、デジタルの世界を見るゴーグルを装着した。ゴーグルのなかの小さなモニターに、参加者がいる部屋とそっくりな三次元画像が映し出される。ただし、参加者はそのバーチャルな部屋に一人でいるのではない。彼らには別のアバターが見える。そのアバターは、参加者にはわからないよう実験スタッフが操作する。ゴーグルを装着した参加者が現実世界で移動すると、センサーを通じて彼らのアバターも同じように動く。参加者が実際の部屋で振り向いたり歩き回ったりすると、アバターもバーチャルな部屋で同じように振る舞う。

この研究では、参加者たちのあいだに大きな違いが一つ設けられた。それはアバターのサイズだ。参加者の半数は背の高いアバターが割り当てられ、それを自分と見なすようになっており、残りの半数は背の低いアバターを自分と見なすようになっていた。現実世界での研究から、背の高さが、他者と交流するときの自信や優越感、自尊心の大きさと関連することがわかっている。それらの感覚が合わさると人に頼らなくてもいいように感じ、その結果、誠実に振る舞おうという気持ちが薄れる。もしプロテウス効果が本当にあるのならば、大きなアバターを用いた人は、バーチャルな世界で自分本位に振る舞うだけでなく、その態度を現実世界にも持ち込むはずだ。

イーとベイレンソンはこの予想を試すため、実験参加者と実験助手とで交渉ゲームをしてもらった。そのゲームでは、お金を等分して互いを公平に扱うか、自分が多めに取って相手をだますかを選べる。重要なのは、彼らがバーチャルな環境でこのゲームをしたあと、現実世界で再び同じゲームをしたことだ（ただし、今度は別々の部屋でおこなった）。すると、プロテウス効果を裏づけるように、背の高いアバターを割り当てられた参加者は、バーチャルな世界だけでなく現実世界でゲームをしたときにも、自分の取り分を多くした。(7) 強いアバターによって生まれた、自分には力があるという感覚が、無意識のうちに「通常の」自分に対する認識にも波及し、信頼に関連する振る舞いが悪い方向へと変わったのだ。

この意味合いは、いくら強調してもしすぎることはない。多くのゲーム用のアバターが大柄で好戦的で傲慢なタイプに作られているのだからなおさらだ。「ワールド・オブ・ウォークラフト」などの複数参加型オンラインゲームをする人は、何時間も遊んでいるあいだに自分が選んだアバターの外見によって自分自身に対する見方が微妙に変えられていることにほとんど気づかない。だが、ファンタジーの世界で利己的に振る舞う力やそうした役割のあるアバターを選ぶと、思いがけず、同じ振る舞いが現実の日常生活でもわかりにくい形で引き起こされる可能性がある。そして、もし誰もがこのようなゲームで何としても勝って他者を支配しようとするのなら――その可能性は高い――、私たちの社会の全般的な誠実さは、じわじわと下降線をたどるかもしれない。

バーチャルな守護天使

ここまでは信頼とテクノロジーとのあいだの不穏な関係ばかり見てきたので、コンピューターに向かうと考えただけで不安になるかもしれない。しかし、これまでに取り上げたほかの領域と同じで、信頼とテクノロジーとの結びつきが必ずしも悪いものばかりというわけではない。社会的な交流の手段がテクノロジー化されるにつれて、信頼につけ込まれる短期的なリスクだけでなく、社会的な支援につながる信頼の長期的な利点も出てくるだろう。だから、少し落ち着いてほしい。世の中には多くの人の幸せのために、テクノロジーを利用して信頼を高めようと懸命に働く人びともいる。コンピューターの巨大な力は、人をだますための手段としても、公平性や安全性や調和を高める手段としても利用できるのだ。

具体的な例としてまず、インターネットの利用で遭遇する基本的な課題に注目しよう。それは、「オンライン取引の相手が信頼できるかどうかを知るにはどうすればいいか？」だ。オークションサイトのｅＢａｙで買い物をする場合であれ、新しいＢ＆Ｂ〔朝食つき宿泊施設〕を予約する場合であれ、その相手と取引した経験があることはまれだ。現実にはほとんどの場合、面と向かって会話することすらない。ということは、前の章で見た信頼度の手がかりは、どのみちあまり役に立たない。そんなとき、ほとんどの人は反射的に、関連のあるオンラインの評価やレビューをまず見る。一見、その類《たぐい》の評価はとても参考になりそうな気がするが、そこには大きな欠点があることに注意しなくてはならない。それは、オンラインの評価で得をする人びとは、往々にしてその評価を簡単に操作できるということだ。偽の電子メールやユーザーＩＤを使うことによって、自分の信頼にかかわる評価を押し上げることも、嫌がらせや競合つぶしのために他者の評価を傷つけることも難なくできる。

そのような問題への唯一の対処方法は、ビッグデータを集めて検証することだ。つまり、単独ではでっちあげるのが困難なほどの大量な情報を利用するしかない。いくつかの新興企業がそれに取り組み始めている。なかでも有望な企業にレジット社があった。最近、フェイスブックがレジットの創業者を雇い入れたため、レジットとしては店じまいをしたが、彼らの発想は巨大ソーシャルメディアに取り込まれている。レジットは以前、さまざまなショッピングサイトに組み込み、ユーザーの評判についての情報を得られるようにするクロスプラットフォームのサービスを設計していた。評判を測るほかの一般的な方法とは違い、レジットの情報は、一つのサイトからのレビューや支持する人の数（ツイッターのフォロワーやフェイスブックの友人の数など）といった単純な評価基準を基にしていない。創業者の一人であるジェレミー・バートンが指摘したように、単に何千人ものファンがいるというだけで、誠実で信頼できる人物と考えてはならない。その人はそれでも商売で人をだましたり、アパートから物をくすねたりする可能性がある。

レジットは、人びとのオンライン上の振る舞いにかんする検証可能な情報を多くのサイトやドメインから集めることで、この問題の解決を目指していた。そして検証の結果は、わかりやすい「信頼指数」として表される予定だった。今ではレジットがフェイスブックに加わったので、この試みはずっと広い範囲に及ぶだろう。考えてみると、このツールがもたらす恩恵はオンライン取引の経済的な発展だけにとどまらない。それは、フェイスブックのユーザーの安全も高めるだろう。この恩恵は小さくない。というのは、シンクタンクのピュー研究所による最近の調査で、フェイスブックをよく利用する人は、インターネットを利用しない人、それにインターネットを利用するがフェイスブックを普段使わない人に比べて、他者をより信頼する傾向があるという証拠がはっきりと示されたからだ。(8)

評判が恩恵をもたらすという話を意外に思った人は、信頼度を見抜く手段として評判を利用することに、私が諸手を挙げて賛成していなかったのを覚えているのだろう。確かに評判だけでは、他者の信頼度がわかるとは限らない。どんな場合でも、他者と協力するか、他者を搾取するかの選択は、それに絡む短期的な利益と長期的な利益の兼ね合いによって決まるのであって、その人の過去の振る舞いによって決まるのではない。だからといって、評判がまったく無意味というわけでもない。さまざまな状況——長期的な利益と短期的な利益の兼ね合いが多岐にわたる状況——から得られた大量のデータに基づく評判であれば、正しく利用することで、他者の信頼度をある程度見抜ける。「正しく利用する」というのは、評判を一つの情報として利用するということだ。評判を万能だと思って頼りにすると、判断ミスが起こる。評判のデータが集まったら、その人物の平均的な振る舞いについてのヒントになる。そこから、その人が個々のケースでどう振る舞うかがうかがえるが、それはあくまでもヒントにすぎない。とはいえ、対面でのやり取りから得られる直感といった、頼りになる指標がほかになければ、評判のデータでもないよりましだ。

だがありがたいことに、オンライン上での信頼や調和を育む取り組みは、評判や商取引以外の事柄でも進められている。評判は、金銭絡みのリスクと同様に重要な問題だが、社会的なリスク——いじめや仲間はずれなどの嫌がらせ——に比べれば、たいしたことはないかもしれない。フェイスブックのエンジニアリングディレクターを務めるアルトゥロ・ベハーなどは、寝る間も惜しんでこうした問題に対処している。私は数年前、フェイスブック本社に講演者として招かれたとき、ベハーに会った。そのときに、彼が自分の仕事の範囲をフェイスブックの安全性や機能などの技術面に限定していないことを知り、さすがだと感じた。ベハーは、フェイスブックを改良すれば、社会的な問題の解決に役立つことをきちんと認識している。それを目指して彼は、私も含めた社会科学者のチームと協力して、ユーザー間の社会的な調和を育むことを意図したフェイスブックのシステムに微調整を加えようとしている。

私たちはいくつかのプロジェクトに取り組んできたが、そこには弱い立場の人が信頼できる援助者を探せるよう手助けをするという一貫したテーマがある。例として、いじめの問題を取り上げてみよう。ご存知のように、オンライン上でのいじめは増える一方だ。そんないじめを目撃したり経験したりしていない幸運な人のために言えば、残念ながら、投稿されるメッセージや画像の一部はどうしようもなくたちが悪いと言わざるをえない。それに対処すべくフェイスブックでは、ユーザーがいじめを報告できる特別な手段を設けている。もちろん、言葉や画像それ自体がフェイスブックの定める方針に反していなければ——意地悪な発言や当てこすりがすべて憎悪表現《ヘイトスピーチ》に該当するわけではない——、その不愉快な内容を容易には削除できない。表現の自由は厳重に守られている。しかしフェイスブックは、いじめを受けていることを報告した人に、他者の助けを求めるように促せる。「他者」とは、被害者を援助できる人、つまり信頼できる身近な人のことだ。だが重要な問題は、効果的に働きかけるにはどうすればいいかということだ。

では、仮にあなたがいじめられているとしよう。あなたはいじめが終わってほしいと願うだろうし、自分でやめさせられないのならば、他者の助けをありがたく思うはずだ。少なくとも一般論で考えればそうだろう。だがそれが現実となると——顔の見えない企業ではなく生身の人間に助けを求めなければならないとなると——、話は急にややこしくなる。大勢の人のなかから誰を選び出して連絡を取るべきか？　気持ちをわかってくれるという点で、信頼できるのは誰か？　そして、おそらく最も重要なのは、助けを求めたときに煩わしく思わず、自分を助けたいと思ってくれるという意味で誰を信頼できるか、だろう。こうした問いに対する答え次第で、悩んでいるティーンエイジャーが助けを求めて誰かに接触するか、ただボタンを押して画面のスイッチを切るか、その後の行動がまったく変わってくる。

私は、同僚のピアカルロ・ヴァルデソロと、ベハーのチームの幹部であるジェイク・ブリルとともに、ユーザーがよい答えを見つけるのをフェイスブックがどうやって手助けするかという課題に取り組んでいる。鍵になるのは類似性を感じさせることではないかと私たちは考えている。前述した私の研究室での実験では、二人の人間をつなげる類似性のしるしが何だろうとわずかでもあれば、互いに助け合おうとする意欲が劇的に高まった。相手との共通点に気づけば、それだけで人は強い絆を感じるだけでなく、互いへの思いやりも深まる。だから、感情的にまいっている人——誰かに助けてほしいのに、無視されやしないかと思っている人——を助けるには、類似性に基づいて、信頼すべき人の選択肢を仕分けるのが有望な方法だ。何しろ、類似性に対する反応は心に生まれつき組み込まれているので、あとはそれに弾みをつけるだけでいい。

ここでコンピューターの力とビッグデータが役に立つ。フェイスブックなどのプラットフォームは、困った人を進んで助けてくれそうな人をやみくもに探す必要はない。フェイスブックがすぐにでも利用できる情報は膨大な量で、あなたや私が一年かけて処理する情報量など比較にもならない。あなたの友人一人ひとりのデータ——彼らの好みや友人や投稿内容——を持っており、それらの情報を高速で処理して、あなたと共通点の多い人びとを特定できる。もちろん、ポイントとなるのは、選択肢を賢く仕分けることだ。たとえば、もしあなたと最も共通点の多い人が過去の恋人だったら、あなたがいじめられているときに助けを求める相手の候補としてはよくないだろう。したがって目標は、特定の社会的カテゴリーや年齢層の人びと――頼りになり適切なサポートができる集団――を特定したうえで、プロフィールに基づいて彼らを仕分け、あなたの心の類似性センサーにひっかかる人びとを見つけ出すことだ。

このプロセスが意図したとおりに働けば、いじめられていることを報告したユーザーは、連絡を取るべき人の情報を得られる。この時点ですでにユーザーの心は、それらの人びとを信頼するように条件づけられている。要するにこのシステムは、ユーザーが援助を求めるよう、援助者の候補を特定しやすくするだけでなく、彼らが手を差し伸べてくれるとユーザーが確信を持てるようにする。いじめを受けて動揺や絶望のさなかにある若者が助けを求めるのに役立つ仕組みは、どんなものでもいいに決まっている。もちろん、この計画がどの程度うまくいくかはまだわからないが、アイディアの元になった研究を踏まえ、私たちは大きな期待を寄せている。ともかく、フェイスブックのこうしたプロジェクトは、優れたテクノロジーの力が、必ずしも信頼の搾取にのみ利用されるのではないことを示す証拠でもある。テクノロジーの力は信頼を育むのにも利用できるのだ。この話題を終える前に、それを裏づける別の例を紹介しよう。すでに実を結び始めているものだ。

人生で自分がきわめて弱い存在に感じられたときのことを考えてほしい。かなり特殊な体験を思い浮かべたかもしれないが、あえて言うと、多くの人が共通して挙げそうな出来事が少なくとも一つある。それは入院という嫌な経験だ。自分の健康を他者の意図や能力に完全に委ねる状況は、入院以外にあまり思い浮かばない。医学の教育を受けていない限り、病気や怪我のときには、他者が自分のために最善を尽くしてくれると信頼しなくてはならない。たとえば、担当の医師に病気の診断や治療をする能力があると信頼しなくてはならないし、看護師が健康状態を観察してくれ、あなたの要望に気を配ってくれると信頼しなくてはならない。

だが、本書の読者が入院して自分の弱さを感じたとしても、ヘルスリテラシーが低い人びとが感じる弱さとは比べものにならない。ヘルスリテラシーとは、健康にかんする意思決定や医師の助言の理解に必要となる、読み書きや計算などの基本的な能力のことだ。ヘルスリテラシーが低い原因は、教育の不足、加齢に伴う認知機能の低下、怪我、健康状態の悪化などいろいろだが、そのような人びとはみな入院後同じ経過をたどる。つまり、勧められた治療を理解できず、指示された治療法に従えないため、退院後の健康状態がきわめて悪い。さらに深刻なのは、ヘルスリテラシーの低い人が少なくないことだ。その割合は、アメリカの成人では三六パーセントにのぼり、都市部の貧困層では八〇パーセントを超えるところもある。(9)

ティモシー・ビックモアは、この問題の解決に向けて取り組もうと決意した。彼はノースイースタン大学で、リレーショナル・エージェント・グループという医療関連の仮想エージェントを開発する全米有数の研究室を率いている〔リレーショナル・エージェントとは、人間と社会的な関係を長期にわたって築くことを目的としたエージェントのこと〕。ビックモアは、ヘルスリテラシーが低い人びとの経過が悪いのは、一つには退院後のケアプランを理解する努力が不十分だからだろうと的確に推測した。彼らがさらに努力しても、ヘルスリテラシーの高い患者と同じくらい自分の退院後のケアプランを理解できるとは限らないが、知識が少しでも増えれば、退院後の経過にプラスになるのは間違いない。

では、これが信頼とどう関係しているのか。ここで、第3章で紹介したポール・ハリスの研究を思い出してもらいたい。情報の習得度は、知性だけで決まるのではなく、指導者の特徴にも左右されるという話だ。もし患者が健康情報の提供者を信頼できたら――偏った判断をしない、患者のためを思っている、正しい情報を提供してくれると信頼できたら――、患者は情報を吸収しようと努力し、実際に身につく知識も増えるに違いない。だが、ヘルスリテラシーの低い人の多くが医療関係者に怯え、彼らをかけ離れた存在だと思っている。彼らは医療専門家をあまり信頼しておらず、入院中に積極的にかかわろうとしないようなのだ。

この問題を解決するにはどうすればいいか？　答えは単純で、退院時に医療情報を提供する看護師の性格を変えればいい。では、それをうまく達成するにはどうすればいいか？　バーチャルな看護師を創り出すのだ。これをビックモアの研究チームは実行した。彼らは、患者との交流に長けた看護師の行動を丹念に調べ、有能な看護師を連想させる外見や発声パターン、非言語的な手がかりを備えた仮想エージェントを設計した。それからボストン医療センターと協力して、ヘルスリテラシーの低い患者の退院日に、患者がこのエージェントと交流できるようにした。患者は病室を出る前にエージェントを紹介され、エージェントと退院後のケアプランを順に見ていった。彼らはタッチパネルを操作して、エージェントとさまざまなコミュニケーションが取れ、エージェントから情報を繰り返してもらったり、詳細な情報を教えてもらったりした。

結果は控えめに言っても驚くべきものだった。ヘルスリテラシーの低い患者たちは、このエージェントに大きな信頼と安心感を抱いたと報告しただけでなく、大多数が人間の看護師よりもエージェントと交流したいと答えたのだ。これは行動からも見て取れた。患者は、人間の看護師と交流する通常の状況に比べて、このエージェントとより長い時間交流し、退院時の説明をよりくわしく聞き出した。バーチャルな看護師をどう思うか尋ねられると、そちらを好む理由を進んで答えた。その理由は、突き詰めればエージェントの態度に行き着くようだった。(10) たとえば、ある患者はこう語った。「彼女［エージェント］は私を人として扱ってくれたんです！　コンピューターじゃないみたいでした！」。「私はルイーズ［エージェントの名前］のほうが好きよ。彼女のほうがお医者さんよりいいわ。もっとちゃんと説明してくれるもの。お医者さんはいつも急いでるのよ」と言う患者もいた。

患者の多くは気づいていなかったが、人間よりエージェントのほうが自分に積極的に関与してくれ、情報を教えてくれたと感じた直接の原因は、情報を引き出そうとする患者側の意欲が変わったことにあった。この実証実験では、患者にエージェントへのかかわりや信頼を深めてもらうことをおもな目標としていた。というのは、それはヘルスリテラシーの低い人びとと人間の看護師や医師とのあいだに欠如しており、学習効果を高めるうえで大切なものでもあるからだ。今回エージェントは、親身になっていることを示す感情表現と、患者の注意を退院後のケアプランの情報に向けるための手振りという二つの非言語的な行動によって、双方向の関係を作り出した。それで患者たちは、頼りになる相手との作業を通じて退院後のケアに自信を持ったのだ。なおビックモアは、エージェントが一緒のときに患者の安心感や学習効果が高まったのが、単に人間より機械との交流のほうがリラックスできたからなのかを確かめるため、再び実験をした。ただしこのときは、エージェントの社会的な表現や患者への接し方を機械的なものにした。すると、患者たちはエージェントにあまり親近感を持たなかった。

こうした取り組みを含め、仮想エージェントの利用はまだ初期段階にあるが、改良が進めば、仮想エージェントと信頼を築く場面が増え、健康や福祉の向上に役立つと私は確信している。実際ビックモアの研究からは、今後に期待が持てそうだ。実験に参加した患者は、人間の看護師よりバーチャルな看護師を気に入ったが、これはそれほど重要ではない。最も大きな成果は（少なくとも公衆衛生の観点からは）、患者の退院を支援する看護師が仮想エージェントだったときのほうが、家に戻ってから服薬の指示を守るつもりだと答えた患者が多かったことだ。

患者の意識が高まった理由は、一つには患者が情報をしっかり理解したことにある。だが私はひそかに、患者が誠実に振る舞いたいと望んだことも関係しているのではないかと思っている。患者はデジタルの看護師に対して、自分が信頼に値することを示したいと思ったのではないだろうか。高齢化が急速に進んでいる日本では、すでに多くの企業が、高齢者の介護支援ロボットの開発に力を入れている。人間の介護者のほうが優れていると言う人もいるかもしれないが、社会的な存在として認識され、信頼のできるロボットがいることは、介護者が足りずに孤独になるよりずっといい。私たちの心や体は、しかるべきときには相手を信頼するようになっている。そして、テクノロジーはよくも悪くも急速に進歩し、私たちを助けてくれるレベルに迫りつつある。

この章の要点

- **テクノロジーに目が眩まないように。** 人が「専門家」の話を信じやすいことはよく知られており、私たち心理学者は、その現象を俗に「白衣効果」と呼んでいる。名前から想像できるように、ほとんどの人は、同じ人物でも白衣を着ているときの言動をより信用する。なぜか？　高度な専門知識があるとされる科学者や医師が白衣を着ているのを、私たちはいつも見ている。だから知らない人が白衣を着ているのを見たら、私たちの心は自然とその人を専門家だと思い込む。白衣をヒューリスティック、つまり心理的な近道として利用しているのだ。本章で見たように、多くの人がテクノロジーに対しても同様に反応する。情報がコンピューターからもたらされると、少なくとも無意識のレベルで、それを人間から寄せられた情報より妥当に違いないと考える。コンピューターを人間より信頼できると思い込むのだ。こうしたバイアスに足をすくわれないようにしよう。人と人とのコミュニケーションや情報の共有が、コンピューターを利用したプラットフォームへと急速に移行するにつれ、オンラインで得る情報の信頼性は、情報提供者の誠実さで決まるようになる。誰でもこのことを意識的なレベルでは承知していると思うが、だからといって、直感的な心が私たちにウェブページの情報を鵜呑みにするよう働きかけなくなるわけではない。

・**プレイするキャラクターに自分を乗っ取られないように**。オンラインゲームやビデオゲームの性能は上がり続け、ますます魅惑的になるバーチャルな世界で過ごす時間が増えている。だがバーチャルな世界にのめり込むと、知らず知らずのうちに、現実と虚構の区別が曖昧になる可能性がある。忘れてはならないのは、私たちの脳は「作り物」の世界が存在する環境で進化したのではないため、バーチャルな世界がより視覚に訴えるようになるにつれ、脳はさらにそれらの影響を受けやすくなることだ。プロテウス効果で見たように、支配的なキャラクター設定のアバターを操作することで自分に力があるように感じると、それが現実の自分に対する見方に入り込んで、誠実さまで変化させることがある。自分がアバターから影響を受けているとはっきり自覚していなくても、アバターの性格――実際の自分とはずいぶん違うこともよくある――が、直感の計算を変化させ、現実の自分がそのキャラクターの分身《アバター》になってしまう可能性もある。私たちはどうかすると、デジタルキャラクターのように振る舞うことになるのかもしれない。

・エージェントやアバターの意図を読むことには代償がある（恩恵もある）。コンピューターで精密に描写されるエージェントやアバターにより、信頼は操作しやすくなってきた。ネクシーを用いた研究やティモシー・ビックモアの仮想エージェントにかんする研究からわかるように、人間の心はデジタルな存在が出す非言語的なシグナルに反応する。人間は無意識のうちに非言語的なシグナルで本心を暴露することもあるが、エージェントやアバターは、ユーザーやプログラムの意図するシグナルしか出さない。それらはネクシーのように、複数の手がかりを組み合わせて誠実さあるいは不誠実さのシグナルを出すことができる。また、バーチャルな看護師のルイーズのように、それ自体には本物の感情がなくても、温かく同情的と受け止められることがある。つまり、デジタルな存在は完璧な詐欺師になれるのだ。それらは私たちの直感的な信頼のメカニズムに働きかけ、主導権を握って私たちの意思決定を誘導する。このような影響に抵抗するのはわりと簡単だが、それには代償が伴うので注意が必要だ。エージェントやアバターが出す非言語的なシグナルを無視したり、意識的に反発したりしようと思えばできる。たとえば、歓迎の仕草、自分と同じ訛り、胸を張った姿勢は、信頼を操作しようとするシグナルと解釈してもいい。問題は、そうした操作が必ずしも悪いものではないことだ。操作の目的が、デジタルな存在に対する信頼を高めて、人を助けるためであることもある。すべては設計者の目的次第だ。設計者に悪意があるとむやみに思い込んでいたら、どんどん身近になるエージェントやアバターとの交流から得られる恩恵も少なくなってしまう。

第8章　あなたは自分を信頼できる？
――将来の自分は予想外に不誠実

他者（あるいは何か）を信頼すると、リスク、リスク、リスクだらけだ。だからちょっと一息ついて、他者の振る舞いを心配しなくてもいい状況を考えるのは、いい気分転換になるだろう。ここでは、あなたが相手の信頼度を完璧に見抜いている状況、自分自身を知っているのと同じくらい相手を知っている状況を考える。とはいえ、これは少しも珍しいことではなく、あなたはほぼ毎日経験している。ただし、問題の相手は自分と同じくらいよく知っている誰かではない。あなた自身だ。だからといって話は簡単ではない。ちょっと考えてほしい。これまでこんな疑問を抱いたことはないだろうか。「自分が確定申告や出張費の報告をごまかさないと信頼できるか？」「カジノでデビットカードを使わないと、またチョコレートケーキを食べすぎないと信頼できるか？」

こうした状況にも、間違いなく信頼が絡んでくる。ここでも、将来の成功は誰かがあとでくだす決断にかかっているという、弱い立場にあなたはいる。ただし一つ異なるのは、「誰か」が他者ではなく、異なるあなた（つまり将来のあなた）という点だ。たとえばあなたの経済的な成功は、将来のあなたがすぐに現金を得たいという短期的な願望に負けて、年金の積立を崩さないことにかかっている。結婚生活がうまくいくかどうかは、愛のある安定した関係から得られる利益よりも一時の情事を優先してしまわないことにかかっている。長期的な健康は、タバコやキャンディー、ケーキなどの嗜好品の誘惑に負けないことにかかっている。じつは、自分自身を信頼するという決断は、他者を信頼する決断に似ており、あなたは将来の自分がしそうな行為について賭けをしているのだ。

そういうことなら、自分を信頼するという決断は簡単だと思うかもしれない。あなたはほかの誰より自分のことをよく知っているだろうから、自分に対する信頼度の評価精度は高いはずだ。しかし本当にそうなら、なぜ私たちは自分の行動に驚くことがあるのか？　もし自分の動機を完全に見抜いているのなら、なぜ自分の嫌な振る舞いにショックを受けるのか？　なぜ、そうなることを予測できないのか？　この三つの質問に対する答えは、基本的な事実にある。私たちは、自分を他者よりもよく知っているかもしれないが、完璧に知っているわけではないのだ。というより、完璧に知ることはできない。だが、それは私たちの知能や内省や性格に不備があるからではなく、心に本来、限界があるからだ。私たちが、見込まれるさまざまな報酬をどう評価するか――そして、自分の当初の意思をどれほど重視するか――は、現在の自分だけでなく、報酬との時間的な距離にもかかっている。

鏡よ鏡、世界で一番公平なのはだあれ？

あなたは公平で誠実な人間ですか？　もし、ある原則が道徳的に正しいのでそれに従おうと思ったら、そうしますよね？　私たちは、実験に参加してくれる人に、このような質問をよく投げかける。それに対して、ほぼすべての人が「イエス」と答える。だが、彼らのその後の振る舞いは先の答えとたびたび一致しない。こうした発言と行動の不一致を示す実験――自分自身を知ることの難しさがわかる実験――は関心を呼ぶ傾向がある。なぜなら、そのような実験によって、自分の性格について抱いている幻想が打ち砕かれるからだ。この手の実験で特に私が気に入っているのは、人間がわれ知らずどれほど利己的になるのかが確かめられる実験だ。みな、自分を信頼できると思っていても、誘惑にあっけなく負ける。それでいて、自分は公平で誠実に振る舞っているのだと、何とかして自分に言い聞かせる。自分自身をいつも信頼できるわけではないことを納得してもらうためには、この実験から始めるのがいいだろう。

では、思考実験をしてみよう。あなたを一人きりにしてから、コイン投げをして表と裏のどちらが出たかを書き留めてほしいと頼んだら、正直にそうするか？　たぶんそうする。それでは、表か裏かによって、あなたがその後にすることが大きく変わるならどうだろうか？　表が出たら、おもしろいゲームを短時間することができる。一方、裏が出たら、退屈で面倒な作業に四五分間縛られる。そして、実験をさらに興味深くするために、隣の部屋にいる人はあなたのコイン投げの結果と逆の作業を引き受けることにする。さて、あなたはどうするか？　自分が正直に振る舞うと信頼できるか？　自分がつまらない作業に取り組むあいだに、隣の人がおもしろいゲームをするのをよしとするか？　これは、自分の利益がかかると、自分の今後の振る舞いについての予測が狂うことを見るために、ピアカルロ・ヴァルデソロと私が考案した実験だ。

私たちはまず、一般の人が、コイン投げのルールを破るのは信頼に値しない行為と見なすことを確認する必要があった。私たちがそう考えるからといって、世間の人びとが同意するとは限らない。そこで、私たちは一〇〇人以上の人に、コイン投げをすっ飛ばして、いきなり楽しいほうの作業を自分に割り当てるのは間違っているかと尋ねた。結果は驚くほどはっきりしていた。私たちがおこなう匿名のアンケート調査で全員の合意が得られたのは、あとにも先にもこのときだけだろう。参加者は一人残らず、コイン投げをしないのも、結果について嘘をつくのも完全に間違っていると答えた。ところが、それとまったく同じ状況に参加者を置くと──一人にして（隠しカメラを設置しておいて）、自分と隣の部屋にいる人のどちらが面倒な作業に回されるのかを決めるコイン投げをしてもらうと──、なんと九〇パーセントの人がコイン投げをしなかったのだ。[1]より正確に言えば、一部の人はコインを一度投げたが、二回投げ、三回投げ……というように、望む結果が出るまで何度も投げた。それ以外の人は、コインを投げもせず、すぐに表が出たと報告した。

不正だから自分はしないと一〇〇パーセントの人が言う行動を、九〇パーセントもの人が実行するのは、どう考えても変だ。だが仮定の質問に答えるのとは違って、もしかしたら実生活でルールに反する行為を見ても、実際はそこまで悪いと考えないのかもしれない。その可能性を確かめるため、私たちは、ほかの人が同じように不正をするのを観察する実験もおこなった。つまり、ほかの人がコイン投げをせず、自分に楽しいほうの作業が回ってくるようにする様子を隠し撮りして、実験参加者たちに見てもらった。ほかの人が利己的な願望に屈するのを見ると、彼らは何のためらいもなく、その人を咎めた。私たちが、「コインを投げなかった人」はどれくらいフェアだったかと尋ねると、結果は明白で、一人残らずフェアでないと答えた。その人の振る舞いは信頼に値しないし、ルールを破ったのは道徳的に正しくないと、全員が思っていたのは疑いない。ところが、コイン投げでごまかした実験参加者たちに、自分の振る舞いについて尋ねると、まったく違う答えが返ってきた。自分もほかの人と同じルール違反をしたのに、自分の行動は受け入れられると思っていたのだ。それどころか、フェアだとさえ考える人もいた[2]。彼らはルールを破ることによって、自分に嫌気がさすことはなかった。道徳的過ちを犯したとして他人を非難しながら、自分が同じことをしでかしたときにはその罪を赦した。つまり彼らは、他人には厳しいが自分には甘く、そのため良心の呵責《かしゃく》を感じなかった。

人間には自分自身をだます傾向——自分の不誠実な振る舞いを言葉巧みに正当化する傾向——があるというのは確固とした知見で、ほかの研究者によっても繰り返し再現されている。だが、それは多くの点で、なぜ自分を信頼することが危険なのかを示すものでもある。理由はさまざまだが、自分自身の行動を予測するのは、往々にして他者の行動を予測するのと同じくらい難しい。たとえ簡単なような気がしても違うのだ。

今ここに生きよ、ほかはすべて錯覚

「今ここに《ビー・ヒア・ナウ》」という言葉がヒッピー風なのはわかっているが、自分に対する信頼について言えば、そこにはいくらか真実がある。ここで、その言葉と向き合ってみよう。第6章と第7章では、他者の信頼度を判断するためのテクニックを取り上げたが、相手が自分の場合には、どれもあまり役に立たない。鏡を覗き込んで、自分が体をそらしているか、手を顔に触れているかを見ても無意味だ。二者、つまり現在のあなたと将来のあなたとの会話は、あなたの頭のなかでおこなわれており、観察できない。先ほどの実験から、自分が誘惑に抵抗して正しいこと――それが何であれ――をするかどうか、簡単には予測できないのを認めてくれるのではないだろうか。それでも、なぜそうなのかという疑問は残るかもしれない。そもそも、なぜ将来の予測は間違うことが多いのか？　それに、みずから立てた誓いを守れるとは限らないことを、自分の振る舞いに何度驚いても学べないのはなぜか？

この二つの問いはいいところを突いている。これに答えるには、心がしばしば陥る二つの錯覚に向き合わなくてはならない。それは「近視眼的な見通し」と「過去の取りつくろい」だ。今この瞬間には、どちらのバイアスもない。たとえば、チョコレートケーキに手を伸ばしつつあるとき、あなたには、自分が新年の決意を破ろうとしていることがわかっている。配偶者がほかの町に出かけているすきに過去の恋人と会う約束をするとき、あなたには、自分が配偶者との誓いだけでなく、自分自身との誓いも破っていることがわかっている。だが、その何日か前には、自分は誘惑に勝てると確信していることが少なくない。一方で、誘惑に負けた直後には、自分の行為にはもっともな理由があった、本当は不誠実なわけではない、酌量すべき事情があったと自分に言い聞かせる。先ほどの実験でも、同じこの二つ錯覚が行動に影響した。参加者たちは、自分でも予想しない利己的な振る舞いをしたのに、その数分後には自分は悪くないとみずからを納得させたのだ。確かにことの重大さに違いはあるが、そこに働いたメカニズムはやはり「近視眼的な見通し」と「過去の取りつくろい」だった。では、二つのメカニズムを一つずつ説明していこう。

「近視眼的な見通し」とは、名前からわかるように、将来よりも現在に注意が向くことだ。ここから、現在は将来より時間的に近いため、現在のほうがよりはっきりしている、さらにはより重要であるという、二つの関連した問題が生じる。現在が「よりはっきりしている」というのは、遠い将来になるほど、物事に対し自分がどう感じるかを予測する精度が著しく落ちるということでもある。心理学者のダニエル・ギルバートは、私たちの自分の感情を予測する能力がお世辞にもよいとは言えないことを何度も示している。たいていの人は、将来の出来事が自分の感情にどう影響するかを予測するときにしょっちゅう間違う。それはつまり、将来の出来事に直面したときの自分の振る舞いを予測することも、やはり下手だということだ。何かを実行した場合、あるいは実行しなかった場合の自分の気持ちを見通せないのに、将来の行動を自分自身で信頼できるかどうか、どうしたらわかるというのか。

ギルバートの研究から示されているように、将来の感情がうまく予測できない原因は、予測の立て方にある(3)。これからの出来事にかんする私たちのシミュレーションは、たいてい文脈から切り離されている。私たちは当の出来事だけに焦点を絞りすぎ、それについて考えている自分の今の感情という文脈も、その出来事を実際に迎える直前に自分が抱いていそうな感情という文脈もないがしろにする。たとえば、明日の夜に食べすぎないと自分を信頼できるかを考えるとき、あなたはおそらく、今の気分も、明日のディナーの直前に予定されている会合のせいでストレスを感じているかもしれないことも考慮していない。ご想像どおり、今幸せな気分だと、将来を見通すときにかなり楽観的になって、ダイエットの計画を簡単に守れると自分を買いかぶることになる。一方、ストレスを感じていると、誘惑に直面したときに、否定的な気持ちで感情も消耗している可能性が高い。いずれの場合でも、こうした感情は、問題となる実際の出来事（たとえば過食）とは無関係なのに、それに対するあなたの反応を決定づける。

ダニエル・ギルバートが心理学者のティモシー・ウィルソンとおこなった研究からは、近視眼的な見通しからもたらされる危険がよくわかる。それを理解するため、明日パスタを食べたいとどれくらい思うかを想像してみてほしい。ギルバートとウィルソンは、その手の質問を使っていろいろと実験をしている。そのなかで二人は、空腹の参加者がパスタを朝から食べてもいいと勘違いすることをたびたび見出した。(4) 一方、満腹の参加者は、夕食にパスタをあまり食べたくないと間違って思い込むのだがじつは、どちらのグループの人も、空腹でも満腹でもないときのパスタの好みは同じくらいなのだ。にもかかわらず、空腹の人に、どれほどパスタが食べたいかを想像するように求めると、その人は食べたい気持ちを過大評価しがちで、朝からパスタを食べたいはずだと本当に思ってしまう。だが実際には、もし朝食にパスタが出てきても、ちっともうれしくない。信頼についても同じことが言える。もしあなたが今日幸せならば、明日ストレスを感じて精神的に消耗する可能性が高いという事実を正しく評価できないかもしれない。とすると、ピザを食べすぎないという自分との約束を守ることは、明日のほうが今日よりもずっと難しく感じられる。

こうした感情の予測のエラーが近視眼的な見通しの一部をなし、その結果、将来の出来事に対する自分の反応がわかりにくくなる。だが、無関係な感情からのバイアスを何とか正すことができたとしても、将来の予測はまだ難しいままだ。ここに、現在は将来より「重要」であるという、もう一つの問題が絡んでくる。第1章で触れたように、人間の心には、将来の報酬の価値を歪めて見積もるバイアスが組み込まれている。多くの人は、三日後に二五ドルもらうより今日二〇ドルもらうほうを選ぶ。たとえ三日後に二五ドルもらうほうが得だとしてもだ。家に財布を忘れたので今すぐお金が必要だということでもなければ、三日待って二五パーセント多くもらうほうが、はるかに賢明だ。しかし、心はつねに合理的というわけではない。それに、待つこと自体にもリスクがある。お金を少しももらえない可能性が、わずかとはいえつねにあるのだ。もしかしたら、あなたは明日ぽっくり死ぬかもしれないし、支払者が心変わりするかもしれない。そのようなことから、私たちの心は、「手中の一羽は藪《やぶ》のなかの二羽に値する」という原則を好む傾向がある。逆に、将来の報酬を喜んで待つためには、将来の報酬が目の前の報酬をはるかに上回らなくてはならない。

とすると、自分自身への信頼には、将来のあなたが長期的な利益を得るために短期的な利益を我慢できるかという推測がかかわってくる。振り返ると、第1章で紹介したモチーフは、イソップ寓話のアリとキリギリスが両側の皿に載っている天秤と言える。アリとキリギリスはそれぞれ、長期的な利益と短期的な利益への願望を象徴している。自分に対する信頼で天秤が実際にどのように作用するかを理解するためには、自分の今後の行動を決定する天秤が一つではないと気づく必要がある。将来へと続く時間軸に沿って、いくつもの天秤が並んでいるのだ。

天秤がたくさんあると、それらすべてがどうバランスを取っているのかが見えにくいという問題が生じる。時間が進むにつれ、天秤の左右の重みが変わる。自分と望ましい報酬とを隔てる時間が短くなるほど、天秤のキリギリス側の重みが増すことが多い。今日の時点では将来の誘惑――二カ月後の休暇中に訪れそうなチョコレートケーキやギャンブルの誘惑――に抗うのは簡単に思えても、いざそうした誘惑と実際に直面したときには、我慢するのははるかに難しい。その結果、天秤を誠実な行動の側に戻すには、初めに考えていた予想よりずっと多くの努力が要ることになる。当初の方針どおりに行動することを徹底するには、予想以上に強い意志力が必要だろう。

本書の第5章では、ミネソタ大学カールソン経営大学院の心理学者キャスリーン・ヴォースが実施した、お金と誠実な行動にかんする研究を取り上げたが、おそらく彼女は、誘惑に耐えることの難しさをどの科学者よりよく知っている。ヴォースが共同研究者らと手がけた研究は、このテーマにかんして、これまでのところ最も巧みで説得力がある。そこで明確に示されたのは、短期的な報酬を我慢するのには労力を要することが多く、ひとたび意志力が酷使されると、あとから後悔するような行動を取る可能性が高くなることだ。

この現象の例では、ヴォースがダートマス大学の心理学者トッド・ヘザートンと進めた研究が私のお気に入りだ。実験のアイディアはきわめて単純で、もし意志力が有限な資源のようなものならば、ある状況で誠実に振る舞うために（たとえば、目先の利己的な報酬を我慢するために）意志力を使うと、次の状況で誠実に振る舞うのが難しくなるというものだ。これを検証するのに、ヴォースとヘザートンは二つの特別なタイプの参加者を選び出した。長期的にダイエットをしている人びと（ダイエット常習者）と、まったくダイエットをしない人びと（非ダイエット者）だ。参加者は、アイスクリームの味にかんする市場調査という触れ込みで募集された。参加者たちは到着すると、待合室で座っているように言われた。部屋には、実験スタッフが前もって各種のスナック（チョコレート菓子、トルティーヤチップ、フルーツキャンディー、塩味のピーナツなど）を、参加者が椅子に座ったまま手が届くところか、座っている場所から三メートルほど離れた部屋の反対側に盛っておいた。スナックまでの距離を変えることによって、スナックを我慢する難しさの程度を簡単に操作したのだ。

参加者たちが待合室で腰をかけると、実験スタッフから、隣の部屋で試食用のアイスが準備できたら戻ってくるので、それまでのあいだ、スナックを自由に食べていいと言われた。参加者たちのおもな違いは次の二つだったことを思い出そう。（1）一部の参加者は、積極的にダイエットしており、食事を控えると自分に約束していたが、ほかの参加者はそうではなかった。（2）一部の参加者は、簡単にスナックをつまめるところにいた（つまり、誘惑が大きかった）が、ほかの参加者はそうではなかった。なお、この実験では念のため、参加者に実験室に来る二時間前から何も食べないように伝え、全員を少し空腹の状態にしてあった。このような段取りによって、指のすぐ先にスナックが置かれていたダイエット常習者が、最も大きな誘惑を感じることになった。お腹がすいていて、スナックがすぐそばにあったにもかかわらず、食べまいと思っていたからだ。さて、ダイエット常習者のなかで最終的に誘惑に負けたのは、一四パーセントだった。一方、八六パーセントは目の前のスナックを我慢できたが、それらの人びとはスナックを我慢するために、おそらく参加者のなかで最も意志力を使った。

この時点で実験スタッフが待合室に戻ってきて、参加者を一人ずつアイスの試食に案内した。参加者は、アイスの入った大きな容器が三つ並んでいるところに座らされた。実験スタッフは参加者に、味を評価するための調査票を持って一〇分後に戻ってくると告げて部屋を出ていき、参加者は一人になってそれぞれの味を試食した。当然、ヴォースとヘザートンが本当に興味を持っていたのは、味に対する感想ではなかった。彼女たちは、参加者が実際に食べたアイスの量に注目していた。味の好みをみるのに、たくさん食べる必要はない。アイスクリーム屋のカウンターで差し出される、小さなプラスチックスプーンですくえる量で十分だろう。もっと言えば、まったく食べなくてもいい。ワインテイスターは普通、試飲用のワインを飲み込まない。とはいえ、ほとんどの人は試食としてアイスを多少は食べる。それはいい。ただし、どれだけたくさん食べるかというのは別の問題だ。

結果は、自分との約束を守るのには労力を要するという仮定から予想されるとおりだった。非ダイエット者が食べたアイスの量は、事前にスナックが手に取りやすかったかどうかであまり差はなかった。だが、ダイエット常習者ではずいぶん様子が違った。大きな誘惑——手の届くところにある山盛りのスナック——に打ち勝った参加者は、スナックが目の前になかった参加者に比べて、三倍近い量のアイスを食べてしまったのだ（七二グラムに対して一八二グラム）[5]。その原因は、大きな誘惑にさらされた人びとが、ダイエットへの意欲に欠けていたからではない。彼らはほかのダイエット常習者と同じくらい意欲的だった。食べたアイスの量が多かったのは、とりもなおさず、実験の最初の段階でおいしそうなスナックを我慢するために多くの労力を費やしたからだ。そのせいで、信頼が試される事態がまた起こると——実験ではアイスの前に座った——、彼らはくじけた。もう意志力が残っていなかったのだ。

あなたは、これは食べ物の話にすぎないと思ったかもしれない。なるほど、彼らは空腹で自制心を失ったのかもしれないし、腹が減ったから食べたいというのは生物学的な欲求と言える。だが違う。

ヴォースは、似たようなパターンを、多くの人が我慢しようと自分に誓う、ほかの事柄でも見出している。それはショッピングだ。彼女はこの研究で、自制心を要する比較的単純な作業を参加者に課し、そのあと自由に買い物をしてもらった。具体的には、実験の第一部で、参加者たちに心に浮かんだ考えを六分間で挙げるように求めた。ただ、ここに一つ仕掛けを作り、参加者の半数には、シロクマのことを除いて何でも好きなことを考えてよいと伝えた。正確には、彼らはシロクマについて考えてはならないとはっきりと言われ、もし考えたら、そのつど用紙に印をつけるように指示された。ばかばかしく聞こえるかもしれないが、これは心理学者のダニエル・ウェグナーが繰り返し実証した事実に基づいている。何らかの思考を抑制しようとすると、多くの場合、かえってそれを考えてしまう。私たちは不意に、いくらがんばってもそのことを頭から締め出せなくなるのだ。ウェグナーは、人びとの認知能力を疲れさせるためにシロクマのテクニックを何度も用いていた。

この実験では、思いついたことを列挙する段階が終わった時点で、参加者はリラックスしている人と、ストレスを感じている人とにはっきりと分かれた。それから参加者は一〇ドルを手渡され、そのまま帰ってもいいし、そのお金で目の前に並べてある二二種類の品物のどれを買ってもいいと言われた。品物はチューインガムやマグカップなどで、一ドル未満のものから五ドルくらいのものまであった。それらは必需品ではなく、レジで並んでいるあいだや雑貨店にいるときに衝動買いをしてしまう類《たぐい》の品だった。そしてこの実験では、「衝動」という言葉がぴったり当てはまる結果が出た。

ヴォースが購入パターンを見たところ、今回も予測が正しかった。自制心を働かせていた参加者――いまいましいシロクマについて考えまいと一生懸命に努力した人びと――は、そうしなかった参加者よりはるかにたくさんの買い物をしたのだ。自分の心を監視したり自制したりする必要のなかった人びとは約一ドルしか使わなかったが、自制に努めた人びとはその四倍の金を使った。[6] 衝動にかられた彼らは、より値段の高い品物を選び、よりたくさん買い物した。

こういった事例からは、近視眼的な見通しがもたらす危険がはっきりとわかる。将来の自分の行動を予想しようと先々に目をこらしても、たいていあまり見通しは利かない。それは、何かを望む気持ちが、そのときが近づくにつれてどれだけ強まるかを読み誤るからだけでなく、そのときが来たときに状況的な要因によって自制心がどれほど働かなくなるのかを読めないからでもある。今日の時点では、おいしそうなアイスクリームサンデーを食べたり新しいスーツやドレスを買ったりといった楽しみを我慢するのは簡単に思えるかもしれないが、その予想が正しいと思い込んでいたら、墓穴を掘るだろう。少なくとも、自分との約束を守るのがより困難な状況にみずからを追い込むことになる。

ほとんどの人が自分に失望させられることがあるという事実からは、同じように厄介な疑問が生じる。なぜ私たちは自分の失敗から学ばないのか？　なぜほとんどの人は、自分が間違いなく誠実に振る舞えると信じ続けるのか？　これは理屈に合わないように思える。もし、友人や仕事のパートナーが約束を何度か破ったら、私たちはその人に「信頼できない人」というレッテルを貼るに決まっているし、普通ならもうその人を信頼するのをやめるだろう。それなのに私たちは、たとえ誘惑に負けないと誓うのが五回めだとしても、自分を信じる傾向がある。自分に対する揺るぎない信頼は、安定した楽観主義から来るのではない。むしろそれより、はるかにたちが悪い。それは、自分を善良な人間と見なそうとする万人共通の根深い動機に由来する。そしてその動機が、厄介な第二の錯覚である

「過去の取りつくろい」を引き起こす。

へりくつばかり

思想家のアイン・ランドが「正当化は現実を認めるプロセスではなく、現実を自分の感情に合わせようとする試みである[7]」と述べたのは、言い得て妙だ。私たち人間には、自分を有能で正直と見なしたいという強い願望が生まれながらにある。つまり、私たちは自分を失望させたとき、意識的にせよ無意識にせよ言い逃れをしがちなのだ。この正当化バイアスは身に染みついており、いんちきの言い訳をすることや、列車に乗り遅れたのは自分のせいではなかったと自分を納得させることなど、さまざまな行為にそのバイアスが影響している。

あなたがT（ボストンでは地下鉄をそう呼ぶ）に乗ろうとしていると想像してほしい。あなたは急いで地下に降りてホームに向かっていたが、ホームの手前で電車が出ていくのが見えた。あなたはどんなふうに感じるか？　乗り遅れたことに対して自分を責めるか？　ダニエル・ギルバートらは数年前、Tのハーヴァードスクエア駅で通勤者にこれらの質問をぶつけた。尋ねられた人びとのなかでの唯一の違いは、列車を待っているあいだに質問をされたか、列車に乗り遅れたところ（つまり、列車が出ていくのを見たところ）で質問をされたかだ。乗り遅れたら、もう一〇分ほど遅れるのだ。さて、列車に乗り遅れなかった人（つまり、乗り遅れた場合の自分の反応を想像した人）は、乗り遅れたことを大いに後悔し、悪いのは自分だと思うだろうと答えた。彼らが考えた原因は、目覚まし時計のスヌーズボタンを何度もたたいたこと、あるいは忘れ物をしたことなどだった。ところが、実際に一足違いで列車に乗り損ねた人びとは、ずいぶん違う反応を示した。列車に乗り遅れなかった人の想像とは違い、彼らはあまり後悔を感じていなかったうえ、乗り遅れた原因について、まったく異なる理由づけ(正当化)をした。彼らの説明で強調されたのが、状況的な要因が入り込んできて自分ではどうしようもなかったという点だ。たとえば、行列が長すぎた、一部の自動改札機が故障していたというように。要するに、乗り遅れたのは自分のせいではないので、あまり後悔を感じなかったということだ(8)。

列車に乗り遅れることが信頼と何の関係があるのか。そうあなたは思っているのでは? 狭い意味ではあまり関係がないが、視野を広げれば、この研究から、非難をかわしたいという願望がいかに心に染みついているのかがわかる。私たちは、自分からの非難も逃れたいのだ。ギルバートの比喩を借りれば、人間には、自分の幸福を脅かすものに対する免疫系が備わっているらしい。自分の悪い行為について自分を責めようとすると、心が介入して取りつくろう。通勤者は、列車に乗り遅れたのは、朝ベッドから出られなかったせいではなく、誰かが自動改札機を修理しなかったせいだと思う。もっと深刻な場合でも同じだ。アルコール依存症の人は、一週間の禁酒の誓いを破ったのは、酒がほしかったからではなく、シャンパンを勧めてくれたホストの感情を害したくなかったからだと考える。みな、こうした行為がまずい結果を招きかねないことに同意するだろうが、よくない振る舞いをしたときには、非難の矛先から逃れようと躍起になる。そんなことをした理由はほかにある、自分も被害者だったとごまかすのだ。私がこのからくりを「たちが悪い」と述べたわけは、もうおわかりだろう。

本章の初めに紹介した実験で、すでに取りつくろいの例が出てきている。自分と他者のどちらが面倒な課題に回されるのかを決めるときに、コイン投げの結果に従うのではなく、コインを投げないで他者にその課題を押しつけるのはよくないと、みな異口同音に言った。だが、自分をだませる状況だと、九〇パーセントもの人がコインを投げなかった。あっさりとよいほうの選択肢を選んだのだ。だが、おそらくこの研究の最も興味深いところは、コインを投げなかった人が、自分の行動を不誠実、またはずるいなどとは見なさなかったことだ。彼らは自分を評価したとき、とかく次のように正当化を図った。「いや、隣の人は今の自分のように目が回るほど忙しくないはずだ」「普段ならこんなことはしないけど、今は急いで授業に行かないといけないから」。要するに彼らは、そうするしかなかったと言っているようなものだった。誠実な人だって、似たような状況では同じことをしただろう、と。

しかし、これらの言い訳が、自分を信頼する能力を守るための正当化から生じたことは、どうすればわかるか？　単純なことだ。私たちは、一部の参加者が正当化できないようにして、同じ実験を再びおこなった。正当化をするには、必ず少しばかり余分な努力を払わなくてはならない。心は、よくないことをしたと認識したうえで、それをぬぐい去るために、考える手間を特別にかけなくてはならない。とすれば、モラルに反することや不誠実な振る舞いをしたのが本当は自分の落ち度ではなかったと――それは自分の当てにならない性格ではなく状況的な要因のせいだと――自分を納得させる時間や余裕がなければ、心は、自分の選択が間違いだったと認めるしかなく、その結果、自分をおいそれとは信頼できないことになる。

正当化の余裕を参加者に与えないため、私たちは、心理学者が数十年前から利用してきた「認知的負荷」という基本的なテクニックを用いた。名前のとおり、認知的負荷をかけるというのは、心を忙しい状態にさせておくということだ。もしあなたが、熟慮を要する問題を解こうと取り組んだものの、気が散って解けなかったことがあれば、認知的負荷を経験したことがあるわけだ。私たちの実験では、コイン投げをせずに他者に厄介な作業を割り当てるという流れは以前のままだが、自分の振る舞いの誠実さを判断してもらう直前に、七桁の数字を覚えるように求めた。言い換えれば、参加者は自分の問題行動（コインを投げずに自分を楽な課題に割り当てたこと）の評価に心を向けたとき、同時に七桁の数字を繰り返しつぶやいていたということだ。実験の結果、私たちの仮説が正しいことが証明された。(9) 心が何かの作業にかかりきりのときには、自分の問題行動を正当化することができず、参加者はためらわずに自分を非難した。直感では、他者がコイン投げをしなかったことを非難したときと同様に、は取りつくろわなかったのだ。彼らは、他者がコイン投げをしなかったことを非難したときと同様に、ためらわずに自分を非難した。直感では、自分が不誠実に振る舞っていたことがわかっていた。そのため、正当化ができなかったときは、自分の支持する道徳原則をみずから破ったという事実に向き合わなくてはならなかった。だが、一〇秒間与えて心が別のことにとらわれないようにすると、他人には厳しく自分には甘い態度が現れた。前回同様、認知的負荷がかかっていなかった参加者は、自分の行動を弁解し、自分は公平だと考えた。

　ところで、これらの研究でのモラル違反は、言うまでもなくささいなものだ。幸いにも私たち研究者は、人びとがお金を何百ドルも衝動的に使ったり、他人の人生をぶち壊しかねない利己的な決断をしたりするような実験はできない。科学は重要だが、そこまでの犠牲を払うものではない。とはいえ、この現象は拡張可能だ。その証拠を探すには、日々のトップ記事を見るだけでいい。

その好例として、元ニューヨーク州知事エリオット・スピッツァーの最近のスキャンダルがある。スピッツァーは、地方検事だったころに売春撲滅作戦を成功させ、早くから名を上げていた。にもかかわらず知事の座に就くと、「エンペラーズクラブ」という売春サービスの常連客になった。彼は、買春するのは絶対によくないし、間違いなく自分のキャリアや結婚生活に対するリスクになると思っていたが、あるときに短期的な快楽の価値があまりにも大きく見えて、我慢できなくなったのだ。

多くの人が、なぜスピッツァーがそんなことになったのかと不思議に思った。売春組織の「顧客９番」だったことが公にされ、面目を失ったあとのインタビューで、スピッツァーはこう語った。「人間の心は、間違っていて良識に反すると理性ではわかっていることをしでかすし、それを黙認する」[10]。だが、先ほど見た実験の参加者たちと同じく、スピッツァーはそれから状況的な要因に触れ、次のように述べた。「何かの弁解と受け取られるような……ことを言うつもりはない。だが、それ［自分の行動］が緊張と解放に起因するという面はいくらかあるに違いない。そして、歯止めが利かなくなる」。ここに問題が潜んでいる。スピッツァーは、自分がモラル違反をした理由を、不誠実に振る舞ったのは個人の責任ではなく特定の状況にあるとみているのだ。確かに、人の誠実さは状況によって変わりうるが――それが本書で大きく取り上げているテーマだ――、だからといってスピッツァーの行動が許されるわけでも正当化されるわけでもない。ここでの問題は、スピッツァーが、似たような状況に陥ったほかの人と同じく、特定の状況に直面したときに自制心にどれほど重い負担がかかるかを前もって認識していなかったことにある。そのため彼は、なすすべなく繰り返し誘惑に足をすくわれてしまった。

過去の自分、未来の自分と会話する

あなたは今、ジレンマに陥っているかもしれない。自分を信頼したいと思っても、将来や過去を覗くときに生じる錯覚のせいで、他者を信頼するのと同じくらいリスクがあることに気づいてしまったのだから。するとこの困った状況から、二つの疑問が湧く。いったいなぜ、心はこんな働き方をするのか？　それに対抗するにはどうすればいいのか？

一つめの疑問への答えは、一部は「欠陥」で一部は「仕様」だ。「欠陥」は少し前に見た事実に由来する。心のなかで時間旅行をする能力――心のなかで将来についてシミュレーションをする能力――は、進化の年表で見ると比較的あとのほうの能力だ。私たちの種《しゅ》は、前頭皮質の大型化に伴って時間旅行の能力を獲得した。前頭皮質は人間に特有の脳の部位の一つで、進化的に最も新しい。次に科学博物館に行くことがあったら、脳のこの領域（額に最も近い部分）のあたりの頭蓋骨のサイズが、私たちの祖先の系統をとおして大きくなってきた様子を注意して見てほしい。新しいコンピューターやソフトウェアに欠陥《バグ》がつきものであるように、大きなメリットをもたらすシミュレーションや予測の能力にも、あまりうまく働かない部分がある。そして、今のところ最もバグが多そうなのは、将来の感情を予測する部分だ。そのせいで、私たちには近視眼的な見通しという錯覚がついて回る。私は、歳を取ったときの自分の健康の衰え方や、失業しても困らないために次の一年間に必要な貯蓄額をかなり正確にシミュレーションできる（数字や統計をいじれば、それでこと足りる）。だが、失業したら自分がどう感じるかは、先ほどのようには正確に予測できない。もちろん、不快な気分になるのはわかる。だが、どれほど嫌な思いをするかや、どんなふうに感じるのかは、正確な実感という意味ではまったく予測できない。それでも、これまでに見たように、願望や嫌悪の程度によって、私たちの振る舞いは大きく変わりうるのだ。

第一の疑問に対する答えの「仕様」の部分は、過去の取りつくろいと関係がある。もし、自分がどれくらい不誠実になりうるのかを知ってしまったら、私たちは自暴自棄になるかもしれない。自分を二度と信頼せず、将来の自分を、しっぺ返しの死のスパイラルに陥った脱落者扱いするかもしれない。だが、過去に自分の期待を裏切ったからといって、将来に正しいことをすると自分を信頼できなければ、大事な目標に向かって長期的に努力する気持ちはしぼんでしまう。退職後に備えて貯蓄すると決心したところで、翌月にはそれが揺らいで散財してしまうのなら、なぜ今、新しいｉＰａｄを我慢しなくてはならないのか？　だが生きていくうえで、将来の自分を信頼しないのは最善の策とは言えない。私たちがときどき自分との約束を守ることを考えると、なおさらそうだ。そのようなわけで、私たちの心は、自分を今一度、自分にとって受け入れられるパートナーにするため、道を踏み外したときにはみずからの評判を取りつくろうのだ。

だが、私たちにできることはそれだけなのか？　私はそうは思わない。自分の信頼度を的確に判断しようと思ったら、問題の根源である時間に伴う歪みに取り組まなくてはならない。そのためには、本章の初めで見た助言「今ここに」に従う必要がある。それは言うほど簡単ではないと、あなたは思っただろうか。何と言っても、時間旅行の問題を人間はまったく解決できていないのだ。確かに、肉体を将来に送り込むという意味ではそうかもしれないが、考えや目標ならできる。スマートフォン革命が到来し、何と一部の人気アプリは、まさにこうした問題を解決しようとしている。ダイエットや運動を続けるように促すアプリは広く普及している。また、あらかじめ指定した時間帯には、携帯から特定の番号に電話がかけられないようにする「酔っぱらい電話ノー！」〔酔っぱらって昔の恋人や配偶者に電話をかけようとしてもブロックするアプリ〕のように、用途を特化したアプリもある。これらのアプリに共通する特徴は、現在のあなたが将来の自分に話しかけたり、電話の操作という意味で将来の自分をコントロールしたりできるという点だ。そうすることで、自分の分身が時間を越えて別の分身と直接交流することが可能になる。すると、過去のあなたが将来のあなたに、たとえ二度と繰り返さないと誓っても過ちを犯すことがあると注意することができるので、過去の取りつくろいを防げる。

もちろん、この問題を解決しようとする方法はいつの時代にもあった。パピルスに記された注意書きから、付箋に走り書きされたメモまで、昔から人間は、異なる時間にいる別の自分とコミュニケーションを取れるようにして、信頼や信用を高めようと努めてきた。しかし、情報提供の手段としてのテクノロジーが身近になった今、テクノロジーを生活に取り入れることによって、こうした試みもまた前進するだろう。だからといって、将来のあなたが現在のあなたの忠告に耳を傾けるとは限らないが、少なくとも将来のあなたは、より確かな情報に基づいて決断することが求められるはずだ。そして、その決断からもたらされる結果が、次の決断に役立つデータとなるだろう。

この章の要点

・**自分に不誠実な面があることを認めよう**。私たちの実験の参加者は、道徳の権化ではなく普通の人びとだった。そして、いくら認めたくないとしても、私たちを含めて普通の人の心には、目の前の報酬や利己的な利益を選ぶメカニズムがある。だが、それは嘆くことではなく、対処できることだ。第１章では、純粋な利他主義者や協力者ばかりの社会が存続しにくい理由を見た。また一方で、適切に信頼すれば利益が得られることもわかった。これは、他者に対する信頼だけでなく、自分自身に対する信頼にも当てはまる。しかし、自分を信頼するときに失敗しないためには、誰でも自分との約束を破る可能性があることに気づかなくてはならない。自分が最も誘惑されやすい状況を予測して、そのような誘惑を積極的に避けたり、うまく乗り越えたりすることができれば、将来の自分がよりよいパートナーになるのは間違いない。

・**意志力は無尽蔵ではない**。意志力は労力を要する資源なので、欠乏することもある。だから、自分は将来にどんな誘惑が襲ってきても耐えて誠実に振る舞えるという思い込みは捨てなくてはならない。あなたは、立派な志を抱いて何かを始めても、くじけてしまうかもしれない。それで結局、最初から目先の利益を選んだ場合と同じ結果になってしまうこともあるだろう。だがこれまでに見たように、信頼度にかかわる直感的なシステムは、意識による指示がなくても機能する。したがって、無意識的な心には目先の利益と長期的な利益をそれぞれ優先するメカニズムがあるとしても、長期的な利益を優先するシステムのスイッチが入っていれば、誠実な振る舞いをある程度自動的に促してくれる。だから、もし精神があまりにも消耗して、自分との約束を破りたいという誘惑にかられそうになったら、心を長期的な成果に集中させてから一息つこう。そのときには、考えるのではなく感じるといい。長期的な成果に注意を向ければ、誘惑に降参する気持ち（たとえば、スナックを今すぐ食べたいと思う気持ち）ではなく、誠実に行動する気持ちが確実に湧いてくる。すると、問題となる行動に傾きかけたときに心のなかで強い罪悪感が生じるので、あなたが理屈をつけて目標を捨てずに初志貫徹できる可能性は高まる。

・**自分の今後の振る舞いを見通すためには、自分の時間的な立ち位置を理解することが必要**。私たちの心には、報酬や自分の行動を評価するときにバイアスをかける仕組みが生まれつき備わっている。遠い将来にしか利益が得られない誘惑は簡単に無視できる。だが、報酬が今すぐに得られそうな場合には、その価値がより大きく見え、手を出さずにいるのが難しくなる。同様に私たちは、自分との約束を今この瞬間に破るのは不誠実な振る舞いだと明確に認識できるのに、約束を破ったあげく、そのような行動を、異例な状況が原因だったとして正当化する。つまり、「近視眼的な見通し」と「過去の取りつくろい」によって、自分の将来の振る舞いについての予測も、過去によくない振る舞いをした理由についての考察も歪められる。これらのバイアスを修正する一つの方法は、時間を隔てた別々の自分同士がコミュニケーションを取れるようにすることだ。それは、ノートや記録を使えばできるし、現在ではアプリを利用する手もある。

第9章　信頼するか、欺くか
——最後はいつだってこれだけ

悲しいことに、二〇〇五年八月二九日はミシシッピ州ガルフポートの住民にとって忘れられない日となった。ハリケーン・カトリーナが町を襲い始め、すさまじい暴風や、ときには八メートルを超える高波を伴って、一六時間にわたり猛威を振るったのだ。それは誰も見たことのないような嵐で、破壊の規模は、ハリケーンを何度も乗り越えてきた人にとっても想像を絶するほどだった。風が収まって高波が引いたとき、思い切って戸外に出た住民の目の前には、廃墟と化した町が広がっていた。住まいもビジネスも壊滅状態だった。

ガルフポートの住民は、同じような難局に直面しているアメリカのほかの町の人びとと同様、懸命に涙をこらえて町の復興を目指した。だが、カトリーナの襲来直後に生活や家を再建するためには、建設資材から洗浄剤、それに食物まで、必要な物資を調達しなくてはならなかった。現代社会では、ほとんどの人は、自分の食物を作ったり材木を切り出したりしないので、必要なものを得るときには商取引に頼る。そして、商取引はお金のやり取りを前提にしている。なぜお金なのか？　それは、お金が流通性のある証書で資源を象徴するものだからだ。私たちが何かの対価として誰かに二〇ドルを渡せば、その人への借りを返したことになる。その人は、私たちが将来、二〇ドルを返済するために何かをすることを当てにしなくてもいい。すでに私たちの労力をお金の形で得ており、それを好きなように使える。

しかし、ガルフポートでは問題があった。数日から数週間たっても電気が復旧する見込みが立たず、住民は預金を引き出せないでいたのだ。銀行は閉まり、ＡＴＭは機能していない。銀行に一〇〇ドル預けていようが、一〇万ドル預けていようが、あまり関係なかった。ガルフポートの市民が生活や家を迅速に再建するためには、一刻も早くこんな状況を変える必要があった。このとき、地元の金融機関の一つであるハンコック銀行のＣＥＯたちは、問題の深刻さを鑑みて驚くべき決断をくだした。彼らは「信頼」という基本的な戦略に則って、商取引をすみやかに再開させようとした。電力が来ていなかったため、銀行員たちは、顧客の預金残高はおろか、誰が顧客なのかもわからなかった。にもかかわらず、ＣＥＯのカール・チェイニーとジョン・ヘアストンは、人びとがハンコック銀行からお金を引き出すことを認め、彼らがハンコック銀行かほかの金融機関の口座から返済してくれると信頼しようと決断したのだ。その翌日、銀行員たちは次のような指示を受けた。「被災地に折りたたみ椅子とテーブルを設置して、名前と住所と社会保障番号をメモ用紙に記入した人には誰にでも、二〇〇ドルまでのお金を貸し出すように」

初めに持ち上がった問題の一つは、むろん、現金をどこから調達するかということだ。ほとんどは、浸水した銀行や水をかぶったATMに格納されていたので、銀行員たちはまず何日かかけて現金を回収し、海塩や泥を取り除くため文字どおりにお金を洗浄《マネー・ロンダリング》した。彼らは実際に紙幣を洗濯機で洗ってからアイロンをかけて皺を伸ばした。その間《かん》にも、使えるようになった現金は分配され、現金が足りなくなった場所では、金額を書き留めた黄色い付箋紙が、換金できる証書として使われた。

ハンコック銀行は総額四〇〇〇万ドル以上を貸し出し、カトリーナの被災者はこれで必要なものを購入することができた。だが、進んで協力の手を差し伸べたことで、ハンコック銀行は損失を被りやすい非常に弱い立場にみずからをさらした。四〇〇〇万ドルという額は、どんな金融機関にとってもはした金ではない。ましてや、地方銀行にとっては大金だ。それに、付箋紙の借用証は通常、法的拘束力を持たない。それでもハンコック銀行の経営陣は、地元の住民に尽くし彼らを信頼するという信念を貫き、そのリスクを受け入れた。彼らは、住民に対する信頼が裏切られないことに賭けた。支援の手を差し伸べようとする意思が長期的には報われるだろうと信じたのだ。そして、その予想は正しかった。人びとは借用証に書かれていることを守った。名前が既存の口座や電話番号とついに結びつかなかった人までもが、借りた金を返した。最終的には、貸し出した額の約〇・五パーセントに相当する二〇万ドルを除くすべてが返済された。それどころか、ハンコック銀行の金庫は潤った。顧客が何千人も増え、銀行の資産は二〇パーセント以上も増えたのだ。

信頼の力が個人や社会の回復力《レジリエンス》を高める――先の例といい、あなたはこの手の話をできすぎだと思うかもしれない。こんな出来事は特別すぎて二度と起こりそうもない、と。確かに。ハンコック銀行が見知らぬ人を進んで信頼したことは、関係するすべての人にとっていい結果につながった。しかし、経営陣が最初に決断をくだしたのは、単に彼らが人を過剰に信頼する性質《たち》だったからなのかもしれない。あるいは、自分たち自身が損失を被る恐れがなかったからかもしれない。危険にさらされたのは会社の資金だ。結局どんな主張にも、その裏づけとなる直感に反する実例が一つくらいは見つかるものだ。

こうした反論をかわすのに、数学モデルや研究室での実験結果から、なぜ、どのようにガルフポートの出来事が道理にかなっているのかを説明することもできる。だが、本書を執筆している最中に、私の愛する町で惨事が起こり、道路を叩いていたランニングシューズから上がる塵《ちり》が、ものの数秒で爆薬や銃弾や骨の塵へと変わった。二〇一三年四月一五日、ボストンマラソンのゴール手前で、爆弾が大勢の人びとの人生を悲劇に変えた。爆発直後は、とても現実とは思えない惨状で、苦痛と混乱、喪失が入り交じっていた。だがそこには、人命救助にあたる危険をかえりみない勇敢な行動も見られた。信頼の役割という視点からは、その後の数日間、町では驚くべきことが展開した。

当局は、事件現場を保全するため、町のいくつかのブロックをすみやかに立ち入り禁止にした。公共交通機関は閉鎖され、全米鉄道旅客公社《アムトラック》は運休となった。身元の割れていない犯人が逃走できないよう、タクシーさえも市外へ出ることやほかの地域で客を乗せることが禁じられた。結果、必然的に、数千とは言わないまでも数百もの人びとが突如立ち往生することになった。ホテルに戻れない家族連れが出るし、ランナーは所持品を取りにいけない。怪我人や犠牲者とは別に、ボストンに来ていた人びとの多くが足止めを食らう事態に発展した。

だがその数日間に、驚くべきことが起こった。ボストン大都市圏の住民が、家を開放して赤の他人を受け入れたのだ。人びとは、見ず知らずの他人に、家の寝椅子や部屋、さらには自転車や車も提供した。そうした利他的な行動は、搾取されやすい状況に自分を置くことになるため、通常は比較的まれにしか見られない。だが、あのときは通常ではなく、誰もが自分の弱さを感じた。そして、その感覚をみなが共有していたことから――お互いに助け合う必要性を感じていたことから――、人びとの心は、普通ならありえないやり方で他者を自動的に信頼し始めたのだ。

　カトリーナの襲来やボストンマラソン爆弾テロ事件から明らかなのは、信頼はレジリエンスを育む鍵の一つだということだ。互いを信じることによって、どちらの町の市民も災難や惨事から立ち直れた。もし、人びとが逆の戦略を採っていたら――閉じこもって資源をしまい込み、分かち合いを拒んでいたら――、レジリエンスは大幅に損なわれただろう。他者を信頼し、その結果、誠実に振る舞うことが、社会関係資本や経済資本を循環させる原動力となり、それなしには起こりえないほどの支援や成長がもたらされた。その点は、ハリケーン・サンディに襲われたニューヨーク大都市圏の一〇〇〇人を対象としたAP通信NORCパブリックアフェア・リサーチセンターの世論調査でも、改めて強調されている。住民のあいだに強い信頼関係があった区域は、被害からの立ち直りが特に早かった[1]。これが、私たちが他者を信頼する理由であり、自分が弱いという思いが広く共有されているときに心が他者を信頼するように働きかける理由だ。これは有効な解決策なのだ。

　では、他者を信頼するほうが、信頼しない場合より効果的な傾向があるのならば、なぜつねにそうしないのか？　みなを信頼することにすればいいではないか？　そうしてもいいが、この段落の最初の文にある厄介なフレーズ――「効果的な傾向がある」――に留意してほしい。「傾向がある」は、私のおもな主張に居座る嫌な言葉で、「平均して」と同じような意味だ。もし頼りになるものがなければ、他者を信頼しないより信頼するほうがよい。ただし、盲目的に信頼することは、有効な場合もあるが最良の選択ではない。ボストンの多くの住民が爆弾テロ事件で非常に道徳的な振る舞いを見せたが、嘆かわしいことに、ランナーがつけていたゼッケンや、彼らが落としたメダルといったマラソンの記念品を集めてオークションサイトのｅＢａｙで売った不届き者もいた。同じく利己的に振る舞ったのが、カトリーナ（ほかのハリケーンでも同様）の被災地にある多くのガソリンスタンドのオーナーで、彼らは便乗値上げをした。信頼する相手を間違う可能性はつねにあるし、それはこの先もずっと変わらない。自分は弱いという感覚が行き渡ると、信頼と誠実さは平均して増すかもしれないが、個別のケースでは当然そうならないこともある。特に、他者を搾取できるほど権力のある人や、そう思い込んでいる人はそうだ。それに本書を通じて見たように、自分の弱さを意識させられる惨事や災害が起きていない普通の日ならば、誰でも目の前の利益とあとで得られる利益のバランスを見て、利己的に振る舞えることもある。

　ということで、他者をつねに信頼すれば、平均すると利益が得られるが、それが最良の方法ではない。それは、つねに与え、つねに忠実でいることは、「私をカモにしてください」というサインを胸に掲げているようなものだからだ。この世界でうまく生きるための賢明なシステムは、それより少しばかり複雑でなくてはならない。他者を信頼したいという意欲とともに、信頼すべきでないときを知ることも必要なのだ。そしてすでに見たように、誰にでもまさにそんな直感的なシステムが備わっており、それは何万年もの時間をかけて進化して世渡りを助けてきた。だが、直感的なシステムは完璧ではない。特に、テクノロジーの拡大とともに社会がめまぐるしく変化し始めている今はそうだ。だからこそ、この世界で幸せを最大にするためには、生まれながらに持っている「信頼のシステム」についてしっかりと理解する必要がある。そのシステムをうまく操縦するためには、直感に主導権を取らせたほうがいいときと、直感による判断を覆すべきときの両方を知ることが重要だ。本書の最後にあたり、これを肝に銘じてほしい。

信頼のルール

1　人を信頼するのはリスキーだ。しかし信頼は不可欠なもので、役に立ち、大きな力も発揮する

誰もが信頼できる完璧な世界では、協力は盛んだとしても、社会関係資本や経済資本のようなものは見られまい。もっと言えば、そのような世界では信頼すら必要ないだろう。なぜなら、人を信頼した場合の結果がわかりきっていれば、信頼するという賭けなど考えようがないからだ。しかし、むろんこの世界は完璧ではない。人間は社会的な生物種だが、個人的な報酬にも重きを置く。そのため私たちの心は、短期的で利己的な利益を優先する場合と、長期的な共同の利益（もちろん、これも自分の利益になる）を優先する場合とで、バランスを取らなくてはならない。進化の働きにより、心のメカニズムは、聖人ではなく生き延びて成功するという観点での勝者を目指すように作られてきた。したがって心には、目の前の状況に応じて自分の誠実さを柔軟に変えるための計算システムが装備されている。

第1章で紹介したアリとキリギリスのモチーフから示唆されるように、意識的な心も無意識の心も、短期的な願望と長期的な願望のどちらを優先すれば最良の結果につながるのかを判断するため、頻繁に計算をおこなう。さらに、状況が変われば私たちの誠実さも変わる。あるいは少なくとも、誠実に振る舞おうとする気持ちは変わる。覚えておくべきなのは、生物学的な仕組みによって最良と決定される戦略は、私たちが道徳原則や宗教的信条に基づいて選択する戦略と同じとは限らないことだ。ここに、人間の道徳性について、科学から何が言えて何が言えないのかがわかる。科学は、心がどのように働くのかを教えてくれるが、最終的にどう決断すべきかについては答えを出してくれない。それでも、直感がどのように、どこで、なぜ生じるのかがわかっていれば、信頼にかかわる行動について直感に従うか直感を無視するかを決断するうえでとても役に立つ。自分の行動をうまく導きたければ、どんなときでも、心のどういう仕組みが、誠実な行動、または不誠実な行動を取らせるのかを理解しておく必要がある。

2　信頼は、人生のほぼすべての事柄にかかわっている

「信頼」というと、握手をしている絵を思い浮かべる人が多い。約束事や金銭の授受などについて誠実であると互いに約束を交わしている様子だ。しかし誠実さに着目した捉え方では、信頼の一側面にしか光を当てることができず、全体が見えてこない。それは一つには、信頼に関与するのが誠実さだけではないからだ。本書で見たように、能力も誠実さと同じくらい重要である。誰かに助けを求める甲斐があるかどうかは、援助したいという人物の意図だけではなく、能力にもかかっている。能力が

なければ、意図はほとんど無意味だ。そのようなことから、人を信頼するかどうかの判断には、経験や能力の評価も絡んでくる。

もう一つ、信頼に対する一般の見方が狭いのは、信頼が人生のほぼすべてのことに影響するとは思われていないことだ。信頼がかかわるのは、金融取引や不倫といった重大な事柄だけではない。信頼は日常的なことにも役割を果たす。教師や親への信頼は子どもの日々の学習成果に影響を及ぼし、パートナーとの信頼は日々の幸せの感覚を左右し、テクノロジーへの信頼は、利用できる情報の質や、情報を得たことによる安心感の大きさを決定する。信頼の関与を無視すれば――しかるべきときを見極めて信頼を築くことに注意を払わなければ――、日々の生活で十分な恩恵を得られない。

3　評判ではなく動機を調べよう

将来の行動を予測する場合、過去の行動は不完全な手がかりにしかならない。ずばりそれは、他者の信頼度の判断に評判を利用することに伴う問題だ。本書で取り上げたものも含めて、多くの実験結果から、人の道徳観がしばしば状況によって変わることがはっきりと示されている。もしそうでなければ、「あの人は信頼できると思ったのに」といった言葉はあまり聞かれないはずだ。ということで、信頼度をうまく評価できるかどうかは、各ケースで相手の動機を推測する努力にかかっている。信頼度は長年の評判からわかるわけではない。

この事実を知ると少しがっかりするかもしれないが、いい話もある。評判が当てにならないことは、いい評判と悪い評判のどちらについても言える。過去の振る舞いが誠実でも、その人が将来に絶対よいことをするとは限らない。だが逆に、過去の振る舞いが不誠実でも、その人が今後も悪行を続けるということでもないのだ。聖人とおぼしき人が罪人になりうるように、罪人とおぼしき人も聖人になりうる。言い換えれば、誠実さを損なう内部からの力と外部からの力について理解すれば、裏切り癖から脱することもできるのだ。この点は、他者の判断においても自分自身の判断においても重要である。

4　直感に注意を払おう

評判では他者の信頼度を推測しきれないとなると、確かな方法を見つけることがさらに重要となる。だが前述したように、私たちには幸い、まさにこの課題に対処する心理的メカニズムが生まれつき備わっている。それを裏づける証拠がこれまでなかったのは、探索方法がずっと間違っていたからだ。しかし、私のグループによる研究で示されたように、人間には、どんな場合でも相手の信頼度を推測する能力がある。完璧にはいかないとしても、私たちは相手の意向を読んで、相手の意識が、目の前の利己的な利益から長期的な誠実さに続く目盛りのどこに位置するのかを知ることができる。

そのための秘訣は、直感を考慮することだ。裏切りを表す仕草についての未熟な理論で提唱される手がかり（視線をそらすことや、口元がひきつったりすることなど）を利用するのではなく、生まれながらのパターン検出器——同時に生じる一連の手がかりを探すために研ぎ澄まされてきたシステム——に、本領を発揮させる必要がある。直感に任せたときにその声が聞こえれば、必要に応じて、ほかの情報（相手の地位に目立った変化があった、すぐに得られる利益が大きく見えてきたなど）をもとに修正できる。ただし、修正は慎重に、そして明らかな理由があるときに限ることだ。これまでの研究結果からも、直感のほうがたいてい頼りになることが示されている。もちろん、そのような知見は、本書を読んだあとのあなたとは違い、信頼の要素をよく理解していない実験参加者から得られたものだ。したがって、本当に意味のある非言語的な手がかりや重大な状況的要因をしっかりと理解すれば、誰を信頼すべきかの見極めは格段に上達するだろう。

5　錯覚の恩恵を理解しよう

短期的に見れば、確かに信頼度の評価は正確なほうがいい。だが、長期的な視点ではどうか？　誰でも、大事な人に対して、ときには意図せずして利己的に振る舞ったことがあるだろう。だが、もし友人やパートナー、自分の子どもが、どの行為もあなたがわざとしたのだと思ってしまうと、全体的にはとても前向きだった関係が損なわれるかもしれない。だからこそ、自分にとって大事な人びとに対する見方、さらには自分自身に対する見方を慎重に美化する錯覚は役に立つ。錯覚のおかげで、うまくいってほしい関係を妨害するノイズが補正される。信頼に基づく関係はパートナーの支援や愛情についての錯覚を生み、それが二人の行く手にあるでこぼこをならしてくれる。錯覚がなければ、「でこぼこ」のせいで二人の関係は冷えるかもしれない。信頼にバイアスをかける効果によって、私たちは自覚しなくても相手に寛容になれる。しかも、それらの作用はすべて意識や意志の背後で起こる。

正確な評価は確かによいが、正確さにこだわりすぎると消耗する恐れがある。直感は吟味したほうがいいが、覆してばかりもだめだ。ときには、直感を訂正すべきときもあるかもしれない。だが、おおむねうまくいっている関係を長続きさせるという観点では、直感的なシステムに組み込まれている錯覚が大いに役立つことがある。

6　信頼をボトムアップで育もう

最後のアドバイスをするにあたり、本章の初めに触れた話題に立ち戻りたい。他者を信頼する決断は、個人として社会としての私たちのレジリエンスを決めるうえで、ほかのどんな決断よりも大きな影響力を持つ。前述した五つのルールはどれも、他者との個人レベルの交流をよりよいものにするためのものだ。しかし、集団のレベル、つまり世界の全般的な信頼を高めるためには、個人として何ができるだろう？　社会的に見ても進化論的に見ても、世界が誠実な人間ばかりになることは絶対にない。だがそれは、信頼の平均的なレベルを押し上げるために何もできないという意味ではない。また、道徳教育が無駄だということでもない。ただ信頼を育むためには、一般的な取り組みよりいい方法があると私は考えている。

子どもを育てるとき、私たちは普通、信頼される人になりなさいと子どもに言う。そして、自分が言ったことを守ることや、そのために意志力を使うことが大事だと教える。それ自体は申し分ないが、私たちは本書で、意志力が働かなくなる可能性があることも見てきた。紹介したすべての実験で、参加者はみな、自分が誠実に振る舞うべきだとわかっていたにもかかわらず、しばしば人を裏切り、ときにはそれに自分で驚いた。こうした失敗が起こるのは、心の意識的なレベルと無意識的なレベルの両方で、異時点間の選択――短期的な報酬と長期的な報酬のどちらを選ぶか――というせめぎ合いが果てしなく続いているからだ。私たちは、正しい振る舞いをすべきだ、そのためには意志力を使うべきだと自分の子どもに教えたり自分に言い聞かせたりするが、それでは、信頼にかんして考慮すべき要素の一部にしか対処していないことになる。言い換えれば、私利や搾取を求める気持ちと闘うために、意識的な心だけを武装しているのだ。とすると、分別のある意識的な心が偏ったり疲れたりしたときには――よくない行為を正当化する話を作り出せるときや、疲れすぎて注意を払えないときには――、どうやって利己的な衝動を抑制すればいいのか？

その答えを見出すためには、誠実さが意識の指示によるトップダウンだけでは高められないことを理解しなくてはならない。道徳的な感情の源として、労力を要さずボトムアップで機能するシステムも必要なのだ。それは意志力を必要とせず、自動的に動き出す。私たちはすでに、そのような力が働くのを見ている。たとえば、人びとは感謝の気持ちから見知らぬ人を進んで信頼した。また、自分の不誠実な振る舞いを正当化できないようにされたときには、罪悪感から自分のよくない振る舞いを非難した。

こうした道徳的な感情――アダム・スミスの言う「道徳感情」――は、目先の私利を求める気持ちにブレーキをかけて高潔な行動を導く昔からあるメカニズムの一部だ。だが現在、こうした感情から起こる現象は、道徳教育ではあまり注目されていない。多くの親はえてして、恥じ入る気持ちや罪悪感を子どもに経験させることをためらう。だが、感謝や謙遜の気持ちだけでなく、こうした感情を経験することは、心の知能を育むために不可欠だ。子どもたちが不愉快な経験を避けずに受け止め、それらを踏まえて成長するのを助けることも、次世代を育成することの一つなのだ。恥ずかしさや罪悪感にどうやって向き合い、それらをどうやって活用すればいいのかを学ぶことから、モラル違反について理解し、必要に応じて今後の行動を修正する能力が養われる。過保護な親が、子どもを正直で有能で誠実な人間に育てようとして、失敗に伴う否定的な感情を子どもに経験させないようにすると、子どもの心の天秤は目先の報酬を好むほうに傾く癖がつく。こうした育て方をすると、子どもは短期的には幸せになるかもしれないが、長期的には挫折することになる。人を信頼する能力、そして自分が誠実に振る舞う能力は生まれつき備わっているが、その正しい活用法は、成功と失敗の経験を通じて身につくのだ。

個人の幸福だけでなく社会全体の善意も育もうとするのなら、二つのアプローチを通して誠実さを高める必要がある。望ましい道徳原則を尊重すること、そして生まれながらの直感的なメカニズムを強化して他者への共感を高めることだ。考えるだけでなく、感じることも欠かせない。これで世界がユートピアになることはないとしても、そこに少し近づけるはずだ。私を信頼してほしい。

謝辞

本書は、多くの人の知識や支援のおかげで完成した。何よりもまず、私は家族に、なかでも妻のエイミーにいつまでも感謝したい。妻はかけがえのない編集者、討論相手、そして全面的な相談役を務めてくれ、私の考えや主張の論理を研ぎ澄ますだけでなく、明確にしてくれた。また、私は幸運にも、世界でもとびきり鋭い頭脳ととびきり温かい心を持っている多くの同僚と仕事をしてこられた。特に、私の考えは、次に挙げる人びととの話し合いから有益な示唆を得ている。リサ・フェルドマン・バレット、ボブ・フランク、デイヴィッド・ピザーロ、シンシア・ブリジール、マーガレット・クラーク、アダム・ラッセル、ピアカルロ・ヴァルデソロ、ジョリー・ボーマン、リア・ディケンズ、ジン・ジョー・リー、リサ・ウィリアムズ、モニカ・バートレット、ポール・コンドン。

また、ハドソン・ストリート・プレス社の編集者キャロライン・サットンにも、本書の見込みを信じてくれたことや、本書の内容をまとめ、厳しい目で分析し、魅力ある文章にする手助けをしてくれたことにお礼を申し上げる。それに、私の著作権代理人であるジム・レヴィーンや、レヴィーン・グリーンバーグ著作権エージェンシーのよき社員たちの導きや支援がなかったら、本書が世に出ることはなかっただろう。そして最後に、私の研究プログラムに資金を援助してくれ、本書で紹介した研究の多くを実施できるように計らってくれた研究施設や政府機関、具体的にはノースイースタン大学、アメリカ国立科学財団、国立精神衛生研究所に感謝したい。それらの施設の人びとから、私を信頼できると思ってもらえたならば幸いだ。

訳者あとがき

信頼の裏切りがニュースにならない日はほとんどない——最近では、フォルクスワーゲンが排ガス規制を逃れるために不正なソフトウェアを搭載していたことが発覚し、ドイツ自動車業界の信頼性が揺らぐ事態となった。そうしたことがニュースになるのは、信頼の裏切りが社会に重大な影響を与えるからだが、逆に言えば、人間社会は信頼の上に成り立っていると言ってもよく、信頼はあらゆる人間関係——プライベートでもビジネスでも——において根本をなしている。信頼の重要性は誰でも認めるだろうし、信頼は誰にとっても身近なものだろう。

しかし、「信頼」は手強い代物でもある。なぜなら、人を信頼するということは、自分の運命や成功を一部なりとも人の手に委ねるということなので、そこには当然リスクがあるからだ。自分には自分の、他者には他者のニーズがあって、それらはぶつかり合うし、それぞれのニーズも刻々と変わっていく。人生で成功するためには、単に誰でも彼でも信頼すればいいというものではなく、目の前の利益を重視するか、長期的な利益を重視するかのバランスを取ることも必要になる。要するに、「信頼」は奥深い事柄なわけだ。この「信頼」について科学的に切り込んだのが本書（『The Truth About Trust: How It Determines Success in Life, Love, Learning, and More』（直訳すれば「信頼の真実」））である。

著者は、信頼にかかわる問題は、人生の重大なときだけではなく生きているあいだずっとついて回ると強調し、信頼の基本から、人生のさまざまな局面と信頼とのかかわりまでを説明する。本書の目玉は、人間には、他者への信頼と自分の誠実さを高めるメカニズムだけでなく、それとは逆に働くメカニズムも備わっており、他者の信頼度の推量と自分が誠実に振る舞う必要性の検討が絶えずおこなわれていることや、無意識的な心（直感）が信頼の決断にかなり影響を及ぼすことがくわしく述べられていることだ。人を信頼するかどうかの判断は頭で考えて決めることであり、直感は当てにならないと思っている方もいるだろうが、じつはそうとは限らない。

さて、本書には、信頼に関連した知見がいろいろと出てくる。なかには知られざる真実と言えそうなものもあるので、いくつか挙げておこう。

- 誰かを信頼する際には、「あの人は信頼できるか」ではなく「あの人は、現時点で信頼できるか」と問うべきである。
- 評判で人の信頼度を予測できるとは限らない。
- 信頼は誠実さだけで決まるわけではない。

・赤ちゃんや幼い子どもでも他者の信頼度をチェックしている。
・信頼関係ができていると、恋人や伴侶の振る舞いは実際以上によく見える。
・一時的にでも権力や金を持つと（あるいは持ったような気になると）、人の信頼度は下がる。
・人の信頼度は表情だけでは読み取れない。
・人は他者の信頼の裏切りには厳しい目を向けるが、自分の信頼の裏切りには甘い。

本書の後半では、自分と物（ロボットや架空のモノ、コンピューター上の存在など）との信頼といった最先端のテーマや、自分の自分に対する信頼といった、ちょっと落ち着かない気持ちにさせるテーマも取り上げられているので、それらにもご注目いただければと思う。本書を読めば、私たちがしばしば自分との約束を破って目の前の誘惑に負けてしまう（そして、そのようなことを性懲りもなく繰り返したりする）理由もわかるだろう。

＊

最後に一言。本書では、デステノ氏の主張の裏づけとなる興味深い心理学実験がいくつも紹介されている。場面を思い浮かべやすい実験も多いので、仮に自分が参加していたらどう振る舞うだろうかと想像してみるのもおもしろいかもしれない（もっとも、実際に自分がそのシチュエーションに置かれたら、無意識的な心のメカニズムによって、思いがけない振る舞いをする可能性は十分にある）。

本書を翻訳する機会を与えてくださり、最初から最後までお世話になった白揚社の筧貴行氏、原稿に数々の有益なご指摘をいただいた上原弘二氏に心よりお礼を申しあげる。また、翻訳中にサポートしてくれた家族や友人に深く感謝したい。

寺町朋子

虫の音がどこからともなく聞こえてくる夜に
二〇一五年九月

1351–1354.

4 Gilbert, D. T., Gill, M. J., and Wilson, T. D. (2002.) "The future is now: Temporal correction in affective forecasting." *Organizational Behavior and Human Decision Processes* 88: 430–444.

5 Vohs, K. D. and Heatherton, T. F. (2000.) " Self-regulation failure: A resource-depletion approach." *Psychological Science* 11: 249–254.

6 Vohs, K. D., and Faber, R. J. (2007.) "Spent resources: Self-regulatory resource availability affects impulse buying." *Journal of Consumer Research* 33: 537–547.

7 Rand, A. (1982.) *Philosophy: Who Needs It?* Indianapolis, IN: Bobbs-Merrill.

8 Gilbert, D. T., Morewedge, C. K., Risen, J. L., and Wilson, T. D. (2004.) "Looking forward to looking backward: The misprediction of regret." *Psychological Science* 15: 346–350.

9 Valdesolo and DeSteno, "The duality of virtue," 2008.

10 スピッツァーへのインタビューは以下のサイトで見ることができる。http:/www.thedailybeast.com/newsweek/2009/04/17/spitzer-in-exile.html.

第9章

1 この研究のプレスリリースとリンクは以下のサイトに掲載されている。http://www.apnorc.org/news-media/Pages/News+Media/friends-kin-key-to-sandy-survival.aspx.

11 Todorov, A., Said, C. P., Engell, A. D., and Oosterhof, N. N. (2008.) "Understanding evaluation of faces on social dimensions." *Trends in Cognitive Sciences* 12: 455–460.
Zebrowitz, Leslie A., with McDonald, S. "The impact of litigants' babyfacedness and attractiveness on adjudications in small claims courts." *Law and Human Behavior* 15: 603–623.

12 Todorov, A., Mandisodza, A. N., Goren, A., and Hall, C. C. (2005.) "Inferences of competence from faces predict election outcomes." *Science* 308: 1623–1626.

13 サバトのコメントは以下のサイトで見ることができる。http://news.nationalgeographic.com/news/2005/06/0609_050609_elections_2.html.

14 http://www.gao.gov/products/GAO-12-541T.

15 Lee, J. J., Knox, B., Baumann, J., Breazeal, C., and DeSteno, D. (2013.) "Computationally modeling interpersonal trust." Manuscript under review.

第7章

1 Lyons, J. B., and Stokes, C. K. (2012.) " Human-human reliance in the context of automation." *Human Factors* 54: 112–121.

2 Bailenson, J. N., and Blascovich, J. (2011.) "Virtual reality and social networks will be a powerful combination: Avatars will make social networks seductive." *IEEE Spectrum* (June).

3 Yee, N., Bailenson, J. N., Urbanek, M., Chang, F., and Merget, D. (2007.) "The unbearable likeness of being digital: The persistence of nonverbal social norms in online virtual environments." *Cyberpsychology and Behavior* 10: 115–121.

4 Valdesolo, P., and DeSteno, D. (2011.) "Synchrony and the social tuning of compassion." *Emotion* 11: 262–266.

5 Bailenson, J. N., Iyengar, S., Yee, N., and Collins, N. (2008.) "Facial similarity between voters and candidates causes influence." *Public Opinion Quarterly* 72: 935–961.

6 Guadagno, R. E., Blascovich, J., Bailenson, J. N., & McCall, C. (2007.) "Virtual humans and persuasion: The effects of agency and behavioral realism." *Media Psychology* 10: 1–22.

7 Yee, N., Bailenson, J. N., and Ducheneaut, N. (2009.) "The proteus effect: Implications of transformed digital self-representation on online and offline behavior." *Communication Research* 36: 285–312.

8 ピュー研究所の報告は以下のサイトで見ることができる。http://www.pewinternet.org/Reports/2011/Technology-and-social-networks.aspx.

9 Bickmore, T., Pfeifer, L., and Paasche-Orlow, M. (2009.) "Using computer agents to explain medical documents to patients with low health literacy." *Patient Education and Counseling* 75: 315–320.

10 Ibid.

第8章

1 Valdesolo, P., and DeSteno, D. (2008.) "The duality of virtue: Deconstructing the moral hypocrite." *Journal of Experimental Social Psychology* 44: 1334–1338; Valdesolo, P., and DeSteno, D. (2007.) "Moral hypocrisy: Social groups and the flexibility of virtue." *Psychological Science* 18: 689–690.

2 Ibid; Lammers, J., Stapel, D. A., and Galinsky, A. D. (2010.) "Power increases hypocrisy, moralizing in reasoning, immorality in behavior." *Psychological Science* 21: 737–744.

3 Gilbert, D. T., and Wilson, T. D. (2007.) "Prospection: Experiencing the future." *Science* 317:

7 Lammers, J., Stapel, D. A., and Galinsky, A. D. (2010.) "Power increases hypocrisy, moralizing in reasoning, immorality in behavior." *Psychological Science* 21: 737–744.
8 Carney, D. (2010.) "Powerful people are better liars." *Harvard Business Review* (May 1.)
9 Gino, F., and Pierce, L. (2009.) "The abundance effect: Unethical behavior in the presence of wealth." *Organizational Behavior and Human Decision Processes* 109: 142–155.
10 Vohs, Kathleen D., Nicole L. Mead, and Miranda R. Goode (2006.) "The psychological consequences of money." *Science* 314: 1154–1156.
11 Ibid.
12 Dreber, A., Rand, D. G., Fudenberg, D., and Nowak, M. A. (2008.) "Winners don't punish." *Nature* 452: 348–351.
13 エイミー・カディが研究知見と方法の要約をTEDで講演した様子は、以下のサイトで見ることができる。http://www.ted.com/talks/amy_cuddy_your_body_language_shapes_who_you_are.html.

第6章

1 DePaulo, B. M., Lindsay, J. J., Malone, B. E., Muhlenbruck, L., Charlton, K., and Cooper, H. (2003.) "Cues to deception." *Psychological Bulletin* 129: 74–118.
2 Aviezer, H., Trope, Y., and Todorov, A. (2012.) "Body cues, not facial expressions, discriminate between intense positive and negative emotions." *Science* 338: 1225–1229.
Barrett, L. F. (2012.) "Emotions are real." *Emotion* 12: 413–429.
3 Weisbuch, M, and Ambady, N. (2008.) "Affective divergence: Automatic responses to others' emotions depend on group membership." *Journal of Personality and Social Psychology* 95: 1063–1079.
4 DeSteno, D., Breazeal, C., Frank, R. H., Pizarro, D., Baumann, J., Dickens, L., and Lee, J. (2012.) "Detecting the trustworthiness of novel partners in economic exchange." *Psychological Science* 23: 1549–1556.
5 Ibid.
6 Carney, D. R., Cuddy, A. J. C., and Yap, A. J. (2010.) "Power posing: Brief non-verbal displays cause changes in neuroendocrine levels and risk tolerance." *Psychological Science* 21: 1363–1368; Tracy, J. L., and Matsumoto, D. (2008.) "The spontaneous expression of pride and shame: Evidence for biologically innate non-verbal displays." *Proceedings of the National Academy of Sciences* 105: 11655–11660; Dovidio, J. F., and Ellyson, S. L. (1982.) "Decoding visual dominance behavior: Attributions of power based on the relative percentages of looking while speaking and looking while listening." *Social Psychology Quarterly* 45: 106–113.
7 Williams, L. A., and DeSteno, D. (2008.) "Pride and perseverance: The motivational role of pride." *Journal of Personality and Social Psychology* 94: 1007–1017.
8 Williams, L. A., and DeSteno, D. (2009.) "Pride: Adaptive social emotion or seventh sin?" *Psychological Science* 20: 284–288.
9 Todorov, A. (2008.) "Evaluating faces on trustworthiness: An extension of systems for recognition of emotions signaling approach/avoidance behaviors." In A. Kingstone and M. Miller (eds.), *The Year in Cognitive Neuroscience 2008, Annals of the New York Academy of Sciences* 1124: 208–224.
10 Rule, N. O., Krendl, A. C., Ivcevic, Z., and Ambady, N. (2013.) "Accuracy and consensus in judgments of trustworthiness from faces: Behavioral and neural correlates." *Journal of Personality and Social Psychology* 104: 409–426.

Olson, K. R. (2012.) "Children discard a resource to avoid inequity." *Journal of Experimental Psychology: General* 141: 382–395.
14 Leimgruber, K. L., Shaw, A., Santos, L. R., and Olson, K. R. (2012) "Young children are more generous when others are aware of their actions." *PLoS ONE* 7(10): e48292.
15 Hamlin, J., Wynn, K., and Bloom , P. (2007.) "Social judgment by preverbal infants." *Nature* 450: 557–559.

第4章

1 Clark, M. S. (1984.) "Record keeping in two types of relationships." *Journal of Personality and Social Psychology* 47: 549–557.
2 Shallcross, S., and Simpson, J. A. (2012.) "Trust and responsiveness in strain-test situations: A dyadic perspective." *Journal of Personality and Social Psychology* 102: 1031–1044.
3 Jones, E. E., and Harris, V. A. (1967.) "The attribution of attitudes." *Journal of Experimental Social Psychology* 3: 1–24.
4 Campbell, L., Simpson, J. A., Boldry, J., and Harris, R. (2010.) "Trust, variability in relationship evaluations, and relationship processes." *Journal of Personality and Social Psychology* 99: 14–31.
5 Murray, S., Lupien, S. P, and Seery, M. D. (2012.) "Resilience in the face of romantic rejection: The automatic impulse to trust." *Journal of Experimental Social Psychology* 48: 845–854.
6 "Some neurotic mechanisms in jealousy, paranoia and homosexuality." Reprinted (1953–1974) in the *Standard Edition of the Complete Psychological Works of Sigmund Freud* (trans. and ed. J. Strachey), vol. XVIII. London: Hogarth Press.
7 Buunk, B. P. (1991.) "Jealousy in close relationships: An exchange-theoretical perspective." In P. Salovey (ed.), *The Psychology of Jealousy and Envy* (pp. 148–177). New York: Guilford Press.
8 Murray, S. L., Gomillion, S., Holmes, J. G., Harris, B., and Lamarche, V. (2013.) "The dynamics of relationship promotion: Controlling the automatic inclination to trust." *Journal of Personality and Social Psychology* 104: 305–334.
9 DeSteno, D., and Salovey, P. (1996.) "Jealousy and the characteristics of one's rival: A self-evaluation maintenance perspective." *Personality and Social Psychology Bulletin* 22: 920–932.
10 DeSteno, D., Valdesolo, P., and Bartlett, M. Y. (2006.) "Jealousy and the threatened self: Getting to the heart of the green-eyed monster." *Journal of Personality and Social Psychology* 91: 626–641.

第5章

1 Piff, P. K., Stancato, D. M, Côté, S., Mendoza-Denton, R., and Keltner, D. (2012.) "Higher social class predicts increased unethical behavior." *Proceedings of the National Academy of Sciences* 109: 4086–4091.
2 Ibid.
3 Ibid.
4 Ibid.
5 Piff, P. K., Kraus, M. W., Côté, S., Cheng, B. H., and Keltner, D. (2010.) "Having less, giving more: The influence of social class on prosocial behavior." *Journal of Personality and Social Psychology* 99: 771–784.
6 Piff et al., "Higher social class predicts," 2012.

11 Melis, A. P., Hare, B., and Tomasello, M. (2006.) "Engineering cooperation in chimpanzees: Tolerance constraints on cooperation." *Animal Behavior* 72: 275–286; Melis, A. P., Hare, B., and Tomasello, M. (2006.) "Chimpanzees recruit the best collaborators." *Science* 311: 1297–1300.

12 Carter, C. S., Lederhendler, I. I., and Kirkpatrick, B. (1997.) *The Integrative Neurobiology of Affiliation , Annals of the New York Academy of Sciences* 807. Rereleased by Cambridge, MA: MIT Press, 1999.

13 Kosfeld, M., Heinrichs, M., Zak, P. J., Fischbacher, U., and Fehr, E. (2005.) "Oxytocin increases trust in humans." *Nature* 435: 673–676.

14 Baumgartner, T., Heinrichs, M., Vonlanthen, A, Fischbacher, U, and Fehr, E. (2008.) "Oxytocin shapes the neural circuitry of trust and trust adaptation in humans." *Neuron* 58: 639–650.

15 de Dreu, C. K. W., Greer, L. L., Handgraaf, M. J. J., Shalvi, S., van Kleef, G. A., Baas, M., ten Velden, F. S., van Dijk, E., and Feith, S. W. W. (2010.) "The neuropeptide oxytocin regulates parochial altruism in intergroup conflict among humans." *Science* 328: 1408–1411.

16 de Dreu, C. K. W., Greer, L. L., Handgraaf, M. J. J., van Kleef, G. A., and Shalvi, S. (2011.) "Oxytocin promotes human ethnocentrism." *Proceedings of the National Academy of sciences* 108(4): 1262–1266.

17 Shamay-Tsoory, S. G., Fischer, M., Dvash, J., Harari, H., Perach-Bloom, N., Levkovitz, Y. (2009.) "Intranasal administration of oxytocin increases envy and schadenfreude (gloating)." *Biological Psychiatry* 66: 864–870.

第3章

1 Hood, B. (1995.) "Gravity rules for 2- to 4-year-olds." *Cognitive Development* 10: 577–598.

2 Bascandziev, I., and Harris, P. L. (2010.) "The role of testimony in young children's solution of a gravity-driven invisible displacement task." *British Journal of Developmental Psychology* 23: 587–607; Hood, "Gravity rules," 1995.

3 Bascandziev and Harris, "The role of testimony," 2010.

4 リプリーの記事は以下のサイトで見ることができる。http://www.theatlantic.com/magazine/archive/2010/01/what-makes-a-great-teacher/307841/.

5 Corriveau, K. H., and Harris, P. L. (2009.) "Choosing your informant: Weighing familiarity and recent accuracy." *Developmental Science* 12: 426–437.

6 Corriveau, K. H., Harris, P. L., et al. (2009.) "Young children's trust in their mother's claims: Longitudinal links with attachment security in infancy." *Child Development* 80: 750–761.

7 Ibid.

8 Sabbagh, M. A., and Shafman, D. (2009.) "How children block learning from ignorant speakers." *Cognition* 112: 415–422.

9 Corriveau and Harris, "Choosing your informant," 2009.

10 Kinzler, K. D., Corriveau, K. H., and Harris, P. L. (2010.) "Children's selective trust in native accented speakers." *Developmental Science* 14: 106–111.

11 Warneken, F., and Tomasello, M. (2006.) "Altruistic helping in human infants and young chimpanzees." *Science* 311: 1301–1303.

12 Kanngiesser, P., and Warneken, F. (2012) "Young children consider merit when sharing resources with others." *PLoS ONE* 7(8): 1–5.

13 Blake, P. R., and McAuliffe, K. (2011.) " 'I had so much it didn't seem fair': Eight-year-olds reject two forms of inequity." *Cognition*, doi:10.1016/j.cognition.2011.04.006; Shaw, A., and

(2003.) "Cues to deception." *Psychological Bulletin* 129: 74–118; Barrett, L. F. (2012.) "Emotions are real." *Emotion* 12: 413–429.

14 会計検査院の報告についてのニュース報道は以下のサイトで見ることができる。http://www.homelandsecuritynewswire.com/gao-tsas-behavior-screening-program-has-no-scientific-proof-it-works. 報告自体は以下のサイトを参照。http://www.gao.gov/products/GAO-12-541T.

15 Tracy, J. L., Weidman, A. C., Cheng, J. T., and Martens, J. P. In Tugade, Shiota, and Kirby (eds.). (2014.) *Handbook of Positive Emotion.* New York: Guilford Press.

16 Contreras, J. M., Schirmer, J., Banaji, M. R., and Mitchell, J. P. (2013.) "Common brain regions with distinct patterns of neural responses during mentalizing about groups and individuals." *Journal of Cognitive Neuroscience* Sep;25(9):1406–17.

第2章

1 Porges, S. W. (2007.) "The polyvagal perspective." *Biological Psychology* 74: 116–143.

2 Calkins, S. D., and Keane, S. P. (2004.) "Cardiac vagal regulation across the preschool period: Stability, continuity, and implications for childhood adjustment." *Developmental Psychobiology* 45: 101–112.

3 Stellar, J., Manzio, V. M., Kraus, M. W., and Keltner, D. (2012.) "Class and compassion: Socioeconomic factors predict responses to suffering." *Emotion* 12: 449–459; Kok, B. E., and Fredrickson, B. L. (2010.) "Upward spirals of the heart: Autonomic flexibility, as indexed by vagal tone, reciprocally and prospectively predicts positive emotions and social connections." *Biological Psychology* 85: 432–436; Oveis, C., Cohen, A. B., Gruber, J., Shiota, M. N., Haidt, J., Keltner, D. (2009.) "Resting respiratory sinus arrhythmia is associated with tonic positive emotionality." *Emotion* 9: 265–270.

4 Côté, S., Kraus, M. W., Cheng, B. H., Oveis, C., van der Löwe, I., Lian, H., and Keltner, D. (2011.) "Social power facilitates the effect of prosocial orientation on empathic accuracy." *Journal of Personality and Social Psychology* 101: 217–232.

5 Gruber, J., Johnson, S. L., Oveis, C, and Keltner, D. (2008.) "Risk for mania and positive emotional responding: Too much of a good thing?" *Emotion* 8: 23–33.

6 Kogan, A., Oveis, C., Gruber, J., Mauss, I. B., Shallcross, A., Impett, E. A., van der Löwe, I., Hui, B., Cheng, C., and Keltner, D. "Cardiac vagal tone and prosociality: A test of Aristotle's principal of moderation." Manuscript under review.

7 Henrich, J., Boyd, R., Bowles, S., Gintis, H., Fehr, E., Camerer, C., McElreath, R., Gurven, M., Hill, K., Barr, A., Ensminger, J., Tracer, D., Marlow, F., Patton, J., Alvard, M., Gil-White, F., and Henrich, N. (2005.) "Economic man in cross-cultural perspective: Ethnography and experiments from 15 small-scale societies." *Behavioral and Brain Sciences* 28: 795–855.

8 Brosnan, S. F. (2011.) "A hypothesis of coevolution between cooperation and responses to inequity." *Frontiers in Neuroscience* 5: 43; Brosnan, S. F., and deWaal, F. B. M. (2003.) "Monkeys reject unequal pay." *Nature* 425: 297–299.

9 Ibid; Russon, A. E. (1998.) "The nature and evolution of intelligence in orangutans (Pongo pygmaeus)." *Primates* 39: 485–503.

10 Brosnan, S. F., Talbot, C., Ahlgren, M., Lambeth, S. P., and Schapiro, S. J. (2010.) "Mechanisms underlying responses to inequitable outcomes in chimpanzees, Pan troglodytes." *Animal Behaviour* 79: 1229–1237; de Waal, F. B. M., Leimgruber, K., and Greenberg, A. (2008.) "Giving is self-rewarding for monkeys." *Proceedings of the National Academy of Sciences* 105(36): 13685–13689.

註

はじめに

1　この不幸な話のニュース報道は以下のサイトで見ることができる。http://www.cbsnews.com/stories/2005/09/29/48hours/main890980.shtml.

第 1 章

1　Khaneman, D., and Tversky, A. (2000.) *Choices, Values, and Frames*. New York: Cambridge University Press.

2　Frank, R. H. (1988.) *Passions Within Reason: The Strategic Role of the Emotions*. New York: W. W. Norton.〔『オデッセウスの鎖』（ロバート・H・フランク著、山岸俊男監訳、サイエンス社）〕

3　Axelrod, R. (1984.) *The Evolution of Cooperation*. New York: Basic Books.〔『つきあい方の科学』（R・アクセルロッド著、松田裕之訳、ミネルヴァ書房）〕

4　May, R. M. (1976.) "Simple mathematical models with very complicated dynamics." *Nature* 327: 15–17.

5　Nowak, M. A., and Sigmund, K. (1989.) "Oscillations in the evolution of reciprocity." *Journal of Theoretical Biology* 137: 21–26; Nowak, M. A., and Sigmund, K. (1992.) "Tit for tat in heterogeneous populations." *Nature* 355: 250–253; Nowak, M. A., and Sigmund, K. (1993.) "A strategy of win-stay, lose-shift that outperforms tit-for-tat in the prisoner's dilemma game." *Nature* 364: 56–58.

6　Delton, A. W., Krasnow, M. M., Cosmides, L., and Tooby, J. (2011.) "Evolution of direct reciprocity under uncertainty can explain human generosity in one-shot encounters." *Proceedings of the National Academy of Sciences* 108(32): 13335–13340.

7　人間の性質の変わりやすさについての総説は次の文献を参照。DeSteno, D., and Valdesolo, P. (2011.) *Out of Character: Surprising Truths About the Liar, Cheat, Sinner (and Saint) in All of Us*. New York: Crown Archetype.

8　DeSteno, D., Bartlett, M., Baumann, J., Williams, L., and Dickens, L. (2010.) "Gratitude as moral sentiment: Emotion-guided cooperation in economic exchange." *Emotion* 10: 289–293.

9　Von Dawans, B., Fischbacher, U., Kirschbaum, C., Fehr, E., and Heinrichs, M. (2012.) "The social dimension of stress reactivity: Acute stress increases prosocial behavior in humans." *Psychological Science* 23: 651–660.

10　Gino, F., Norton, M., and Ariely, D. (2010.) "The counterfeit self: The deceptive costs of faking it." *Psychological Science* 21: 712–720.

11　Trivers, R. L. (1971.) "The evolution of reciprocal altruism." *The Quarterly Review of Biology* 46: 35–57

12　Righetti, F., and Finkenauer, C. (2011.) "If you are able to control yourself, I will trust you: The role of perceived self-control in interpersonal trust." *Journal of Personality and Social Psychology* 100: 874–886.

13　DePaulo, B. M., Lindsay, J. J., Malone, B. E., Muhlenbruck, L., Charlton, K., and Cooper, H.

ま

ら

わ

索引

著者　デイヴィッド・デステノ（David DeSteno）
ノースイースタン大学心理学教授、科学的心理学会フェロー。アメリカ心理学会のジャーナル『Emotion』の編集長を務め、『ニューヨーク・タイムズ』や『ボストン・グローブ』『ハーヴァード・ビジネス・レビュー』などに寄稿している。著書に『Out of Character』（共著）がある。マサチューセッツ州在住。

訳者　寺町朋子（てらまち・ともこ）
翻訳家。京都大学薬学部卒業。訳書に、ズデンドルフ『現実を生きるサル 空想を語るヒト』、ホルト『世界はなぜ「ある」のか？』、スティップ『長寿回路をONにせよ！』、ロビンソン『図説アインシュタイン大全』、ラスロー『柑橘類の文化誌』、クラムバッカー『数のはなし』（共訳）ほか多数。

ISBN978-4-8269-0184-0

信頼《しんらい》はなぜ裏切《うらぎ》られるのか

二〇一五年十二月 一 日 第一版第一刷発行
二〇二〇年 七 月十五日 第一版第四刷発行

著　者　デイヴィッド・デステノ
訳　者　寺町朋子《てらまちともこ》
発行者　中村幸慈
発行所　株式会社　白揚社　© 2015 in Japan by Hakuyosha
東京都千代田区神田駿河台一―七　郵便番号一〇一―〇〇六二
電話＝(03)五二八一―九七七二　振替〇〇一三〇―一―二五四〇〇
装　幀　尾崎文彦（株式会社トンプウ）
印刷所　株式会社　工友会印刷所
製本所　中央精版印刷株式会社

ターリ・シャーロット著　上原直子訳
事実はなぜ人の意見を変えられないのか
説得力と影響力の科学

人はいかにして他者に影響を与え、影響を受けるのか？　客観的事実や数字は他人の考えを変えないという認知神経科学の驚くべき研究結果を示し、他人を説得するとき陥りがちな落とし穴を避ける方法を紹介。　四六判　288ページ　本体価格2500円

ダニエル・ネトル著　竹内和世訳
パーソナリティを科学する
特性5因子であなたがわかる

簡単な質問表で特性5因子（外向性、神経質傾向、誠実性、調和性、開放性）を計り、パーソナリティを読み解くビッグファイブ理論。その画期的な新理論を科学的に検証する。パーソナリティ評定尺度表付。　四六判　280ページ　本体価格2800円

ポール・ブルーム著　高橋洋訳
反共感論
社会はいかに判断を誤るか

無条件に肯定されている共感に基づく考え方が、実は公正を欠く政策から人種差別まで、様々な問題を生み出している。心理学・脳科学・哲学の視点からその危険な本性に迫る、全米で物議を醸した衝撃の論考。　四六判　318ページ　本体価格2600円

デイヴィッド・デステノ著　住友進訳
なぜ「やる気」は長続きしないのか
心理学が教える感情と成功の意外な関係

「成功者＝意志が強い人」は大ウソ!?　個人や組織の目標達成、子育て、教育…自制心よりも感情を活用した方がうまくいく。最新の実験研究をもとに、気鋭の心理学者が「成功のルールブック」を刷新する。　四六判　288ページ　本体価格2400円

ポール・レイバーン著　東竜ノ介訳
父親の科学
見直される男親の子育て

父親は本当に必要なのか？　これまで見過ごされがちだった男親の育児を科学の視点で徹底検証。最新の研究成果が明かす〈意外にすごい〉お父さんの実力。マムズ・チョイス・アワード、全米育児出版賞金賞。　四六判　288ページ　本体価格2400円

経済情勢により、価格に多少の変更があることもありますのでご了承ください。
表示の価格に別途消費税がかかります。